憲法與基本法
研 究 叢 書

# 建構"一國兩制"憲制：
## 在動態中達至平衡

Constructing the Constitutional Order of
"One Country, Two Systems":
Achieving Equilibrium in the Dynamic

朱國斌　著

# 總序

　　基本法是"一國兩制"方針的法律化、制度化，關於基本法的研究一直伴隨着"一國兩制"事業的不斷深化而演進。迄今為止，基本法研究大概可以劃分為三個階段。

　　第一階段是從 1980 年代初"一國兩制"提出，到 1990 年、1993 年兩部基本法分別獲得全國人大通過，這個階段基本法研究的主要任務是如何把"一國兩制"從方針政策轉化為具體的法律條款，成為可以操作的規範，最終的成果就是兩部偉大的法典 —— 香港特別行政區基本法和澳門特別行政區基本法。

　　第二階段從基本法獲得通過到基本法開始實施、香港和澳門分別於 1997 年和 1999 年回歸祖國，這個階段基本法研究集中在兩個方面，一是對基本法文本的詮釋解讀，主要是由參與基本法起草的老一代專家學者進行，也有一些媒體寫作了不少著作，給我們留下了寶貴的第一手資料；二是研究如何把基本法的相關條款與政權移交的政治實踐相結合，實現港澳原有制度體制與基本法規定的制度體制的對接，這是超高難度的政治法律工程，最終實現了政權的順利移交和港澳的成功回歸。

　　第三階段是從 1997 年、1999 年港澳分別回歸、基本法開始實施以來，基本法研究經歷了一段低谷時間，大家都以為既然港澳已經順利回歸，基本法已經開始實施，基本法研究可以劃個句號了，於是刀槍入庫，馬放南山，本來已經成立的全國性研究組織"基本法研究會"也無疾而終。2003 年香港基本法第 23 條立法遇挫後，大家才意識到基本法研究不是完成了，而是從實施之日起，故事才真正全面開始。特別是近年來，在國家和香港、澳門有關部門的大力推動下，基本法研究逐漸成為顯學。2013 年更成立全國性學術團體"中國法學會香港基本法澳門基本法研究會"，內地和港澳的大學紛紛成立關於基本法的研究機構，基本法研究越來越繁榮。

有人問，基本法研究前途如何？我認為基本法研究前途光明，無論從法學理論或者政治實踐上，基本法研究都是一項長期的偉大事業。美國憲法只有七千餘字，從起草到開始實施以來，美國人和全世界的學者已經研究了兩百多年，今天還在持續不斷地研究，永無止境。各有一萬多字的兩部基本法，需要研究的問題極其複雜繁多，從某種意義上說，基本法研究比單純研究"一國一制"的美國憲法更複雜，1997 年基本法開始實施才是萬里長征邁出的第一步，漫長的路還在後邊。基本法這本書要讀懂、讀好、用好確實不容易！既然"一國兩制"是國家長期堅持的基本國策，是中國特色社會主義的重要組成部分，"一國兩制"的實踐、創新永無止境，那麼，基本法的研究也就永無止境，是值得終身為之奮鬥的偉大事業，責任重大，使命光榮。

但是，長期以來，基本法研究存在碎片化問題，成果沒有很好地整合，形成規模效應，產生應有的學術和實踐影響力。這正是編輯出版這套叢書的目的。三聯書店的朋友希望我出面主編這套叢書，我欣然應允。一方面為中國內地、港澳和海外研究基本法的專家學者提供出版自己著作的平台，另一方面也為社會公眾特別是國家和港澳從事基本法實踐的部門和人士了解這些研究成果提供方便。

這套叢書的名稱叫做 "憲法與基本法研究叢書"，為什麼加上 "憲法" 二字？我認為這是必須的，研究基本法一定不能離開中國憲法，港澳兩個特別行政區不可能離開國家而單獨存在，兩部基本法也不可能離開中國憲法而單獨存在。基本法不是從天而降獨立存在的法律文件，它們是特別行政區的憲制性法律，但絕對不能說是特別行政區的 "憲法"。基本法在港澳地方層面具有凌駕地位，超越任何機關和個人，具有最高法律效力，無論行政長官或者行政、立法和司法機關，或者任何公職人員、市民都要遵守基本法，按照基本法辦事。但是在國家層面，基本法是憲法的 "子法"，憲法是其 "母法"，基本法的生命來自憲法。如果說 "一國" 是 "兩制" 之根、之本的話，憲法就是基本法之根、之本，離開國家憲法來看待基本法、來研究基本法，那就是無源之水，無本之木，基本法研究就一定會枯竭，而不會枝繁葉茂，基本法的理論和實踐就一定會走樣、變形。我們不能假裝香港澳門沒有憲法，只有基本法，不能誤國誤民、誤港誤澳。"一個國家、一部憲法"，這是放之四海而皆準的真理。天無二日，國無二君，同樣國無二憲，一個國家只能有一部具有主權意義的憲法；如果一國有兩部憲法，那就是兩個國家了。既然憲法和基本法共同構成了特別行政區的憲制基礎，我們就必須把基本法研究放在整個中國大憲制架構下，根據 "一國兩制" 的方針，去詮釋基本法的理論和實踐。

這才是基本法的本來面目，也才是研究基本法所應採取的實事求是的科學態度。這不僅是政治上大是大非的原則問題，而且也是基本的學術誠實（Intellectual Honest）問題。我們必須以科學誠實的態度，以對國家和港澳高度負責的精神，立場堅定、旗幟鮮明、毫不含糊地去展現事物本來的面目，讓世人看到真相，儘管真相有時讓人痛苦。我們果斷地把"憲法"兩字加上，就是希望把基本法研究放在整個國家的憲制架構和憲法理論體系之下來展開，這樣才真正有可能發展出一套中國憲法關於基本法的次理論體系，才能真正適應香港回歸後憲制的革命性變化，為基本法定好位，為特別行政區定好位，減少無謂的政治法律爭議，把時間和精力放在建設特別行政區上。因此這套叢書就定名為"憲法與基本法研究叢書"。

在這裏，我特別感謝三聯書店（香港）提供的平台，感謝侯明女士和顧瑜女士的大力推動，讓海內外研究基本法的專家學者可以有一個穩定的出版渠道，及時發表自己的著作，為憲法和基本法的實踐、為繁榮"一國兩制"和基本法的學術研究做貢獻。

王振民

2017 年 7 月 4 日於北京

總序

# 序言

## 一、"一國兩制"是一種新的憲法制度

香港問題是一個歷史遺留問題。"為了維護國家的統一和領土完整,保持香港的繁榮和穩定,並考慮到香港的歷史和現實情況,國家決定,在對香港恢復行使主權時,根據中華人民共和國憲法第三十一條的規定,設立香港特別行政區,並按照'一個國家,兩種制度'的方針,不在香港實行社會主義的制度和政策。"[1] "香港特別行政區不實行社會主義制度和政策,保持原有的資本主義制度和生活方式,五十年不變。"[2] 香港基本法是在"一國兩制"、"港人治港"、"高度自治"這三大憲法性原則之下制定的,它確立了中國憲法下的又一種新型地方制度和又一類新型中央—地方關係。

"一國兩制"首先是作為一種思想、方針和政治理念提出來的,是一種問題解決方案。鄧小平、江澤民、胡錦濤、習近平等國家最高領導人對此先後都有過論述。"一國兩制"同時又是一種新的憲法制度或憲制(Constitutional System),即由憲法確立的一種基本國家制度,其下的中央地方關係就是一種新型的憲法設計(Design)和建構(Construct)。既然如此,"一國兩制"就不是、更不應該被認為是一種政治上的權宜之計。

說"一國兩制"下的中央地方關係是一種新型的憲法關係,是指在此關係結構(Relational Structure)之下,第一,中央與

特區開始了一種新的關係，這是相對於業已存在的中央與直轄市、中央與省、中央與自治區的關係而言；第二，新的關係下的制度性安排與內涵不同；以及第三，新的關係下中央與特區各自的利益攸關方之間的互動原理和方式不同。

## 二、正確認識 "一國兩制" 下 "一國" 與 "兩制" 的關係

"一國" 解決的是國家統一問題，即 "和"。"和" 就是統一與和諧。"兩制" 要求維持內地與香港的 "不同"。所以，"和" 而 "不同" 就是既有國家主權的統一與唯一，又有地區制度之分別；既維護國家憲政制度的一體，又保持不同地區制度運作的相互獨立。就此而言，"一國兩制" 就是要體現和而不同。

"一國兩制" 本來就是一個整體，簡單割裂 "一國" 與 "兩制" 失之偏頗。我以前就曾寫到："'一國' 解決的是主權，'兩制' 解決的是治權或說管理權。'一國' 指的是擁有全部主權的中國，因而排除了各種形式的以分割或共用主權為目的的國家結構和政府形式。我著重指出這點，意在指出企圖以 '兩制' 之特殊性來排棄 '一國' 之根本性的任何行為在政治上和法理上是不能接受的。"[3] "特別行政區是 '一國兩制' 的產物和化身，是國家在國內行政區域和地方制度上的特殊設計和精心安排。它解決了中央與地方關係，提出了新型的關係模式，它同時為特區政府的管治提供了基調和發展空間。特區與內地的區別在於：它實行資本主義，它比其他地區行政單位享有更高、更多的自治權。"[4] "正因為有如此充分的政治空間、自由的經濟環境、和高度的行政自治，故而有港人經常眼裏只有 '兩制'

而沒有‘一國’的概念，或者經濟上要‘一國’，政治上要‘兩制’。”[5] 這當然是絕對不正確的。

也要看到，近些年來，也有一些內地學者置“一國兩制”與基本法之原意而不顧，片面地以“一國”之名試圖排斥、蠶食、攫取特別行政區之自主權，壓縮特區自治權空間。這在憲法與基本法理論上是不可取的，實踐上也是達不到積極效果的，甚至還會帶來港人情緒上的抵制和反抗，其實是得不償失。

### 三、確保“一國兩制”“不走樣，不變形”

香港回歸祖國、成為“中華人民共和國的一個享有高度自治權的地方行政區域”[6] 已經二十二年有餘了，再過兩年就走完了“五十年”的一半。這二十多年來，特別行政區一路走來可謂困難重重，步履艱難。“一國兩制”甚至出現了所謂的“失衡”情況和矛盾狀態。有學者認為，“這矛盾的根源來自雙方在歷史背景的、生活經驗的、思維方式的、行政傳統的、法律體系的和核心價值取向的差異。”[7] 這種理解還是有道理的。鑒於“一國兩制”是一項前無古人的偉大創舉，一路上風風雨雨、磕磕碰碰也是意料之中的、可以理解的。問題是，我們不能失去信心和動力。

2015 年 12 月 23 日，當時的行政長官梁振英在北京向國家主席習近平述職。習近平指出，近年來，香港“一國兩制”實踐出現了一些新情況。他強調，中央貫徹“一國兩制”方針，堅持兩點：一是堅定不移，不會變、不動搖；二是全面準確，確保“一國兩制”在香港的實踐不走樣、不變形，始終沿著正確方向前進。[8] 不久前，習近平主席在慶祝澳門回歸祖國二十週年大會暨澳門特別行政區第五屆政府就職典禮上指出：確保 "一國兩制" 實踐不變形、不走樣，才能推動 "一國兩制" 事業行得穩、走得遠。[9] 這明確表明了中央政府對實踐 "一國兩制" 的態度，無疑堅定和提振了我們對 "一國兩制" 這一憲法制度和特別行政區未來的信心。

### 四、尋求 "一國兩制" 的動態平衡發展

從制度設計的本義上講，"一國兩制" 應該在根本原則和建構不變的前提下不斷得到完善和發展，這包括具體制度的調整、充實和完善，此即制度的自我完善和成長。同樣重要的是，從長遠來看，"一國兩制" 的成功實踐與良性發展更取決於 "兩制" 中一方對另一方的戰略性認同和策略性包容。這些年來，中央與特區的互動以及 "兩制" 之間的關係遇到了若干大大小小的挑戰，最大的挑戰有人大常委會釋法（1999）、基本法第 23 條立法（2003）、以爭取 "雙普選" 為目標的 "雨傘運動"（2014）和欲罷不能的 "反修例運動"（2019）等。儘管它們給香港社會帶來了不同程度的波盪和震動，整體上仍然是發生在 "一國兩制" 框架之下。

"一國兩制" 如何健康發展，並行穩致遠？首先，雙方必須真誠認同 "一國兩制" 不是急就章，不是權宜之策，而是立足高遠的長遠之計，是國家發展的戰略性抉擇，是實現國家統一的重大制度性設計。其次，"兩制" 之下的中央和特區須持相互策略性包容態度，在各自活動範圍內不能動輒指責責難，更不

能懷有隨時企圖侵佔對方權利和利益的居心。堅持底綫思維，對特區一方而言，"底綫"就是不能冒犯"一國"原則；對中央而言，"底綫"就是維護"兩制"的長期存在。現實中，"兩制"不時地試探和摩擦是正常的，如此可在動態中達至一種平衡狀態。這當然是一種較為理想的狀態。

有觀察者敏銳地看到："'一國兩制'未來能否平穩發展，首先取決於未來雙方對於對方的政治體制能否恢復或提高戰略性認同。這在很大程度上取決於中國自身的未來戰略走向，取決於中國當政者未來對大陸道路特別是政治體制的戰略選擇。""如果戰略性認同不能恢復或提高，那就只能取決於雙方的策略性寬容能否得到維持。如果雙方既缺乏戰略性認同，又不能維持策略性寬容，必然會導致衝突加劇，'一國兩制'之路也會充滿崎嶇坎坷。"[10] 不得不說，這是一種非常現實主義的觀點，儘管比較悲觀。

在剩下的歲月裏，我們當然希望看到更多的是"兩制"的良性、積極的互動，並在運動中尋求共識，達至動態平衡。

## 五、"五十年不變"，那麼 2047 以後呢？

大約在 2017 至 2018 學年的第一個學期，在我的"香港憲法"（Constitutional Law of Hong Kong）課堂上，第一次有年輕的學子問到 2047"大限"這個仍在休眠中（Dormant）的問題。這班學子當時年約二十左右，三十年後即 2047 年大約五十左右，正當壯年。他們提出這個問題就表明他們在關心特別行政區的未來和他們在特別行政區的未來。

這是一個大問題，其實首先這不是一個純粹法學的問題。若用規範法學方法回答他們的話，他們可能會更加迷茫或失望。我們總不能簡單地回答：2047 年，"一國兩制"結束，"一國一制"開始。

我的理解是，"一國兩制"絕非權宜之計，而是中國執政黨領導人長時間深思熟慮的成果。若從鄧小平等第二代領導人的思想脈絡來看，這是一項根本國策，應該是長期不變的。鄧小平說："核心的問題，決定的因素，是這個政策對不對。如果不對，就可能變。如果是對的，就變不了。"[11]他又說："如果到下一個五十年，這個政策見效，達到預期目標，就更沒有理由變了。所以我說，按照'一國兩制'的方針解決統一問題後，對香港、澳門、台灣的政策五十年不變，五十年之後還會不變。"[12]時至 1988 年，鄧小平還在說："實際上，五十年只是一個形象的講法，五十年後也不會變。前五十年是不能變，五十年後是不需要變。"[13]我們聽得出、看得到，鄧小平講這些話時信心十足。1990 年 4 月 4 日，全國人民代表大會通過香港基本法，以憲法性法律確認了"一國兩制"，那麼作為憲法制度的"一國兩制"應該是著眼於長遠的設計和建構。對鄧小平等領導人的思想路綫和憲法與基本法共同確立的憲法制度，我們應該自始至終地保持一種戰略性認同。

## 六、關於本書

自 1995 年始，我就服務於香港城市大學法律學院，從事教學與研究。自 1996 年開始，我先對碩士生、後對本科生講授香港基本法，直到目前為止。我以一個學者的視角，一直觀察與研究"一國兩制"與香港基本法實踐。"一國兩制"是一項新鮮的憲法制度，基本法實踐是一個令人興奮的研究領域。

前前後後，我寫作出版了數量可觀的論著，這包括獨著、合著、學術論文、著作章節、政策性專業性雜誌文章、報刊文章等。2010年，法律出版社出版了我的第一本論文集《香江法政縱橫──香港基本法學緒論》，收錄了我個人獨自在2009年前發表的學術雜誌文章與報刊文章。

《建構"一國兩制"憲制：在動態中達至平衡》選擇性地收錄了我2010年以後發表的部分學術性雜誌與報刊文章（個別文章除外），其主題就是觀察與探討"一國兩制"這一新憲法制度的生成與發展。全書分三部分。第一部分討論"一國兩制"理論與實踐，包括對複合式中國進行一種理論建構和方法論考量，建構新憲制之下的中央與特區關係以及特區管治的法理。第二部分專論政制改革、選舉與民主進程，特別是特區政改中中央的權力及其主導作用。第三部分研究基本法下的人大釋法制度及其與香港司法制度的互動。三部分收錄文章基本緊扣著"一國兩制"憲制建構這一中心主題。

本書之所以能夠出版是多方努力的結果，特在此記錄如下：首先，李浩然博士向三聯書店（香港）有限公司慷慨舉薦本選題。然後，三聯書店策劃編輯顧瑜博士真誠接納並作出編輯安排。之後，編輯蘇健偉先生在閱讀我2010年後出版的所有文字後提出了恰當的編輯與製作建議。值此之際，我要特別感謝以上各位。與此同時，我希望記錄我對我同事袁鳳英（Kris）小姐的衷心感謝，她幫助我彙集編排了散見於各處的文字，費心費時費力。

　　"一國兩制"與基本法研究是一份不間斷的工作，也是一項有意義的事業。真心希望本書的出版能對基本法學術研究作出哪怕一丁點的貢獻。

朱國斌

香港城市大學法律學院樂耘齋

九龍塘　香港

2020 年 1 月 10 日

## | 註釋 |

1. 香港基本法序言。

2. 香港基本法第 5 條。

3. 朱國斌:〈"一國兩制"體現和而不同〉,《大公報》2005 年 3 月 2 日,A18 版。

4. 同上。

5. 同上。

6. 香港基本法第 12 條。

7. 關信基:〈為香港民主發展把脈(一)〉,https://theinitium.com/article/20150803-opinion-onecountrytwosystems/?utm_medium=copy。

8. 〈習近平:確保"一國兩制"在港不走樣不變形〉,http://news.takungpao.com/mainland/focus/2015-12/3258251.html。

9. 〈習近平在慶祝澳門回歸祖國 20 週年大會暨澳門特別行政區第五屆政府就職典禮上的講話〉,http://www.xinhuanet.com/gangao/2019-12/20/c_1210404039.htm。

10. 余智:〈"一國兩制"實施基礎、現實挑戰與未來發展〉,《聯合早報》2019 年 12 月 13 日。亦見 https://www.zaobao.com/zopinions/views/story20191213-1012959。

11. 鄧小平:《鄧小平論香港問題》,香港:三聯書店(香港)有限公司 1993 年版,第 6 頁。

12. 同上,第 32 頁。

13. 同上,第 39 頁。

# 目錄

# 導言

# 香港當前發展面臨的主要問題與對策建議

作者 2015 年在《中國評論》發表過同一題目的評論文章，見 2015 年 6 月號，第 76-78、82 頁。在編輯本論文集之時，作者保留原標題，在原文結構基礎上作了大面積修改和重寫

————————— ● —————————

## 一、香港政治的 "新常態"

套用內地的話來講，香港出現了一種 "新常態"。甚麼是香港的 "新常態"？一是迷茫，二是撕裂。迷茫既包括身份認同的迷茫，也包括發展方向的迷茫。回歸二十二年來，香港社會在繼續繁榮的表象之下，逐漸失去了反省、創新和進取的心氣。與此同時，相較於內地，香港從過去的寵兒，到現在被平視的對象，落差太大。這激發了香港人的失落感和危機感，促成了各種各樣思想思潮的出現，包括各種極端化的思潮。政治議題分化香港社會，由於欠缺包容和妥協的精神，社會逐漸走向撕裂和兩極化，由此導致對立無處不在，如所謂的 "中港對立"、"藍黃對立" 和 "官民對立"。當對立發生在議會，香港特區的政治體制就由 "半民主制"（Semi-Democracy）走向 "否決制"（Vetocracy），有效管治變得可望不可即。當社會出現嚴重分裂與對立時，社會就走向撕裂、對抗和動盪不安。

建構「一國兩制」憲制：在動態中達至平衡

"反修例運動"是社會矛盾的一次集中爆發。香港發生的這一切都是有原因的,只是我們以前沒有那麼警惕和瞭解。香港的"新常態"還會持續一段相當長的時間,並將圍繞兩個事情展開,一個是政改,另一個是管治,而兩者其實是連在一起的。香港經濟發展穩定時,民眾的要求就轉到了政治方面,集中體現為政治體制改革。"反修例運動"表達出的極端主義和激進主義,從一定意義上講其實是這種社會訴求長期被壓抑的結果。這場運動告訴我們,香港市民並不滿足於做"經濟動物"。但"反修例運動"後來的發展態勢和狀況很難為香港爭取到民主進步。當這場運動落幕之後,激進主義或更加極端,或走向失敗主義,兩者都不是好的徵兆。走出困局並不容易,這需要政治家的政治智慧,香港社會的自省和理性,以及包容和妥協精神的回歸。

## 二、香港社會的"主流民意"

　　甚麼是現在的主流民意?是"黃"還是"藍"?是"逢中必反"還是"愛國愛港"?主流民意是一個不可捉摸的東西,且此一時彼一時。在"反修例運動"中,我們可以看到,支援抗爭、譴責"警暴"是"民意",清除路障、支持警隊也是"民意"。這告訴我們,民意如潮水般勢不可擋,亦如天氣般變幻無常。表面上來看,香港有所謂"藍營"和"黃營",但事實上,香港社會還有"沉默的大多數",這大多數人並沒有特定的政治立場,他們很少站出來表達自己的政治意見,除非關鍵或核心利益受到威脅。在"反修例運動"進程中,與人們以前的認知有所不同，這 "沉默的大多數" 並不一定就是 "藍營" 可依靠的力量。就社會思潮而言，香港有民主主義、民族主義、自由主義、愛國主義、國家主義、世界主義。還有近年來冒起的本土主義、激進主義、民粹主義和極端主義。但這些主義尚未在香港形成一套邏輯自洽的思想體系。

"得民心者得天下" 的俗語，令某些政客 "挾民意以自重"。這其實忽視了 "民意" 與 "民心" 的區別。民意是變動不居的，民心則是相對穩定的。民意囿於一時一地的情勢，不同時期的民調可以反映不同的民意。但不論何時何地，香港的 "民心所向" 還是社會安定、經濟繁榮、政治清明、政府廉潔以及執政者尊重民眾並對社會大眾負責。民主化是非常合理的訴求，也是香港社會的共同心願，但是不應將 "民主" 和 "麵包" 對立起來，不應為了追求民主而犧牲法治、社會安定和經濟發展。極端化的主張能裹挾一時的民意，但難以抓住長久的民心。政客在民意上做工作，政治家在民心上做工作。管治香港，要順應民意，更要理解民心。治港者要更加謙卑、更有責任感，社會精英不要做 "精緻的利己主義者"，要超越政治爭拗，為香港的未來承擔責任。

### 三、行政主導的政府為何弱勢？

香港特區的政治體制，通說是 "行政主導"，即以行政機關尤其是行政長官主導政府施政，引領政策制定和發展方向。按照基本法起草者的意思，"為了保持香港的穩定和行政效率，行政長官應有實權，但同時也要受到制約"。然而，就香港回歸後的情況——尤其是"反修例運動"以來的情況——來看，行政機關（尤其是行政長官）完全無法發揮主導作用，特區政府動輒成為弱勢中的弱勢。"行政主導"與"止暴制亂"一樣流於口號，在關鍵時刻，特區政府甚至無法充分調動公務員，遑論主導特區政治、引領香港社會。

行政無法主導，主要有兩個方面的原因，一個是制度的原因，另一個是人的原因。從制度層面來看，基本法雖然賦予了行政長官及特區政府廣泛的職權，但為防止行政獨裁，也設置了相應的制衡機制。在現行體制下，立法會擁有制衡特區政府的權力。行政主導需要立法配合，但是在政治改革停滯的當下，立法會議員（至少是直選議席議員）的民意代表性遠高於行政長官的民意代表性，這就是現行政治體制的"民主赤字"。在這種情況下，缺少民主正當性（Legitimacy）的行政長官領導的特區政府沒有足夠的底氣、硬氣和權能影響甚至主導立法會。再加上行政與立法之間缺乏必要的聯繫紐帶，而反對派又佔據著制衡政府所需的關鍵議席，行政無法主導幾成必然。

從行政長官個人的角度來看，香港回歸前後經歷了快速政治化，殖民年代"行政吸納政治"的社會條件不復存在。簡單來說，香港已由一個"經濟城市"變為"政治城市"。但治港團隊並未充分認識到這種轉變，將優先議程設定為經濟民生而非政制改革。上台即"打經濟民生牌"的行政長官林鄭月娥，在"修例風波"中遭受"致命一擊"，即說明了民生牌不足以整合整個社會（平心而論，這種局面並非事先能夠預料）。"我會做好呢份工"（I will get the job done，這是香港特區行政長官曾

蔭權於 2007 年競選連任時的宣傳口號）、不求有功但求無過的
"公務員心態"令行政長官及一眾高官，根本無法駕馭複雜的政
治局勢，無法追蹤並引領社會主流意見。但管治香港這個複雜
而多元的社會，要有政治家的魄力和智慧。改善香港的管治，
要從人，更要從制度的角度著手。

## 四、中央強勢治港行進困難

2014 年頒佈的白皮書（即《"一國兩制"在香港特別行政
區的實踐》白皮書）標誌著中央治港策略的一個重大轉變。"全
面管治權"的概念提出後，內地與香港"井水不犯河水"的日
子一去不復返，中央開始重視並積極行使對香港特區的權力。
人大常委會"8·31 決定"收緊了香港政改的空間，以確保中
央對行政長官人選的控制權，並坐實了中央決定香港政改的權
力。"反修例運動"期間召開的中共十九屆四中全會提出"新五
條"，尤其是"建立健全特別行政區維護國家安全的法律制度
和執行機制"，為下一步中央治港提供了方向。可以看出，自
2014 年以來，中央一方面加強對香港的直接管控，另一方面積
極將香港納入國家治理體系，以實現"國家整合"的目的。

從中央政策制定的出發點來理解，治港路綫從放任自流轉
為強勢，既是為了維護國家的主權、安全和發展利益，也是為
了維護香港的長期繁榮與穩定。"反修例運動"會令中央領導
人更加確信，過往對香港的放任自流和管控不足才導致種種亂
象，將來更需要加強對香港的管控。但是香港社會並沒有接受
中央治港路綫的這種調整。比如，白皮書提出的"全面管治權"

遭到抵制，根據“8·31決定”（即政改“五部曲”）制定的政改方案被否決，“二十三條立法”被束之高閣並遲遲未被列入政府的政治議程，《逃犯條例》的修訂引發巨大且持久的社會動亂。從事態發展的可能性分析，中央進一步加強對香港的管控可能帶來更激烈的民意反彈，退一步講或表現為消極抵抗。

中央與香港社會長期無法就維護國家安全和推行民主改革達成共識，政治互信的缺失令京港關係在“管控—反抗—再管控—再反抗”的循環中不斷惡化。要走出這種惡性循環，雙方都要學會換位思考，在必要時各退一步。中央在治港時應當直視香港社會的民主訴求，並表現出政治智慧來。如果中央一味強勢，以一種“皇權”心態來管治香港，只會令香港進一步陷入僵局，難以贏得香港的大多數民心。而香港社會在追求民主時亦決不應無視中央對國家安全的嚴重關切，在適當的時候以適當的方式履行國家安全立法的憲制義務，才有可能為香港的政改打開局面。理想的情況是，雙方能就此達成原則性共識和策略性妥協。

### 五、遲延回應釀成管治危機

毫無疑問，“反修例運動”是香港回歸以來最嚴重的管治危機，其歷時之久長和程度之慘烈無與倫比。而這場運動能夠持續升級，特區政府的反應遲鈍和進退失據是一個重要肇因。大型社會運動爆發於 6 月，至示威者提出“五大訴求”，騷亂和破壞活動持續近三個月，行政長官才宣佈正式撤回修訂《逃犯條例》草案。至 11 月中旬，暴力衝突和社會動亂到了幾乎不可收拾的程度，特區政府才成立跨部門行動小組，採取更加果斷的措施"止暴制亂"。可以說，特區政府不僅遲延回應示威者的訴求，而且遲延回應廣大市民的訴求。遲延回應示威者的訴求，令社會上的憤怒和暴力不斷升級；遲延回應廣大市民的訴求，令特區政府無法團結多數、凝聚人心、有效"止暴制亂"。

問責性（Accountability）和回應性（Responsiveness）是有效管治的重要因素。在問責機制有所欠缺時（在當下的政治框架下，行政長官和主要官員非由選舉產生，中央掌握著行政長官和主要官員的任免權），特區政府更要及時回應社會大眾的各項重大訴求。暴力衝突和政治亂局每天都在給香港社會帶來巨大損耗，遲延回應導致特區政府不能及時為香港止亂、止損、止血。無疑，"反修例運動"是一個慘痛的教訓。政制改革在短期之內將會難有進展，問責制（尤其是對行政長官的問責）也很難得到改善。在這種情況下，特區政府能夠做到的就是必須轉變"公務員心態"（一種技術官僚心態），直面群眾，及時識別和回應主流社會的訴求。總之，政治人物要問政，公務員要問責。

## 六、"反修例運動"挑戰法治

"反修例運動"不僅帶來了管治危機，而且帶來了法治危機，令人們質疑作為香港核心價值的法治的存在。一者，運動中出現大面積的違法現象，不少抗爭者為達目的，不惜採取違法乃至犯罪手段，違法者之眾，犯罪程度之烈，前所未見；二者，隨著暴力和亂象的持續，社會失去了對違法行為的"容忍度”的堅持，可嘆的是，在某些時候，彷彿社會主流在默許和放縱犯罪；三者，持續的暴力衝突將香港帶入某種“緊急狀態”，法諺有云“槍炮作響法無聲”，當正常的社會秩序無法得到保障，法治又從何談起；四者，衝突和亂象的持續，強化了仇恨情緒，削弱了包容精神，深層次、大面積地撕裂了社會，動搖了人們對法治的信心，以致各種“私了”、“裝修”事件頻發；五者，違法事件遲早要轉介到法院，這令司法機關和法官不可避免地捲入政治漩渦（個別法官甚至摒棄中立，公開表達政治立場），在社會嚴重撕裂的情況下，法院不論作出何種判決，都將遭到質疑，“火燒法院”是質疑的極端化表現。以上種種，都在動搖香港法治的根基。

香港如何由舉世稱頌的“法治之區”淪落到今日的“禮崩樂壞”？特區政府遲遲不回應民間訴求導致民怨沸騰固然是一個原因，“違法達義”理念對市民守法意識的蠶食也是一個重要原因。自“佔中”以來，“公民抗命”和“違法達義”的理念廣泛流傳，不少缺乏思辨能力的人以為，只要是為了“崇高”的目標，違法和犯罪手段亦可以考慮。然而，法治最基本的要求是人人守法。若人人都為了自己心中的“正義”而違法，法治和秩序又從何談起？若沒有了秩序，社會只能回到“人人為敵”的原始狀態，只會離正義越來越遠。“反修例運動”暴露了香港法治脆弱的一面。捍衛法治、保障人權，要從矯正極端和偏頗的法治觀開始。任何人都不應為了政治目的，而曲解和濫用自然法學說。從根本上看，違法不能達義，也不能為香港爭取民主。鞏固和捍衛法治秩序，最起碼的要求便是遵從法律的指引。此時此刻，回歸法治乃是當務之急。

## 七、政治問題還是經濟問題？

　　"佔中"、"反修例運動"迫使人們正視和反思香港的問題。有人認為，動亂和暴亂的根源在於經濟，譬如土地問題、住房問題、壟斷問題、分配問題、階層流動性問題，一言以蔽之，來源於香港的"深層次矛盾"。也有人認為，暴亂的根源在於政治，譬如民主化停滯的問題、人心不歸的問題、國民教育和通識教育的問題、意識形態鬥爭的問題、恐中恐共的問題、外國勢力干預的問題。其實，爭論香港的問題是經濟問題還是政治問題，意義不大。因為一個社會可以既有經濟問題也有政治問題，並且在很多時候，經濟問題可以轉變為政治問題，政治問題之中又夾雜著經濟問題。香港之困局，並非某單一因素造成的；帶領香港走出困局，亦不可指望採取某一方面的具體措施就能辦到。解決香港的問題，需要多管齊下，在力所能及的情況下，看到一個問題，便嘗試解決一個問題。以"民生問題"解決"政治問題"是鴕鳥政策；"政治問題經濟解決"是一種無奈之舉，在短期內可能取得成效，但也可能令問題變得更糟。更為理想的做法是"政治問題政治解決，經濟問題經濟解決"。

## 八、重啟政改需要凝聚共識

　　"佔中"以來，民主幾乎成了香港社會的一塊"心病"。2015 年政改闖關失敗令不少人傷心失望，但社會上仍然有非常強烈的民主訴求。重啟政改的呼聲從未斷絕。極端者甚至可以為了"民主"不要"麵包"。實事求是地說，"雙普選"是基本法設定的合情合理且合法的目標，但"根據香港的實際情況"和"循序漸進"也是香港政改必須遵循的原則。在"一國兩制"和基本法的框架下，中央掌握著香港政治改革的最終決定權，這意味著，香港沒有可能撇開中央而單方面實現民主化。應該看到，"8·31決定"並未封死香港的民主之路。倘若各方能夠放下爭執和成見，回到"8·31決定"上，香港政制仍然有可能前行。鑒於政改是一個有高度爭議性的問題，重啟政改必須選擇合適的時機，並且建立在廣泛的共識基礎之上，這既包括中央與香港社會之間的共識，也包括香港社會內部（建制派和民主派）的共識。如果各方面都認同，民主是一個值得追求的目標，那麼作為持份者的各方都應該相向而行，而非背道而馳。為重啟政改創造條件，各方都應放下"寸步不讓"的心態，泛民政黨和政治團體不能為反對而反對。有妥協，才可能有共識。

## 九、如何重建管治權威？

2019年6月開始的香港亂局已經持續了近半年，相信終會走向緩和和暫時沉寂，這並不是因為特區政府"平亂有方"。相反，種種錯誤和遲緩的決策令特區政府的管治權威在"反修例運動"中幾近蕩然無存。然而，香港的穩定和繁榮，離不開有效管治。"無政府主義"並不是也不可能是一個可行的選項。即是說，要令香港社會重返正軌，必須挽回市民對政府的信心，重建特區政府的管治權威。

那麼，特區政府要如何重建管治權威？起碼有以下幾點：

一是問責。香港特區的問責機制雖然不算健全（這涉及香港政制的問題），但也不是完全缺失，特區政府應當充分利用現有的問責機制（如"高官問責制"）對官員問責，對香港市民負責。特區官員普遍規則意識很強，故一般不會違規犯罪，然而不稱職者卻確有其人。在應對"反修例運動"過程中，輿論認為就有直接涉事官員或表現進退失據，或決策有欠思量，或不敢面對問題挺身而出。應該有官員被問責。二是溝通與回應。溝通不暢和回應遲緩是"反修例風暴"高燒不退的重要原因，特區政府必須從這次管治危機中汲取教訓，保持與香港市民的密切直接溝通，並及時且有效地回應市民的訴求。三是反思和反省管治思維的錯誤。客觀而言，特區政府在"反修例運動"中作了不少錯誤的決策。要挽回香港市民對特區政府的信心，就必須反思和糾正過往的錯誤，尤其是，行政長官和主要官員須放下"公務員心態"，學會像政治家一樣決策，並對香港市民負責。四是全方位的改革措施。香港的各種深層次問題在"反修例運動"中暴露無遺，解決這些問題需要全方位的改革措施。當然，改革亦須建立在共識之上，特區政府可效仿歷史和域外的做法，邀請公眾就社會問題發表意見和提出建議，在對話與共識之中推動社會變革，解決香港的深層次問題。五是親民。政治任命官員深入基層既是職務性質要求，也是政治道德要求。親民不是作秀，不是握手照相和照本宣科宣讀賀信，應該當作決策過程集思廣益的一個必要環節，也是建立政府威信和贏得民心的措施之一。

## 十、"一國兩制" 在香港的前路

"反修例運動" 不僅動搖了香港市民對特區政府的信心，也動搖了社會各界對 "一國兩制" 的信心。悲觀主義者甚至宣佈，"一國兩制" 在香港的實踐失敗了。但 "一國兩制" 不是一時的權宜之計，而是開天闢地的政治事業，也是要長期堅持的基本國策，因一時的挫折而宣佈 "一國兩制" 在香港失敗太過草率，顯得缺乏戰略定力和制度自信。即使在 "反修例運動" 中遭受考驗和衝擊，"一國兩制" 依然是保持香港長期繁榮穩定的最佳制度安排和選擇。在現行憲制框架之下，"港獨" 根本不是選項，實際上也是絕對不可能的。除少數 "攬炒" 論者外，絕大多數人都希望 "一國兩制" 在香港能夠成功。中央方面的表述也是要繼續堅持 "一國兩制"。

誠然，各方面對 "一國兩制" 的不同解讀，令人對 "一國兩制" 在香港的前景感到憂慮。彌合這種理解上的分歧，需要回到 "一國兩制" 的歷史語境，牢記 "一國兩制" 的初衷，堅持基本法的立法原意，找到 "一國" 與 "兩制" 之間的最佳平衡點。

# 第一章

# "一國兩制"
# 理論與實踐

# "一國兩制" 體現和而不同

原載《大公報》2005 年 3 月 2 日，A18 版

●

上月底（編註：2005 年 2 月底），負責港澳事務的國家副主席曾慶紅回答記者關於香港問題的提問時，要求我們想通"天時地利人和"六個字。本地傳媒引述曾副主席如是說：天時是香港經濟復甦；地利是香港是世界上最自由的城市；人和是要加強溝通，雖然有不同意見，但要堅持以和為貴、和而不同的原則。大家都對"天時地利人和"眾說紛紜，提出不同的解讀，可惜，大家甚少關注"和而不同"及其現實與長遠的意義。

## 一、"和" 是統一與和諧

"一國兩制" 是以鄧小平為首的中國領導人集中了中國人民的高度智慧，從解決台灣問題和國家統一問題的實際出發，逐步形成的創造性的偉大構想。據此，中國將保留港、澳、台的資本主義制度，並使之與大陸的社會主義制度並存於統一的祖國母體之中，和平共處，互相促進，共同發展。在 "一國兩制" 政治方案指示之下，中央政府先與英國政府達成了解決中國對

香港恢復行使主權的中英聯合聲明，後又制定了香港特區的憲制性法律《香港特別行政區基本法》。

"一國兩制"原則的核心是既堅持國家對香港行使主權，又維持香港回歸前的基本政治、社會、經濟制度不變。"一國"解決的是國家統一問題，即"和"。"和"就是統一與和諧。"兩制"要求維持內地與香港的"不同"。所以，"和而不同"就是既有國家統一又有地區制度之分別，既維護國家憲政制度的一體又保持不同地區制度運作的相互獨立。就此而言，"一國兩制"就是"和而不同"，它是中國人民傳統智慧的高度結晶。

鄧小平在 1984 年對鍾士元等人就"一國兩制"的內涵給予了通俗易懂的說明："我們的政策是實行'一國兩制'，具體說，就是在中華人民共和國內，十億人口的大陸實行社會主義制度，香港、台灣實行資本主義制度。"江澤民在中共十四大報告中進一步闡述"一國兩制"如下："在一個中國的前提下，國家的主體堅持社會主義制度，香港、澳門、台灣保持原來的資本主義制度長期不變，按照這個原則來推進祖國和平統一大業的完成。"

上述思想提出了一種新型的國家政治制度和結構，它無疑發展了單一制的國家結構形成，使之能夠容納更豐富、深刻的制度內涵。鄧小平講話和十四大報告是對"一國兩制"的一種政治表述，而非法律定義。政治思想或政策無疑必須轉化成為法律語言。為此，香港基本法成為演繹"一國兩制"的具體媒介。基本法第 1 條開宗明義規定："香港特別行政區是中華人民共和國不可分離的部分"；第 5 條規定："香港特別行政區不實行社會主義制度和政策，保持原有的資本主義制度和生活方式，五十年不變。"

## 二、主權"一國"治權"兩制"

從其演變歷史過程來看，"一國兩制"這一偉大構想是由"一個國家"和"兩種制度"有機組合而成。"一個國家"無疑指的是中華人民共和國（儘管在未來，"一個國家"的內涵有可能根據需要再解讀，以解決台灣問題）。"一個國家"突出的是和，是統一，是國家主權的唯一性和不可分裂性，因而是前提；沒有這一前提，"和平統一，一國兩制"就無從談起。"兩種制度"描述的是一國內地方制度的不同安排和不同的中央地方關係模式。"一國"解決的是主權，"兩制"解決的是治權或說管理權。"一國"指的是擁有全部主權的中國，因而排除了各種形式的以分割或共用主權為目的國家結構和政府形式。我著重指出這點，意在指出企圖以"兩制"之特殊性來排棄"一國"之根本性的任何行為在政治上和法理上是不能接受的。在中英談判的艱巨過程中，鄧小平曾嚴肅地對英國首相戴卓爾夫人說，"主權問題不是一個可以討論的問題"。曾慶紅最近也曾講過，"'一國兩制'你別碰，這是最根本的。"

今天還有大陸學者寫文章認為，因為"國家的主體堅持社會主義制度"，所以講"一國"應以社會主義為統一的前提，我們要堅持社會主義凌駕於資本主義。我們說，這種理解是不對的，因為它背離了鄧小平思想和中央政府政治決定的原意。因此，堅持"一國"、以國家的統一和主權為前提並不等於國家統一應以國家主體的社會主義制度為前提。

從邏輯和現實來看，在一個主體為社會主義的國家內，社會主義與資本主義並存這一現象的確存在內在矛盾和張力。國家主體從規模上講那麼大、擁有的人口那麼多，因而讓人存在誰"吃掉"誰的擔憂。大陸有人擔憂因推行"一國兩制"而使國家變質，港澳有人擔心"一國兩制"會是權宜之計。從政治發展和經濟整合的趨勢來看，社會主義和資本主義不會一方"吃掉"另一方，但雙方會相互滲透、相互影響、相互補充，因為雙方互有需要，可以取長補短、共同發展。

### 三、兩種制度繁榮保障

特別行政區是"一國兩制"的產物和化身，是國家在國內行政區域和地方制度上的特殊設計和精心安排。它解決了中央與地方關係，提出了新型的關係模式，它同時為特區政府的管治提供了基調和發展空間。特區與內地的區別在於：它實行資本主義，它比其他地區行政單位享有更高、更多的自治權。通覽港澳基本法的全部條文，特區不僅保留了原來的基本制度和經濟基礎，也保留了絕大部分上層建築（包括意識形態），除了改變主權和治權的歸屬（中國恢復行使主權，實行"港人治港"、"澳人治澳"，廢除殖民因素）之外，原有的資本主義的內容都保留下來了。

正因為有如此充分的政治空間、自由的經濟環境、和高度的行政自治，故而有港人經常眼裏只有"兩制"而沒有"一國"的概念，或者經濟上要"一國"，政治上要"兩制"。持這種思維的人為數不少，我相信其中大多數是從香港的地方利益和個人利害關係出發的。在談到高度自治時，最近有些言論十分引人注目，他們不分青紅皂白地立論，或認為香港沒有違憲審查的基礎，或認為基本法應凌駕於普通法（從法律位階上講這是對的；但不能由此而否定香港的普通法傳統）。更有人認為"高度自治並非自治"。誠然，基本法是由全國人大制定通過的，但並不能由此斷言說基本法為香港帶來了大陸法傳統。若果真如此，"一國兩法（制）"就會變成"一國一法"了。在我們學習研究中國法律並取得碩士和博士學位時，我們不能以大陸之法學理論"吃掉"香港固有的傳統、理論和精神。

### 四、長期不變的國策

"一國兩制"並非權宜之計。從鄧小平的思想脈絡來看，這是一項國策，是應長期不變的。鄧小平說："核心的問題，決定的因素，是這個政策對不對。如果不對，就可能變。如果是對的，就變不了。"他又說："如果到下一個五十年，這個政策見效，達到預期目標，就更沒有理由變了。所以我說，按照'一國兩制'的方針解決統一問題後，對香港、澳門、台灣的政策五十年不變，五十年之後還會不變。"我們聽得出，鄧講這些話時信心十足。

香港回歸七年多以後（編註：本文原發表於 2005 年 3 月），其發展受惠於天時地利（除金融危機和禽流感、沙士等突發性和具有不可抗拒的事件之外），但香港社會"人和"不夠。人不和，因而特區政府表現為管理進退失據、管治不足。胡錦濤主

建構「一國兩制」憲制：在動態中達至平衡

席要求我們"總結經驗、查找不足";曾慶紅副主席說"總結經驗是一種要求,但也一定要提高管治水平,這是應該的"。

　　"一國兩制"為香港的成功提供了良好的政治、法律和管治環境。"一國兩制"的實質就是"和而不同"。"要和,但肯定還有不同,但前提是要和"(曾慶紅語)。不能再怨天尤人了。

# "一國多制" 下的複合式中國
## ——理論建構和方法論考慮

原載《國際憲法學雜誌》（International Journal of Constitutional Law）

2012 年第 1 期，第 272-297 頁

———————— ● ————————

《中華人民共和國憲法》（1982 年憲法）第 30 條規定了次國家單位（Subnational Units）或組成單位（Constituencies）以及國家各級行政區域劃分。在省一級，"全國分為省、自治區、直轄市"。[1] 第 31 條規定了國家可以設立特別行政區，而該制度並未見於 1954 年、1975 年和 1978 年三部憲法。該條款是設立特別行政區的憲法依據："國家在必要時得設立特別行政區。在特別行政區內實行的制度按照具體情況由全國人民代表大會以法律規定。"依照這一憲法條款和"一國兩制"原則，香港和澳門——兩個原來分別屬於英國和葡萄牙的殖民統治之地——先後於 1997 年和 1999 年回歸中華人民共和國，成為中國主權之下的香港特別行政區和澳門特別行政區。

"一國兩制"、"高度自治"和"港人治港"是重要的政治原則和憲法原則，是中國恢復對香港行使主權和設立特別行政區的基石，[2] 貫穿於 1990 年 4 月 4 日全國人民代表大會通過

的《香港特別行政區基本法》全文。基本法第 2 條規定："全國
人民代表大會授權香港特別行政區依照本法的規定實行高度自
治,享有行政管理權、立法權、獨立的司法權和終審權。"第 5
條進一步規定香港特別行政區不實行社會主義制度和政策,原
有的資本主義制度和生活方式保持五十年不變。從憲法理論的
角度來看,上述憲法第 31 條和基本法第 11 條,[3] 共同賦予基本
法一種特殊的法律地位,即它是香港特別行政區的實質憲法。

　　基本法所創立的中央與香港特別行政區的關係絕對是新穎
的,在結構與模式方面有其獨特性。其"新穎性"體現在其不
同於中國現有的任何中央地方關係類型,如直轄市制度、民族
區域自治制度和經濟特區制度。其"獨特性"是指該模式與其
他國家的或世界上有比較價值的中央地方關係模式(如意大利
和西班牙的高度分權制,比利時的聯邦化體制,以及美國、加
拿大、澳大利亞典型的聯邦制等)均不具有實際的或直接的可
比性。

　　以香港特別行政區為例,這種類型的中央地方關係至今已
實際運行逾十五年(編註:本文原發表於 2012 年),體現了國
家結構的重構和一種新型的以中央和地方分權為特徵的自治模
式,彰顯了中國憲法理論上的範式變遷。

　　本文從探討"一國兩制"和特別行政區自治制度的意義開
始,提出"複合制國家"這一新的概念並將該憲法範式理論化,
旨在更好地界定當前中央與特別行政區的憲法關係,以及特別
行政區的自治實踐。本文還希望為中國政府提供完整且務實的
憲法框架以最終解決台灣問題。

## 一、"一國兩制" 的憲法解讀

如何定義和正確解釋這種全新的憲法關係？至今為止，中國政府和學者均在使用傳統理論解釋香港基本法和相關問題，以及據此解讀自香港回歸以來不時出現的各種爭議。

中國內地的主流理論認為 "中華人民共和國是單一制國家"，[4] "一國兩制" 下的特別行政區制度與中國的其他區域自治制度相類似，這也是唯一被中國官方所相信的理論。憲法學教授許崇德重申，"特別行政區的設立並不會引起我國單一制國家結構形式的任何根本性變化"。[5]另一位憲法學教授蕭蔚雲也持相同看法，認為香港特別行政區 "是單一制國家結構形式下的一個享有高度自治權的地方行政區域"。[6]年輕一代的憲法學者莫紀宏教授也承繼了這一觀念，認為特別行政區與中央的關係 "均屬於單一制國家中中央與地方的關係"。[7]即使已歷經了香港和澳門特別行政區逾十年的憲法發展，該理論至今尚未被中國內地的學者重新評估或修正，更未受到挑戰過。

### （一）作為政治概念（Political Concept）的 "一國兩制" 和基本法的創制

"一國兩制" 首先被視作是一項政治觀念和政治原則。"一國兩制" 的概念不是一天形成的。事實上，這一概念首次被提出是為了解決台灣問題，後被用於香港。

已故中國最高領導人鄧小平在 1984 年 6 月 22 日和 23 日會見香港工商業代表和其他香港傑出人士時正式提出 "一國兩制"。[8]他說："我們的政策是實行 '一個國家，兩種制度'，具體說，就是在中華人民共和國內，十億人口的大陸實行社會主義制度，香港、台灣實行資本主義制度。"

鄧進一步闡述：

> 我們多次講過，我國政府在一九九七年恢復行使對香港的主權後，香港現行的社會、經濟制度不變，法律基本不變，生活方式不變，香港自由港的地位和國際貿易、金融中心的地位也不變，香港可以繼續同其他國家和地區保持和發展經濟關係……北京不向香港特區政府派出幹部，這也是不會改變的……我們對香港的政策五十年不變，我們說這個話是算數的。

之後於 1984 年 7 月 31 日，鄧小平在與英國時任外交大臣傑佛瑞·豪（Geoffrey Howe）會談時重申這一概念。[9]

我們有足夠的理由相信，在 1982 至 1987 年期間，鄧小平代表中國政府所發表的這些重要言論呈現了"一國兩制"這一政策漸進的發展過程。下一步的期待則是如何將該政治概念或政策轉化為法律概念。在這一背景下，起草香港特別行政區基本法的工作於 1985 年啟動。"一國兩制"政策首先被系統闡述於 1984 年 12 月 19 日中英兩國政府簽訂的聯合聲明中，之後由全國人民代表大會於 1990 年 4 月 4 日通過的基本法予以貫徹落實。

基本法具有雙重屬性。有趣的是，香港學者和香港法官普遍視基本法為香港特別行政區的憲法，同時也認其為國內法。香港法院也認同基本法的這種雙重屬性。時任香港高等法院首席法官陳兆愷在"香港特別行政區訴馬維騉案"(即"*Ma Wai Kwan David* 案")中首次提出如下意見:"基本法不僅是一項國際條約即中英聯合聲明的產物(Brainchild),也是中華人民共和國的國內法和香港特別行政區的憲法。"[10] 這一立論也得到了終審法院上任首席大法官李國能(Andrew Li)的肯定,他在具有里程碑意義的"吳嘉玲訴入境處處長案"(即"*Ng Ka Ling* 案")中指出:"基本法既是一部國內法,也是特區的憲法。"[11] 香港大學法學教授和資深律師陳文敏(Johannes Chan)也認可"基本法具有內地的國內法和特區憲法的雙重性質"。[12]

時任高等法院首席法官陳兆愷法官曾對基本法做出如下精彩陳述:[13]

> 基本法是一部獨特的法律,她體現兩國之間簽署的條約的內容,調整主權國家與實行不同制度的自治地區之間的關係,規定政府部門的組織結構和職能,以及公民的權利與義務。因此,基本法至少具有三個維度:國際的、國內的和憲法的。

### (二)作為法律規範和憲法規範(Legal and Constitutional Norm)的"一國兩制"

"一國兩制"原則對憲法秩序和法律發生著直接影響,它允許不同的政治、行政、法律和社會制度在統一的主權國家內共存。

從政治制度角度觀之,因"一國兩制"允許社會主義和資本主義並存,故作為中國根本制度的社會主義並不適用於實行

資本主義的特別行政區。進而言之，以香港和澳門的司法制度
為例，一國之內至少存在三個不同的法域，三個以獨立的終審
權為標誌的司法權力中心，和三個法系——即內地的社會主義
性質的大陸法法系、香港的普通法法系和澳門的大陸法法系。
除政治和憲法糾紛外，不同法域間法律糾紛的解決基本上依賴
不同司法機構在平等基礎上發生的司法協助和合作。[14] 為達到
解決糾紛之目的，北京和特別行政區已簽署了一系列關於司法
互助和仲裁合作的雙邊協定。[15] 但在宏觀經濟政策層面，可以
確定地說，中央政府對特別行政區政府的政策制定過程確實有
實質的影響力，雖然它儘量避免通過立法為特別行政區政府直
接設置議程。如中央政府和香港特別行政區於 2003 年簽署的
《內地與香港建立更緊密經貿關係的安排》（CEPA）；[16] 新近的
例子是香港特別行政區正在積極考慮參與《珠三角地區改革發
展規劃綱要》，該綱要是由國務院推動並發佈於 2009 年 1 月的
一份跨區域發展規劃。[17]

　　"一國兩制"已經變成了一個廣泛適用的習慣性說法，用以
描述京港和京澳關係。當前，"一國兩制"下的中央與地方關係
模式一直在發展中多元化，在內容、結構和存在方式上不斷地
得以豐富。總的說來，"一國兩制" 應被理解為一項重要的憲法
原則，因其對重塑中央地方關係和地方自治體制，以及對解決
國家統一和民族團結問題具有直接且深遠的影響。[18]

## 二、為甚麼中國不再是單一制，也不是聯邦制

### （一）單一制的概念及其適用於當今中國的難度

單一制國家的概念並無精確的定義，儘管其在中國的語境下有著通行的理解。憲法學家蕭蔚雲教授認為：[19]

在現代國家結構形式中，單一制與聯邦制是其基本形式。在憲法理論上，單一制是指由若干行政區域構成單一主權國家的結構形式。在單一制的形式下，全國只有一個統一的立法機關、一個憲法、一個中央政府、統一的國籍。在國家內部，各行政區域的地方政府均受中央政府的統一領導；對外關係中，中央政府是國際法的主體。

不得不說，這是一個過於寬泛的定義，因而需要進一步闡釋。憲法學家許崇德教授在其所著的教科書中也有如下表述："單一制國家在形式上比較簡單，全國只有一個憲法和一個中央政府。它在國際交往中是單一的主體，由中央政府代表各該完整的主權國家。"[20] 同樣，該定義也是泛泛而談。

我們也可以嘗試從比較法的角度理解單一制國家概念。在討論斯里蘭卡未來的國家結構時，Ram Manikkalingam 提出了他對單一制的理解：[21]

單一制國家就是一種將行政權、立法權以及司法權集於中央的政治安排。單一制可能涉及橫向展開的權力分立（Separation of Powers），即行政權、立法權與司法權在一個政治實體中的分立，但它不允許這些權力在該政治實體與其子單位之間的縱向分配。單一制國家可以授權其子單

位行使這些權力，卻反對權力脫離中央。在單一制管治體制下，中央政府有權決定收回授予地方行使的政治權力。單一制國家的例子包括法國與斯里蘭卡。（著重號為引者所加）

從不同角度來理解，可能會得出其他的定義與描述。根據現有資料和作者之見，單一制國家是指如下這種國家制度：

（1）包括立法權、行政權以及司法權在內的所有國家權力都集中於中央並由中央掌控，這由成文憲法和政治制度的安排予以確定。

（2）不存在實質意義上的縱向分權（Separation of Powers）。然而，權力下放（Delegation of Powers）還是可能的，前提是所下放之權仍然歸屬中央，且中央有權隨時收回該等權力。換言之，地方單位不得擁有（Appropriate）國家權力，卻可以使用國家權力。

（3）中央與地方適用的立法與法律本質相同，地方無權自行立法，也沒有第二個議院代表地方組成單位。

（4）權力下放（De-Concentration）與地方分權（Decentralization）是可能的，條件是整個過程是自上而下的，同時，任何形式的地方自治都必須受中央的監督與指導。

（5）在設計地方政府體制時，少數族裔的身份並不經常是被考慮的決定性因素，更有甚者，甚至從未被考慮過。

（6）文化與宗教的多樣性或不存在，或被中央所忽視。

（7）在憲法框架內發展真正意義上的自治體制的空間不存在或極小。

中國是符合上述標準的單一制國家嗎？中國的權威學者均

給予肯定答覆。[22] 然而，在香港與澳門特別行政區成立之後，該答案就撲朔難辨了。香港基本法的前兩章就輕而易舉地印證了該判斷。

鑒於基本法中的憲制安排，我們該如何描述 "一國兩制" 下的中央與地方（包括特別行政區）關係？儘管傳統理論與當今通說仍堅持認為，以王叔文的觀點為例，北京與香港之間是 "單一制下的中央和地方關係"。[23] 顯然，傳統理論仍佔據主流地位，雖過時但卻為中國政治當局所接受。值得注意的是，這也是最為安全的理論闡述，不致造成當權者不安，也不致引發來自執政的中國共產黨和政府的政治駁斥。

我們面臨的問題是，傳統的憲法理論已無法解釋因特別行政區之創設而引發的新憲法秩序以及隨之產生的新狀況。進而，"一國兩制" 下新的中央地方關係模式需要一種更為適當的理論予以闡釋。有趣的是，當內地學者認為，仍以王叔文為例，如今香港與澳門享有的權力相當於甚或遠遠超過聯邦制國家的州或省所享有的權力，他們提出該觀點是想表達甚麼意圖呢？[24] 當然，該觀點有兩部基本法的條文以及回歸以來持續不斷的實踐支持，但它還是缺乏適當的憲法理論支撐。特別行政區制度無疑突破了傳統的單一制和聯邦制二分法或二元論之理論範式。

承認單一制理論在解讀中國情況時的理論缺陷或局限性後，接下來的問題是，是否存在其他替代理論？香港大學陳弘毅教授（Albert Chen）也提出過同樣的問題："單一制和聯邦制的區別是甚麼？世界上有無第三種國家結構形式？"[25]

## （二）為甚麼中國當局和精英反對聯邦制？

對聯邦制之涵義有頗多學術爭議。為釐清爭議，有必要對如下三個概念加以辨析："聯邦主義"（Federalism）、"聯邦政治制度／體系"（Federal Political Systems）以及 "聯邦制"（Federation）。

按照頗有影響力的加拿大學者 Ronald L. Watts 的理解，聯邦主義 "本質上是一個規範意義上的而非描述性的術語，指的是構建一個兼備規則共用（Shared-Rule）和區域自治（Regional Self-Rule）的多層次政府的主張。它建基在一個大的政治聯盟內，既兼備統一性與多樣化，又適應、保護和促進特殊性（Distinct Identities）的價值基礎之上。聯邦主義作為一個規範性原則，其本質就在於聯合和非集權化（Non-Centralization）共存共榮"。在他看來，"'聯邦政治制度' 和 '聯邦制' 都是適用於特定政治組織形式的描述性術語。'聯邦政治制度' 是一類寬泛的政治體系，較之於單一制中一元的中央權力來源，聯邦政治制度下存在兩級（或更多級的）政府，既通過共設機構（Common Institutions）實現規則共用，也允許組成單位的區域自治。" 他將大量更具體的非單一制形式，從準聯邦制到邦聯（Confederacies）等，作為子類歸入聯邦政治制度／系統之下。他進一步闡述道，"在聯邦政治制度內，聯邦制代表一個特定的子類。聯邦制下，從憲法意義上來看，聯邦政府和其成員單位的政府互不隸屬，即兩者的主權性權力均來源於憲法而非另一層級的政府，二者均有權通過行使立法權、行政權和稅收權直接與其公民發生聯繫（Deal Directly with Its Citizens），二者均由其公民直接選出。"[26]（著重號為引者所加）

Daniel Elazar 是南非研究聯邦主義的著名學者，他將下列概念均歸入 "聯邦政治制度／體系" 中：聯合制（Unions）、憲法上地方分權的聯合制（Constitutionally Decentralized Unions）、聯邦制（Federations）、邦聯制（Confederations）、非對稱性聯邦制（Federacies）、聯合國家（Associated Statehood）、共治體（Condominiums）、國家聯盟（League of Nations），和聯合職能當局（Joint Functional Authorities）。[27]

鑒於其體系龐大、內容寬泛，"聯邦政治體系" 一詞常與漢語中的 "複合制" 在同一意義上使用。按字面意思理解，複合制指 "一個多重結合的體系"（a System of Complex Combination）。依據許崇德的理解，複合制 "是由兩個或多個成員國聯合組成的複合國家，是一種國家同國家的結合"。[28]

Elazar 解釋道，那些賦予聯邦體系活力的政治原則強調多個權力中心間議價（Bargaining）和協商性合作（Negotiated Cooperation）的重要性。因此，聯邦主義強調分散的權力中心的優勢在於能夠保障個人以及地方的自由。他指出，聯邦與聯邦主義的拉丁語詞源同為 "foedus"，意為盟約。他進一步闡述了聯邦關係的三個重要因素："根據定義，聯邦關係強調的是個人、群體與政府之間的夥伴關係（Partnership），能使夥伴關係得以實現的合作關係（Cooperative Relationship），以及作為夥伴間權力共用之基礎的協商（Negotiation）。"[29]（著重號為引者所加）

根據上述對聯邦制的理解，當今世界有二十四個國家實行聯邦制，涵蓋全球百分之四十以上的人口。[30] 值得說明的是，儘管南非與西班牙在外形上主要表現為聯邦制，但兩國憲法均未特別指明它們就是聯邦制國家。

　　基於全面的比較研究，Watts 總結了作為聯邦政治體系中一種具體模式的聯邦制的結構特點。該等結構特點廣為認可，包括：（1）存在兩層政府，並各自直接作用於其公民；（2）兩層政府間存在著立法權、行政權與收入資源配置權的憲制性劃分，以保障各該政府均能實現在一些領域的實質性自治；（3）在聯邦決策機構內設置能代表地方性觀點的建制，一般情況下這就是具有特定形式的聯邦第二議院；（4）一部具有最高地位的成文憲法，該憲法不能單方面修改，需經顯著多數的成員單位同意；（5）存在一個處理政府間爭端的機制（以法院形式出現或是全民公決條款）；以及（6）存在旨在促進政府間在權屬共用領域或權屬不可避免發生重疊的領域內進行合作的程序和機制。[31]

　　在實踐中，聯邦制可能採取不同的運行模式。在《聯邦主義的概念》（*Concepts of Federalism*）一書中，William H. Stewart 展示了可能逾百種的聯邦主義概念和範例。[32] 當我們不能就聯邦主義的概念達成一致時，我們仍然可以以聯邦制基本原則、憲制框架和運行模式及實踐為基礎，通過把握上文所述的聯邦主義顯著特徵來理解和描述聯邦制。

　　例如，聯邦制通常指的是具有下列特徵的、穩固的（Consolidated）憲政秩序：

　　（1）通常存在兩套政府：體現國家統一的聯邦政府，和代表多元性的州／省／區政府；

　　（2）以"雙重主權"觀念為主導。據此，一個公民既是聯邦公民，也是其所居住地的公民；

（3）聯邦政府和州／省政府之間存在縱向的權力（立法權、行政權和財政權，甚至司法權）分立／分配；

（4）權力分配與聯邦—地方關係由聯邦和州共同接受的成文聯邦憲法予以規定；

（5）關於權力範圍和權力行使的憲法性爭議和法律爭端通常提交聯邦法院裁決，由聯邦法院依據憲法和憲政主義作出裁判；以及

（6）若各司法管轄區及其法律之間出現衝突紛爭，則由聯邦憲法規定司法管轄和法律適用。

中國政府決不考慮套用聯邦主義／聯邦制的概念來解讀當前的國家結構形式，或作為設計未來國家結構的可選模式。中國執政黨和政府斷然拒絕在中國實行三權分立、政治多元化或兩黨制以及聯邦制。[33] 能夠確定的是，Elazar 所述的 "議價和協商性合作的重要性" 以及聯邦關係的三個重要因素肯定是不會被中國執政當局接受的，因為這是對當前中國 "黨—國體制" 根基的嚴重挑戰。

內地學者對聯邦主義的研究基本上集中於介紹外國的理論與實踐。他們執著於以美國的經驗為模版，這或多或少忽略了聯邦主義在世界範圍內持續不斷的發展與多樣性。儘管有學者開始從比較的角度研究聯邦主義，但無人敢於公開贊成其適用於中國。[34] 無一例外，主流學者的理論均建立在一個被普遍接受但卻極具誤導性的觀念之上，即：聯邦主義可能導致國家分裂或解體，或導致中國官方常說的 "分裂主義"（Splitism）。從這個意義上講，在中國贊同聯邦制等同於 "搞分裂"。另一些人迴避聯邦主義的原因在於，他們堅信聯邦主義會導致地方化和

地方保護主義，並由此進一步擴大國內發達地區與欠發達地區已有的並不斷擴大的差異。儘管上述理解很天真和簡單化，但學者們普遍不願意踏入雷區一步。

除現實政治考慮之外，學術精英和政治精英拒絕考慮實行聯邦制的另一原因與近代中國聯邦制運動的失敗密切有關。二十世紀早期，聯邦主義是個很時髦的詞語，在中國若干省份（例如浙江、湖南和廣東）出現了實踐聯邦制的運動。自由主義學者在那段時間裏聲嘶力竭地為該運動搖旗吶喊。[35] 然而軍閥們卻藉此發動了內戰。[36] 這個歷史傷疤從未真正被抹去，更談不上治癒，它給學術界以及奉政治正確為圭臬的政治家們留下的陰影顯而易見。

實際上，中國的學者和精英曾兩次對"聯邦制中國"的概念展開大探討。第一波聯邦主義思潮要追溯到二十世紀二三十年代的"省憲運動"以及"聯省自治"。[37] 李秀清在其論文的第四部分"省憲運動的失敗——聯邦制不適合近代中國"中總結道："近代中國省憲運動失敗的一項重要原因，固然是由於它的興起不是因為民眾的要求而是因為軍閥、政客為了各自的目的相互呼應的結果，但更深層次的原因是，聯省自治或者聯邦制有悖於中國傳統與當時中國的國情。"[38] 許多學者與政治家依舊固守傳統與國情這樣的觀念，即一個穩固並強有力的中央是中國繁榮統一的前提，分裂將意味著無序與混亂。[39]

在二十世紀八九十年代，學者們重啟了對聯邦主義的探討，與之相關的背景是推進中的經濟體制改革、已提上日程的港澳回歸問題以及台灣問題。正如 Tahirih Lee 所說："海峽兩岸以及流亡在外的中國政治學者、經濟學者和政治家們都借用'聯邦主義＇的概念描述當前中國的權力下放、＇大中國＇意義下中國、香港、澳門與台灣的融合，以及未來可能形成＇大中華＇國。"她也恰當地指出："正式來講，中國聯邦制概念的可行性部分取決於中國政府正式選擇聯邦制的可能性。"[40]

然而，現實將令 Tahirih Lee（和許多其他人）失望。根據作者的長期觀察與研究，在可以預見的將來，除非出現政治體制的巨變，聯邦制政府模式不可能是中國決策者的選項。

### （三）單一制與聯邦制均不能夠完整表述現實中國國家結構

中國內地學者採用一種相當簡單的標準來區分單一制與聯邦制，筆者也贊同這種方法。即兩者的分界綫在於界定和釐清州／地方權力的來源，授權說者認為州／地方權力來源於中央授權（Authorization / Grant / Delegation），分權說者認為州／地方權力來源於中央和地方就權力共用或劃分所達成的共同一致（Mutual Agreement）。

蕭蔚雲進一步提出一種理論，認為應從如下五個方面來區分單一制與聯邦制：（1）無論地方政府的名稱如何，它"是否具有固有權"（Original or Intrinsic Power）；（2）地方政府"是否具有自主組織權"；（3）地方政府"是否具有參政權"；（4）"地方政府的職權是否由中央授予"；（5）"中央與地方政府的職權劃分是否有憲法保障"。[41]

這些標準顯然至為重要，通常能夠表現一個政體屬於單一制還是聯邦制。蕭蔚雲曾說過，香港特別行政區是"我國單一制國家結構形式下的一個地方行政區域"。[42] 本文傾向於認為，蕭的結論過於草率，他並未認真考慮以香港特別行政區為代表的新型自治體制的顯著特徵，其學說以及其他許多學者的學說不足以說服"一國兩制"下正享有"高度自治"的港澳居民。作為結論，筆者認為單一制和聯邦制的二分法不能也不應簡單適用於港澳，因其既無法完整解釋北京與港澳間的關係，也不能論證特別行政區在憲法上的存在。

## 三、新型自治體制及對基本法下權力分配的重新審視

為更好地證明上述結論，我們須檢視京港（京澳）間的權力關係以及運作中的自治體制。在討論該問題時，幾乎所有內地學者均特別強調特別行政區依基本法三原則之一的"高度自治"所享有的自治權的"派生性"，[43] 以及特別行政區對中央政府的"直接從屬性"。[44] 其中一位學者認為，中央政府與特別行政區之間是一種"授權"關係而非"分權"關係，[45] 其他學者則認為基本法是一部"特別授權法"。[46]

### （一）中央與香港特別行政區間的縱向分權

基本法列明了中央的權力範圍，包括如下六個主要方面：

（1）中央政府負責外交事務與防務。[47]

（2）中央政府有任命特別行政區主要官員，包括行政長官和主要行政官員的權力。[48] 但是基本法並沒有特別規定中央政府有罷免這些官員的權力。[49]

（3）通過全國人大常委會修改基本法附件三的形式在香港特別行政區實施全國性法律。[50] 值得注意的是，基本法對全國人大常委會的權力行使做出了限制，要求其在增減附件三所列

法律時應同時符合實質性與程序性要件。[51]

（4）全國人大常委會對特區立法的合憲性享有立法審查權，即其有權發回那些特區立法機關已通過的但不符合基本法的法律。[52] 這設置了一個由中央立法機關對地方法律實質內容的合憲性審查的程序。

（5）全國人大常委會有權解釋基本法。[53] 該項安排頗有爭議，因為它不符合普通法傳統。[54] 但行使釋法權須受到基本法規定的實體性及程序性限制。與此同時，全國人大也授權香港特別行政區法院在審理案件時有權解釋基本法的所有條款。

（6）全國人大有權修改基本法。[55] 修改基本法依然須符合特定的實體性與程序性條件，[56] 換言之，該權力是受制約的。

上述制度設計體現了基本法對"一國"原則的堅持和維護。的確，這構成了中央—香港特區關係之基礎。

同時，受"兩制"下"高度自治"原則的指引，基本法規定香港特區政府享有範圍廣泛的權力，即"自治權"。該權力範圍涵蓋四項主要內容：行政權、立法權、獨立的司法權以及對外事務權。具體表現為：

（1）行政權。基本法使用了一個概括性的表述，即："香港特別行政區享有行政管理權，依照本法的有關規定自行處理香港特別行政區的行政事務"。[57]

（2）對外事務權。[58] 有趣的是，基本法區分了"對外事務"與"外交事務"，並授權香港特區政府處理與其自身相關的"對外事務"。[59] 鑒於特區政府實際享有的範圍相當廣泛的對外事務權，有學者表示香港特別行政區具有國際法人地位，[60] 也有論者認為香港正在扮演"一個活躍的、非主權性的國際角色"。[61]

（3）立法權。基本法規定香港特別行政區享有立法權。[62]

（4）包括終審權在內的獨立司法權。基本法的條款是相當完備的，且具備防禦性。[63] 香港據此得以在回歸後繼續保持原有的普通法原則與司法獨立。[64] 較之於港英政府時代的司法制度，香港特別行政區的司法權得到了加強和擴張，這最主要體現在特區設立了自己的終審法院。

在這些自治權中，某些權力是不可讓與的，如獨立的司法權和終審權〔除涉及國家行為的憲法性案件如 2011 年的 "剛果（金）案" 外〕、貨幣發行權、獨立的財政和稅收制度。對於通常來講屬於主權範疇內的其他權力，除非修改憲法與基本法，否則不得收回。這是因為 "本法的任何修改，均不得同中華人民共和國對香港既定的基本方針政策相抵觸"。[65] 可以確定地說，香港特別行政區的高度自治與未來是受憲法保障的。

總而言之，中央與特區關係的核心在於其權力關係，從此意義上講，基本法確切地說是一部 "分權法"（a Law of Separation of Power）和一部 "調整權力運作規範與行為的法"（a Law Regulating the Norms and Conduct of Power）。以下三方面闡明了該等權力關係：

（1）歸屬於中央的權力不得轉讓與分享。特別行政區應當接受中央政府的領導與決定。

（2）特別行政區有權自行處理對外事務等事宜，而中央政府（主要指國務院）可以依照基本法第七章 "對外事務" 所建立的機制對特別行政區處理對外事務的行為實施監督。在此，可能存在某些 "灰色地帶"，導致出現中央政府干涉特區事務的可能性。還有可能對該等權力的行使產生爭議，但迄今尚無該類事件發生並公之於眾。

（3）特別行政區全權自行處理其他事務，中央政府不得干涉。理論上，特區政府甚至不必就該等事務的處理向中央政府作出任何報告。

### （二）香港特別行政區與其他國家次國家單位（Subnational Units）的比較

就自治權的內容與範圍而言，香港特別行政區很難與中國或其他單一制國家內的次國家單位所享有的權力進行橫向比較，甚至也難與任何聯邦制國家的組成單位所享有的權力進行比較。

如上文主張，單一制和聯邦制這種二元論不適用於中國"一國兩制"下的特別行政區自治體制。王叔文曾對特別行政區政府享有的高度自治權與西方資本主義單一制國家的地方政府自治權力作了全面的比較：（1）"香港特別行政區享有的立法權，比單一制資本主義國家地方政權享有的立法權，不僅範圍廣，而且程度高"；[66]（2）"香港特別行政區法院享有司法權範圍之廣，特別是終審權，這在單一制的資本主義國家是沒有的"；[67]（3）"香港特別行政區在行政管理方面享有的許多自治權，包括：保持財政獨立，實行獨立的稅收制度，自行制定貨幣金融政策，有港幣發行權，實行自由貿易政策，自行規定在航運方面的具體職能和責任，保持香港的國際和區域航空中心的地位，自行制定教育、教學、文化等方面的政策，所有這些，單一制國家的地方行政機關是不可能享有的。"[68]這個總結或許不夠深入和準確，但依然具有啟發性。

第二步，王叔文比較了特別行政區政府的高度自治權與聯邦制國家組成單位的權力：（1）"香港特別行政區在立法方面享有自治權的範圍，比聯邦制國家州享有的權力的範圍，還要廣泛"；[69]（2）"十分明顯，香港特別行政區在司法方面的自治權，無論在範圍上和自治的程度上，都比聯邦制的州法院的職權更為廣泛和更高"；[70]（3）"香港特別行政區享有的行政管理的自治權，有許多方面聯邦制國家州政府是不能享有的"；[71]（4）在對外事務方面，"香港特別行政區在對外事務方面享有的自治權，不僅單一制的資本主義國家的地方政權不能享有，即與聯邦制的資本主義國家的州享有的權力比較起來，也更為廣泛。"[72]

因此，王叔文的結論是："從以上的比較和分析可以看出，香港特別行政區享有的行政管理權、立法權、獨立的司法權和終審權，無論與我國的一般地方政權的權力，民族自治地方自治機關的自治權比較；與單一制的資本主義國家的地方自治比較，都更為廣泛。即與聯邦制的資本主義國家州的權力比較，除個別方面，如制定憲法外，在其他方面香港特別行政區也享有更為廣泛、更為高度的自治權。這一點是十分清楚的。"[73]王叔文是中國憲法和基本法領域獲官方認可的權威學者之一，他還是兩個基本法起草委員會的成員，其觀點和立場應該是建立在其對立法原則和對基本法條文的完整理解之上的。毋庸置疑，他的觀點即便與官方立場不完全一致，卻也是極為接近的。

於是，我們就面臨著這樣一種理論上的悖論：一方面，以王叔文、蕭蔚雲以及許崇德為代表的權威學者堅持認為，由於基本法只是授權法，故中國是並且應當被視作是單一制國家，國家結構形式並不因為特區的設立而有所改變。另一方面，同樣是基於上述學者的研究，特別行政區所享有的權力不僅與民族自治地方政府之自治權不可同日而語，也比單一制國家的地方政府和／或聯邦制國家的地方組成單位的權力範圍更廣泛。從理論上講，憲法和基本法一旦將自治權力授予給特別行政區之後，中央政府就不能干涉該等自治權的行使。或者，至少在這種干涉變得必要時，也要遵守基本法的實體性和程序性規定。回顧香港回歸十五年以來的跌宕起伏，儘管有不同意見和批評之聲，我們看到中央政府在處理涉港關係問題時基本上恪守著憲法和基本法的規定。這在很大程度上歸功於基本法清晰地界定了中央和特別行政區的關係，並同樣清晰地劃分了中央和特別行政區的權力範圍。同時，香港的成功回歸與過渡也證明基本法事實上是一部有效率的"分權法"，並很好地扮演了其作為香港特別行政區憲法的角色。

## 四、複合制國家：在多元中尋求統一

### （一）"複合制國家"的定義

基本法是一部組織法。它首先在政治上和國家制度層面組建了特別行政區，保障轄區／法域（Territory／Jurisdiction）內人民的權利和自由，在不同的利益主體間分配權力，並規制它們之間的關係。基本法也對特區運作的全部規範和制度進行憲法化。從上文的分析可知，這一權力關係和自治運作模式不能被劃入單一制或是聯邦制的範疇，而應被理解為一種新型的模式，本文稱之為"複合制國家制度"並特別提出來。就特別行政區而言，複合制銜接了“兩種制度”，並且融合了單一制和聯邦制在原則和實踐上的特點。複合制是單一主義和聯邦主義的融合體。從政治和社會的角度觀之，複合制切合當下的“一個國家，兩種制度”和形成中的“一個國家，多種制度”。

根據《綫上牛津英語詞典》的界定，“複合制”是一個在科學和工程學領域內廣泛使用的術語，用作形容詞時是指：一種由“多個部分或元素構成的”物質或材料。複合制也可作名詞使用，意指“一種由兩種或多種物理性質不同的成分組成的材料，每一成分很大程度上仍保有其原有的結構和特徵”。本文採用“複合制”作為名詞使用時的定義來界定“複合制國家”（Composite State）的概念，並將之用於描述今日中國的狀態。

就定義而言，“複合制國家”是由一個群（Aggregate）或一組構成單位所組成的國家，其中每一構成單位根據不同的憲法性安排設立。和其他國家形式一樣，複合制國家是“一種由政治上被組織起來的人群所構成的政治制度”，同時也是“對該等人群行使統治和權威要採用的一套規則體系”。[74] 複合制國家也是“一種建制”（Institution），“換言之，它是一種人們共同建立起來的用以確保實現某些目標的關係系統（System of Relations），在這些關係系統中最為基礎的就是確保活動得以執行的秩序系統（System of Order）”。[78]

基於這種理解，“一個國家，兩種／多種制度”下的複合制已經成為現實，或至少應被視作具有中國特色的政治制度。

### （二）中國複合制國家的顯著特徵

具體來說，在複合制國家結構下，“一國”作為指導性原則不會改變，因其目的在於維護主權不可分割的原則，該原則仍然為中國官方所堅持。變化可以或應當發生，以應對構成單位的多樣性（Diversity），該等變化關涉各構成單位如何保持其初始架構和地位、與中央的關係、可以享有的自治權的不同程度、行使自治權的各種方式、根據各自特點構建的法律規範和憲法框架，以及如何保持其原有的生活方式，等等。制度安排上的這種彈性程度取決於中央和相關地方之間的所進行的議價和協商，特別是中央對相關構成單位的實際影響力和管治能力，以及各構成單位的歷史傳統和議價能力。

在主權至上這一至高原則之下，總體上不對稱的複合制國家的內部結構是寬鬆的和可以調整的，以期能夠適應各構成單位不同的地理、文化、法律、社會和經濟狀況、制度的差異以及組織形式的差異。考慮到各構成單位加入國家的不同時間順序、意識形態和文化的差異，對權力和權利的不同主張，對民族、文化和宗教身份的要求，相關歷史背景乃至國際政治等情況，突出這一特徵顯得尤其重要。

各構成單位在一個龐大社會中表現出來的多樣性促成在國家內部形成一種不對稱的結構。從理論上解讀，在一個不對稱的結構下面，每一個構成單位或每一類構成單位都具有某項獨特的特徵或一組特徵，這使得各構成單位在很多重要方面得以區分開來。各個構成單位都認同的唯一一點是，中央政府就是主權者；據此身份，中央政府將對各構成單位行使憲法性權威（Constitutional Authority）。

以中國為例適用上述定義：在所有的次國家單位（指省、自治區、直轄市和特別行政區）中，依據現行憲法和相關國家法律，不同類別的構成單位享有不同程度的自治權，其同中央的關係也表現各異。這一狀況可以簡要總結如下：

（1）中央和二十六個省、直轄市之間的關係體現了單一制國家結構的傳統模式，是一種命令—執行關係（但據研究，自1990年代稅制改革後，中國出現了財政和金融領域的聯邦主義現象）。[76]

（2）中央和五個民族自治區之間的關係除受憲法條文規範外，進一步由另外一部憲法性法律《民族區域自治法》（該法於1984年通過，2001年修訂）予以規範。[77] 在這一類別的構成單位中，自治權的範圍有進一步調整的可能性，可以根據每一地區的實際需要靈活地適用國家政策。[78]

（3）中央和兩個特別行政區間的關係與上述兩類關係不具備直接可比性。如上文所述，特別行政區享有"高度自治"，這尤其被憲法第31條以及作為憲法性法律的兩個基本法確定下來了。

（4）如果認真探究台灣與中國大陸未來的統一，可能會有第四類中央地方關係模式。可以預見的是，未來的台灣政府將會享有比特別行政區程度更高的自治權，中央政府對此已做了明確表態。

### （三）複合制國家下的台灣

今日中國的涉台政策是逐漸形成的。在1981年9月30日時任全國人大常委會委員長的葉劍英代表中央政府提出"九條方針"（即"葉九條"）[79] 之後，前中共中央總書記江澤民和胡錦濤分別於1995年和2008年提出了"江八點"[80] 和"胡六條"[81]。若將對台政策的內容和基本法的條文進行比較，我們可以觀察到：（1）授予台灣的基本權力將與基本法中授予特別行政區的權力類似；（2）令人矚目的是，未來台灣政府將被允許保持武裝力量，並且將享有比特別行政區更大的國際空間。

中國政府和中國共產黨一向致力於推動"和平統一及'一國兩制'"適用於台灣。[82]對台政策的核心體現於四個關鍵要素：（1）一個中國；（2）兩制共存；（3）高度自治；以及（4）和平磋商。這一政策，雖然被台灣當局和一些學者認為不適用於台灣，[83]卻被鄧小平、江澤民和胡錦濤分別代表的"三代中國領導核心"反復向台灣民眾和台灣當局宣揚。從歷史的視角審視這一政策，可發現其中包含了很大的彈性。大陸大多數法學和政治學學者都贊同"一國兩制"直接適用於台灣。[84]但台灣當局和台灣大多數主流學者都反對這一觀點。[85]現任台灣當局在國民黨的領導之下堅持在"一國"框架下展開"兩個政權"之間的協商談判，並且宣佈大陸所主張的"一國兩制"不適用於台灣。前任台灣政府在民進黨的領導下，甚至反對前述國民黨提出的相當務實的主張，主張"一中一台"和憲法台獨。[86]現在看來，多數台灣民眾的主流觀念是主張維持現狀。[87]由於兩岸目前並未就未來統一展開真正認真磋商，除經濟和貿易領域的交流得以增強外，政治領域的交流實際上停滯不前。

從務實和現實主義的視角觀之，台灣獨立（the Independence of Taiwan and by Taiwan）都不是一個選項。依據全國人民代表大會為防止台灣的事實獨立行為而特別通過的旨在遏制台獨的《反分裂國家法》，大陸當局仍將武力（"非和平手段"）作為解決台灣問題的途徑之一。[88]有鑒於此，以及考慮

建構「一國兩制」憲制：在動態中達至平衡

到台海兩岸人民的共同利益和福祉，本文建議採用複合制國家的概念作為解決台灣問題的嶄新憲法框架。

只有接受複合制國家概念，台灣將保留目前的政府制度和現行的社會、政治和民主制度，以及生活方式。就此而言，兩岸首先應該尋求並達成共識；如需要，兩岸還應就此做出相應的憲法安排。在廣泛探討、參與和雙方協商的基礎上起草一部新的台灣基本法。在這一重大立法過程中，應以公投方式尋求人民的意願，並以立法貫徹此等意願。

### （四）適用複合制國家的指導性憲法原則

中國的情況相當複雜。如果考慮到複雜的國際政治、跨境宗教原教旨主義運動和世界範圍內的恐怖主義，這一複雜性更甚。在 5 個少數民族聚居的自治區中，尤其是新疆維吾爾自治區（新疆）和西藏自治區（西藏），中央稱之為"分裂主義"或"分離主義"的活動存在由來已久。這類活動必然會受到當局壓制，有關分裂組織也會被當局瓦解。從現實政治的角度和力量對比來看，分裂主義顯然不是可行的選擇，也不符合有關地區大多數民眾的利益。

但問題依然存在，主要發生在新疆和西藏，且問題的表現形式因文化特性、宗教實踐和經濟落後程度而不同。衝突由此產生。在少數民族提出的諸多要求中，民族、文化和宗教身份認同（Identity）是核心。

顯然，中國正面臨著各族人民團結的這一嚴肅問題。本文提出的複合制國家概念可以為將來適當的制度調整安排提供一種根本性及具有適應力的理念基礎。這一概念深深根植於中國憲法和中國現狀，不是憑空捏造的產物或空中樓閣。要使得其切實可行，在制憲、立法和談判過程中，尤其在涉及台灣的問題上，必須強調並恪守下列相關原則。

### （五）統一主權（United or Sole Sovereignty）

透過維護主權，由全體人民、黨派和有關次國家單位的代表組成的中央政府（The Central Authorities）應當毫不遲疑地授予每一類別的組成單位不同程度的自治權，各組成單位也不應為分享或擁有主權而同中央政府發生爭議。中國的主權理論來源於法國政治哲學家博丹（Jean Bodin）和盧梭（Jean-Jacques Rousseau），且未見發生實質性演進。對於中國的政治和學術精英而言，主權是“統一的”、“不可分割的”、“不可轉讓的”和“不可剝奪的（Imprescriptible）”。[89]現行中國憲法仍將主權統一原則視為最高憲法原則。但基本法透過授予特別行政區處理“對外事務”的自治權，在主權的實際行使方面展現出了一定程度的彈性。從這個意義上講，憲法對主權的歸屬和主權的行使是區別對待的。

### 1. 自治（Self-Government, Self-Rule, or Autonomy）

無論採用現有文獻中的哪一詞語，各組成單位均應當享有不同程度和不同形式的、符合其實際需要和原有地位的自治權，並應當能夠自行（on Their Own）管理內部事務。如哈佛大學國際法學權威 Louis B. Sohn 所言，“自治（Self-Government）是指，出於重要的政治或經濟原因，一特定地區保留在另一政治實體的管轄區域內，但該特定地區仍然擁有管理其特定事務的政治自由，而不受該政治實體的任何干涉。"[90]

複合制的本質在於推進自我管理和自治，以及推進民眾參與管理地方事務（類似於"港人治港"和"澳人治澳"的原則）。但在推進這一主張時，應當摒棄那種"暗含脫離另一政治實體權利"[91]的獨立觀念或徹底的自決論（Self-Determination）。可以肯定地說，前述任何旨在獨立和自決的目標都會遭到中央政府毫不遲疑的反擊，中央政府在這點上毫不妥協的立場體現在前文所引述的《反分裂國家法》中。[92]

### 2. 世俗主義

在世俗主義、政教分離或世俗政權（*laïcité*）[93]的理念下，政治機構應當脫離宗教和／或宗教信仰而存在。世俗主義通常是指國家世俗主義，世俗社會以及世俗道德。簡言之，世俗主義要求設立一套既保護宗教自由、也保證政教分離的行為規範。

就此而言，現行中國憲法通過第36條"宗教自由條款"[94]為世俗主義提供了堅實的基礎。鑒於中國宗教和宗教活動的多樣性，宗教自由條款確保全體公民擁有宗教信仰自由的權利，這當然包括新疆和西藏的居民。毫無疑問，高程度的信仰自由將有利於確立"民族"，具體包括民族、文化和宗教認同。宗教原教旨主義或極端主義活動儘管在中國仍然存在，但卻不是憲法所述的"正常的宗教活動"，並且違背了中國法律與秩序的現狀（在其他地方亦然）。在這一語境下，即便是最大程度的自治權都必須遵守統一主權的最高原則。

中國沒有國教，中國憲法也沒有此類條文。這一不成文的、不創立國教原則可以明確指明世俗主義或政教分離適用於中國。中共中央《關於我國社會主義時期宗教問題的基本觀點和基本政策》是一份中國共產黨的基本政策文件，稱"社會主義的國家政權當然絕不能被用來推行某種宗教，也絕不能被用來禁止某種宗教，只要它是正常的宗教信仰和宗教活動。同時，絕不允許宗教干預國家行政、干預司法、干預學校教育和社會公共教育……"[95] 宗教和國家間的關係一向是一個現實和敏感的問題。推動複合制國家理論需要借助於世俗主義原則，這一原則在大多數成熟民主國家被證明是有效的、切實可行的解決方案。

與複合制國家有關的表述和制度設計要求我們進一步探究其深層次的哲學基礎。為該目的，如下若干對關係值得進一步研究和闡釋：（1）統一與多樣性；（2）國家利益與特定少數人群、民族或種族的利益；（3）國家主義與自我認同；（4）國家法律與地方習俗、習慣等。事實上，這是一項需要跨學科專家合作完成的宏大工程。

## 五、結論：建構複合制國家

複合制國家概念的形成是基於筆者長期的、持續的觀察和思考。現時中國的行政區劃和不同自治體制的實踐經驗，尤其是特別行政區代表的經驗，促使筆者思考、尋求、界定一種恰當的範式或理論架構來描述當今中國的國家結構。複合制國家的概念化和理論化旨在服務兩個迫切的（Immediate）目的：一是澄清對當今國家結構的認識，更重要的是設計、提出一項用以鞏固國家、團結各族人民和解決台灣問題的理論。複合制中國正在形成之中，與之有關的理論有待建立並且必要。因此，本文仍然是初步的理論探索，確切地說，是作者對現有理論不具備可適用性的一個自然回應。

複合制國家概念本質上是建立在實用主義哲學之上，旨在解決具有中國特徵的困局。如同所見，內地主流學者所持的傳統立場觀點已經很大程度上過時了，且無力準確解釋中國轄下的特別行政區的真實狀態。

比較憲法學展示了多種自治模式和自治政體，比如格陵蘭島（Greenland）模式、波多黎各—美國（Puerto Rico–U.S.）模式、西班牙模式，以及法屬新赫里多尼亞（French Nouvelle-Caledonia）或法屬波利尼西亞（French Polynesia）模式，這些模式對複合制國家概念的形成均有幫助，這一概念本來就是新的。與此相關，新出版的《當代世界自治制度》檢視了各種模式，值得關注和研究。[96]

基於上述對香港特別行政區所代表的自治體制的研究，以及對單一制國家和聯邦制國家（君主立憲制除外）現有模式的比較與參照，本文的結論是：中國（中華人民共和國）既不是單一制國家，也不是聯邦制國家，而是兩種制度的混合體。在這一語境下，複合制國家的概念是一個以事實為基礎、理論上可行的提法；它不僅能夠恰當而且準確地界定實際的國家結構，而且有助於鞏固國家基礎，並且有利於實現國家的終極目標，即在保持多樣性的同時實現國家統一。

1. 《中華人民共和國憲法》第 30 條第 1 款。目前中國內地共設立二十二個省、四個直轄市和五個民族自治區。

2. 該等原則最早見於 1984 年 12 月 19 日簽署的《中華人民共和國政府和大不列顛及北愛爾蘭聯合王國政府關於香港問題的聯合聲明》（以下簡稱中英聯合聲明）。中英聯合聲明包括一項附件，即《中華人民共和國政府對香港的基本方針政策的具體說明》，該附件是這一國際條約的重要組成部分。中英聯合聲明第 1 條宣佈，"中華人民共和國政府決定於 1997 年 7 月 1 日對香港恢復行使主權。"第 3 條第 2 項規定，"除外交和國防事務屬中央人民政府管理外，香港特別行政區享有高度的自治權。"第 3 條第 4 項進一步規定，"香港特別行政區政府由當地人組成。"

3. 基本法第 11 條規定："根據中華人民共和國憲法第三十一條，香港特別行政區的制度和政策，包括社會、經濟制度，有關保障居民的基本權利和自由的制度，行政管理、立法和司法方面的制度，以及有關政策，均以本法的規定為依據。香港特別行政區立法機關制定的任何法律，均不得同本法相抵觸。"

4. 許崇德主編：《中國憲法》，北京：中國人民大學出版社 2006 年第 3 版，第 121 頁。許崇德是原香港、澳門特別行政區基本法起草委員會委員。

5. 許崇德主編：《港澳基本法教程》，北京：中國人民大學出版社 1994 年版，第 53 頁。

6. 蕭蔚雲主編：《一國兩制與香港特別行政區基本法》，香港：香港文化教育出版社有限公司 1990 年版，第 92 頁。蕭蔚雲同樣也是香港、澳門特別行政區基本法起草委員會委員。

7. 莫紀宏：《憲法學》，北京：社會科學文獻出版社 2004 年版，第 478 頁。

8. 鄧小平：《鄧小平論 "一國兩制"》，香港：三聯書店（香港）有限公司 2004 年版，第 11 頁。

9. 同上，第 15 頁。

10. *HKSAR v Ma Wai Kwan David and Others* [1997] 2 HKC 315.

11. *Ng Ka Ling and Another v the Director of Immigration* 1 HKC 291.

12. See Johannes Chan, "Basic Law and Constitutional Review: The First Decade", (2007) *Hong Kong L. J.* 37, p. 413.

13. *HKSAR v Ma Wai Kwan David and Others* [1997] 2 HKC 315, para. 324.

14. 《香港特別行政區基本法》第 95 條和《澳門特別行政區基本法》第 93 條。

15. 例如，1999 年 1 月 14 日在深圳簽署的《關於內地與香港特別行政區法院相互委託送達民商事司法文書的安排》；1999 年 6 月 21 日在深圳簽署的《關於內地與香港特別行政區相互執行仲裁裁決的安排》；2006 年 7 月 14 日在香港簽署的《關於內地與香港特別行政區法院相互認可和執行當事人協議管轄的民商事案件判決的安排》；2005 年 5 月 20 日在香港簽署的《香港特別行政區政府與澳門特別行政區政府關於移交被判刑人的安排》；2006 年 3 月 29 日在澳門簽署的《香港特別行政區懲教署與澳門特別行政區澳門監獄的合作安排》。前述文件均在香港特別行政區律政司網站上發佈，參見 http://www.legislation.gov.hk/intracountry/eng/index.htm#mainland。

16. 關於具體內容，請參見香港特別行政區工業貿易署的官方網站，http://www.tid.gov.hk/english/cepa/cepa_overview.html。CEPA 模式已被用於解決海峽兩岸的經濟關係和降低兩岸之間的關稅及商業壁壘，此即 2010 年 6 月 29 日簽署的《海峽兩岸經濟合作框架協定》（ECFA）。

17. 香港特別行政區政務司司長宣佈，"香港特別行政區高度重視該綱要的戰略意義。我們將盡最大努力實施綱要的內容。" 參見香港特別行政區政府官方網站，http://www.info.gov.hk/gia/general/200902/19/P200902190275.htm。《珠三角地區改革發展規劃綱要》全文參見 http:// www.china.org.cn/government/scio-press-conferences/2009-01/08/content_17075239_2.htm。

18. 筆者認為，鑒於"一國兩制"原則在國家統一進程中的指導性地位和約束力，以及其在處理地區性爭議方面的價值，它應被視作是一項憲法原則。參見朱國斌：〈回歸實踐呼喚 "香港基本法學"〉，《紫荊》（月刊）2005 年第 1 期，第 45-47 頁。

19. 蕭蔚雲主編：《一國兩制與香港特別行政區基本法》，第 89 頁。

20. 許崇德主編：《中國憲法》，第 118 頁。

21. Ram Manikkalingam, *A Unitary State, A Federal State or Two Separate States?* (Sri Lanka: Social Scientists Association, 2003), p. 2.

22. 參見許崇德主編：《中國憲法》；蕭蔚雲主編：《一國兩制與香港特別行政區基本法》；莫紀宏：《憲法學》。

23. 王叔文：《香港特別行政區基本法導論》，北京：中國民主法制出版社、中共中央黨校出版社 2006 年版，第 105 頁。王叔文是香港、澳門特別行政區基本法起草委員會委員。

24. 同上，第 52-53 頁。

25. 陳弘毅:〈單一與多元——"一國兩制"下的香港特別行政區基本法〉,載張千帆主編:《憲法學》,北京:法律出版社 2004 年版,第 491 頁。

26. Ronald L. Watts, *Comparing Federal Systems* (Kingston: Institute of Intergovernmental Relations, Queen's University, 1999), 2nd edition, pp. 6-7.

27. See Daniel J. Elazar, *Federalism: An Overview* (Pretoria: HSRC Publisher, 1995), pp. 2-7, 16; Daniel J. Elazar, *Federal Systems of the World* (Harlow, Essex: Longman Current Affairs, 1994), 2nd edition, p. 16. Elazar 在其著作中根據概念製作表格形式,其下列舉各相關國家,參見 *Federalism: An Overview*, p. 3-5。Ronald L. Watts 在其著作中吸收了該等表格,但略微做了修訂,見 Ronald L. Watts, *Comparing Federal Systems*, p. 8-9。有趣的是,Daniel J. Elazar 將中國歸入"具聯邦制安排的政治制度"表格中,認為這是因為中國具有不同的構成單位(省、自治區和直轄市),參見 Elazar, *Federalism: An Overview*, p. 5。

28. 許崇德主編:《中國憲法》,第 118-119 頁。

29. Daniel J. Elazar, *Federalism: An Overview*, p. 1.

30. 這些國家包括:阿根廷、澳大利亞、奧地利、比利時、巴西、加拿大、科摩羅伊斯蘭聯邦共和國、埃塞俄比亞、德國、印度、馬來西亞、墨西哥、密克羅尼西亞聯邦、尼日利亞、巴基斯坦、俄羅斯、聖基茨和尼維斯、南非、西班牙、瑞士、阿拉伯聯合酋長國、美國、委內瑞拉和南斯拉夫。See Ronald L. Watts, *Comparing Federal Systems*, p. 10. 截至今日,該名單可能需要根據變化做出修訂。

31. Ronald L. Watts, *Comparing Federal Systems*, p. 7.

32. William H. Stewart, *Concepts of Federalism* (Lanham, MD: University Press of America, 1984).

33. 中國政府在 2005 年發佈的一份白皮書中闡述了其政治理念、治國原則和民主立場。參見國務院新聞辦公室於 2005 年 10 月發佈的《中國的民主政治建設》白皮書,中文全文載於 http://news.xinhuanet.com/politics/2005-10/19/content_3645619.htm。中共中央宣傳部於 2009 年出版了一本名為《"六個'為甚麼'"》的小冊子,包括了六個重大問題與答案,期望統一認識。參見中共中央宣傳部理論局:《六個"為甚麼"——對幾個重大問題的回答》,北京:學習出版社 2009 年版。

34. 八十年代晚期和九十年代早期,內地關於聯邦主義的研究曾一度興盛。也有觀點建議採用聯邦主義解決中國的少數民族和統一問題。See Tahirih V. Lee,

"The Future of Federalism in China", in Karen G. Turner, James V. Feinerman & R. Kent Guy (eds.), *The Limits of the Rule of Law in China* (Seattle: University of Washington Press, 2000), pp. 271-272, 296-297 (footnote 4, 8). 一些學者和旅居境外的中國政治異見人物，如嚴家其和吳稼祥，曾大膽提出聯邦制中國的觀點。參見嚴家其：《聯邦中國構想》，香港：明報出版社（香港）1992年版。近來也有出版物討論轉型中國事實上的聯邦主義。如 Yongnian Zheng, *De Facto Federalism in China: Reform and Dynamics of Central-Local Relations* (Singapore: World Scientific, 2006)（鄭永年：《中國的事實聯邦主義——變革中的中央地方關係》）；Yongnian Zheng, "Explaining the Sources of de Facto Federalism in Reform China: Intergovernmental Decentralization, Globalization, and Central-local Relations", (2006) *Japanese J. Pol. Sci.* 7, pp. 101-126（鄭永年：〈轉型中國事實聯邦主義源泉的解讀——政府間權力下放、全球化和中央地方關係〉）。

35. See Tahirih V. Lee, "The Future of Federalism in China", pp. 272-286.

36. 參見李秀清：〈近代中國聯邦制的理論和實踐〉，《環球法律評論》2001 年第 4 期，第 466-480 頁。

37. 同上。

38. 同上。

39. 許多論著均持該等觀點。例如，田炯錦：〈聯邦制與中國〉，《時代公論》1933 年第 62 號；轉引自李秀清，〈近代中國聯邦制的理論和實踐〉。李在其文章中也贊同該觀點。

40. Tahirih V. Lee, "The Future of Federalism in China", p. 272.

41. 蕭蔚雲主編：《一國兩制與香港特別行政區基本法》，第 90 頁。

42. 同上。

43. 同上，第 91 頁。許崇德主編：《港澳基本法教程》，第 48 頁。王叔文：《香港特別行政區基本法導論》，第 109 頁。

44. 許崇德主編：《港澳基本法教程》，第 53 頁。

45. 許崇德主編：《港澳基本法教程》，第 71 頁。王叔文：《香港特別行政區基本法導論》，第 105 頁。

46. 蕭蔚雲主編：《一國兩制與香港特別行政區基本法》，第 91 頁。

47. 基本法第 13、14 條。

48. 基本法第 15 條。

49. 對中央政府任命行政長官的性質有不同理解，這表明了北京和香港的立場差異。包括許崇德在內的學者堅持認為該任命權不只是程序性權力，也是實質性權力，這意味著中央政府有權拒絕任命經過挑選或選舉產生的行政長官候選人。作者認為，依據基本法之立法目的，該觀點有待商榷。

50. 基本法第 18 條。

51. 基本法第 18 條規定：「全國人大常委會在徵詢其所屬的香港特別行政區基本法委員會和香港特別行政區政府的意見後，可對列於本法附件三的法律作出增減，任何列入附件三的法律，限於有關國防、外交和其他按基本法規定不屬於香港特別行政區自治範圍的法律。」從程序上來看，全國人大常委會在做出修訂前應徵求其所屬的香港特別行政區基本法委員會和香港特區政府的意見。列入基本法附件三的全國性法律應只限於與國防、外交和其他按基本法規定不屬於香港特別行政區自治範圍的法律。

52. 基本法第 17 條。該條款規定了如下條件：「香港特別行政區立法機關制定的所有法律須報全國人大常委會備案，但備案不影響該法律的生效。全國人大常委會在徵詢其所屬的香港特別行政區基本法委員會後，如認為香港特別行政區立法機關制定的任何法律不符合基本法關於中央管理的事務及中央和香港特別行政區的關係的條款，可將有關法律發回，但不作修改。任何經全國人大常委會發回的法律將立即失效。該法律的失效，除香港特別行政區的法律另有規定外，無溯及力。」

53. 基本法第 158 條。全國人大常委會分別在 1999 年、2004 年、2005 年和 2011 年對基本法做出過四次解釋（編註：本文原發表於 2012 年，2016 年做出第五次釋法）。

54. 終審法院於 1999 年 1 月宣佈了一個極具爭議的里程碑式判決，即 "吳嘉玲案"（[1999] HKC 291-346）。應香港特區政府之請求，人大常委會隨後於同年 6 月就 "吳嘉玲案" 對基本法相關條款做出了解釋。一前一後揭示了中國內地和香港在法律體系和司法制度方面存在的深刻的體制性差異。

55. 基本法第 159 條。基本法第四章至第六章進一步規定了特區政府 "自行" 行使的權力範圍。該範圍涵蓋選舉和地方政治事務，經濟事務（包括財政、金融、貿易和工商業、土地契約、航運、民用航空），教育、科學、文化、體育、宗教、勞工和社會服務。

56. 例如，"本法的修改提案權屬於全國人民代表大會常務委員會、國務院和香港特別行政區。香港特別行政區的修改議案，須經香港特別行政區的全國人民代表大會代表三分之二多數、香港特別行政區立法會全體議員三分之二多數和香港特別行政區行政長官同意後，交由香港特別行政區出席全國人民代表人會的代表團向全國人民代表人會提出。"並且，"本法的任何修改，均不得同中華人民共和國對香港既定的基本方針政策相抵觸。"參見基本法第 159 條。而"中華人民共和國對香港既定的基本方針政策"載錄在中英聯合聲明中，該聲明對中國具有條約約束效力。

57. 基本法第 16 條。

58. 兩篇關於香港處理對外事務能力的文章評估了回歸後香港在中國國際戰略中的角色。See Ting Wai, "Hong Kong in between China and the Great Powers: The External Relations and International Status of Hong Kong after the Chinese Resumption of Sovereignty", in Joseph Y. S. Cheng: *The Hong Kong Special Administrative Region in its First Decade* (Hong Kong: City University of Hong Kong Press, 2007), pp. 261-304; Ren Yue, "Hong Kong in the Eyes of the International Community", in Joseph Y. S. Cheng: *The Hong Kong Special Administrative Region in its First Decade* (Hong Kong: City University of Hong Kong Press, 2007) , pp. 305-326.

59. 開展"對外事務"主要有兩種方式：（1）由香港特別行政區政府作為中國政府代表團的成員，參加由中央人民政府進行的同香港特別行政區直接有關的外交談判，參見基本法第 150 條；（2）香港特別行政區可在經濟、貿易、金融、航運、通訊、旅遊、文化、體育等領域以"中國香港"的名義，單獨地同世界各國、各地區及有關國際組織保持和發展關係，簽訂和履行有關協議，參見第 151 條。此外，香港特別行政區可以"中國香港"的名義參加不以國家為單位參加的國際組織和國際會議，參見第 152 條第 2 款。中國尚未參加但已適用於香港的國際協議仍可在香港繼續適用。中央人民政府根據需要授權或協助香港特別行政區政府作出適當安排，使其他有關國際協議適用於香港特別行政區，參見第 153 條。此外，香港特別行政區政府有權自行決定簽發特別行政區護照、出入境管制（參見第 154 條）、免簽證（參見第 155 條）和在外國設立經濟和貿易機構（參見第 156 條）等事宜。

60. Roda Mushkat, *One Country, Two International Legal Personalities: The Case of Hong Kong* (Hong Kong: Hong Kong University Press, 1997).

61. Ren Yue, "Hong Kong in the Eyes of the International Community".

62. 基本法第 17 條第 1 款。

63. 基本法第 18 條。

64. 基本法保證普通法制度和原則繼續適用於香港特別行政區。特別參見基本法

第 8 條、第 19 條、第 82 條和第 84 條。這一立場在上文述及的重要判例 "馬維騉案"（1997）和 "吳嘉玲案"（1999）中得以確認。

65. 基本法第 159 條第 4 款。

66. 王叔文：《香港特別行政區基本法導論》，第 47 頁。

67. 同上。

68. 同上，第 48 頁。

69. 同上，第 49 頁。

70. 同上，第 49-50 頁。

71. 同上，第 50 頁。

72. 同上，第 50 頁。

73. 同上，第 51-52 頁。

74. Bryan A. Garner, *Black's Law Dictionary* (St. Paul: Thomson West, 2004), p. 1443.

75. Ibid.

76. 例如，鄭永年關於 "事實聯邦主義" 的討論，見鄭永年：〈轉型中國事實聯邦主義源泉的解讀——政府間權力下放、全球化和中央地方關係〉，第 101-126 頁；吳稼祥：〈用聯邦制治療國家內傷〉，http://www.tecn.cn/data/detail.php?id=3163；吳稼祥：〈通過聯邦主義走出 "聯邦財政制" 困境〉，http://www.tecn.cn/data/detail.php?id=10544。

77. 特別參照中國憲法第 4 條第 3 款："各少數民族聚居的地方實行區域自治，設立自治機關，行使自治權。" 另參照憲法第三章第六節。

78. 特別參照中國憲法第 116 條。

79. 中共中央台灣工作辦公室、國務院台灣事務辦公室主編：《中國台灣問題》，北京：九州出版社 1998 年版，第 229-230 頁。

80. 同上，第 231-235 頁。

81. 這份文件在網絡上被廣泛刊載，例如新華社網站，http://news.xinhuanet.com/newscenter/2008-12/21/content_10586495.htm。

82. 參見中國政府的兩份白皮書：（1）《台灣問題與中國的統一》，國務院新聞辦公室 1993 年 8 月發佈；（2）《一個中國的原則與台灣問題》，國務院新聞辦公室 2000 年 2 月發佈。該兩份白皮書均發表在 http://www.china.com.cn/ch-book/index.htm。

83. 例如：Sean Cooney, "Why Taiwan is not Hong Kong: A Review of the PRC's 'One Country Two Systems' Model for Reunification with Taiwan", (1997) *PAC. RIM L. & POL'Y* 497 (6).

84. 例如張千帆：〈論國家統一與地方自治 —— 從港澳基本法看兩岸和平統一的憲法機制〉，《華東政法大學學報》2007 年第 4 期。

85. 在 "Can the One Country Two Systems Work for Taiwan?"（〈一國兩制對台灣管用嗎？〉）一文中，Shee Poon Kim 認為，"一國兩制" 作為解決兩岸關係問題的模式將導致出現僵局，因為台灣無論如何不會接受。他因此建議 "或許一國、三制度、四政府的模式比鄧小平提出的 '一國兩制' 方案更適合台灣，'一國兩制' 僅適用於香港和澳門"。參見朱浤源主編：《一國良制論文集》，台北：一國良制研討會籌備委員會 1999 年版，第 232、241 頁。

86. 該等材料見於吳新興：《整合理論與兩岸關係之研究》，台北：五南圖書出版公司 1995 年版。

87. 但是，學者和政治家們已依據基本的國家結構模式，如聯邦制、邦聯制和單一制，提出過一些國家統一方案。在適用聯邦模式時，也可能有不同的選擇。參見邵宗海：〈中國統一模式與統一過程的互動評估〉，載朱浤源主編：《一國良制論文集》，第 367-370 頁。

88. 2005 年 3 月 14 日，全國人大通過了《反分裂國家法》。

89. 該四項標準最初被法國第一部憲法（1791 年 9 月 3 日）所採納，參見第三編第一章。

90. Louis B. Sohn, "Models of Autonomy within the United National Framework", in Yoram Dinstein (ed.), *Models of Autonomy* (New Brunswick: Transaction Books, 1981), p. 5.

91. 同上。

92. 詳見全國人大通過的《反分裂國家法》。

93. 有時，法文 laïcité 在英文中被翻譯為 laicity 或 laicism。它指的是世俗社會，意指宗教不涉入政府事務，政府也不涉入宗教事務。Laïcité 是法國憲法的核心概念和基本原則，憲法原文是：法國是一個不可分割的、世俗的、民主的和社會的共和國（La France est une République indivisible, laïque, démocratique et sociale）。其他國家，如比利時、美國、加拿大、印度和土耳其在其憲法中也規定了類似的、甚至完全相同的條款或概念。但上述國家的實踐可能各自不同。

94. 中國憲法第 36 條："中華人民共和國公民有宗教信仰自由。任何國家機關、社會團體和個人不得強制公民信仰宗教或者不信仰宗教，不得歧視信仰宗教的公民和不信仰宗教的公民。國家保護正常的宗教活動。任何人不得利用宗教進行破壞社會秩序、損害公民身體健康、妨礙國家教育制度的活動。"

95. 1982 年 3 月 31 日中共中央印發的《關於我國社會主義時期宗教問題的基本觀點和基本政策》，通常被稱為 "16 號文件"，被認為是中共關於宗教問題的基本文件。全文刊載於中共中央文獻研究室綜合研究組主編：《新時期宗教工作文獻選編》，北京：宗教文化出版社 1995 年版，第 54-73 頁。

96. Thomas Benedikter 的 *The World's Modern Autonomy Systems：Concepts and Experiences of Regional Territorial Autonomy* (Bozen-Bolzano: EURAC Research, 2009)（《當代世界自治制度：區域自治的概念與經驗》）一書描述了逾二十種以區域自治為名的模式和制度安排，其中有一章討論作為特殊自治形式的 "中國自治"，參見該書第 212-222 頁。

—— 03

# 新憲制秩序與中央 — 特區關係

原載《原道》第 27 輯，北京：東方出版社 2016 年 3 月版，
第 12-25 頁

—————— • ——————

　　香港回歸是當代中國歷史和香港歷史上的重大"憲法時刻"，具有劃時代的意義。它標誌著香港憲制秩序完成了根本性的新舊更替，以及以《英皇制誥》和《皇室訓令》為核心的港英舊憲政秩序的終結。哈佛大學 Mark Tushnet 教授指出，憲政秩序是指"一套合理穩定的制度，透過它，一國的根本決策在一定的持續期內得以制定，同時也包括指導決策的原則"；"這些制度與原則形成體制"。[1] 職是之故，憲政秩序由政治與法律的制度和制度所體現的原則共同構成。中華人民共和國恢復對香港行使主權之日就是香港新憲政秩序確立之時。[2] 在中國憲法統率之下，香港新憲政秩序包含如下制度與原則因素：（1）它確立了"一國兩制"作為一種新形式的國家內部結構；（2）它創立了另外一種中心與周邊關係模式和一種新型的中央地方關係；（3）它創造了調整新型中央與地方關係的相應法律規範；（4）"一國兩制"作為憲法原則充實和拓展了中國憲法理論與實踐。同時，新憲政秩序也是相對於回歸前的港英政府憲政秩

序而言的。在本文中，作者將從憲法與政治學的角度討論三個問題：（1）作為新型憲政制度的"一國兩制"；（2）新憲政秩序之下的"中央"及其之於香港的管治權威；（3）香港管治與基本法。

## 一、"一國兩制"是新型憲政制度

### （一）"一國兩制"與憲法

眾所周知，香港自古以來就是中國的領土。1840 年爆發的鴉片戰爭致使清政府簽署不平等的《南京條約》，香港遂被英國佔領，成為英帝國的殖民地。1984 年 12 月 19 日，中英兩國政府簽署了關於香港問題的聯合聲明，共同確認中華人民共和國政府於 1997 年 7 月 1 日恢復對香港行使主權，從而實現了長期以來中國人民收回香港的共同願望。為了"維護國家的統一和領土完整，保持香港的繁榮和穩定"，並考慮到香港的歷史和現實情況，中國政府決定，在對香港恢復行使主權時，根據中國憲法第 31 條的規定，設立"特別行政區"，並按照"一個國家，兩種制度"的方針，不在香港實行社會主義的制度和政策，保持原有的資本主義制度和生活方式，五十年不變。

"一國兩制"是中國人民的智慧結晶，也體現了當時中國領導人的不凡氣魄和高瞻遠矚。這不僅是一項偉大的思想創舉，更是一種具有歷史意義的制度創舉和實踐。基本法的起草歷史和香港特別行政區的回歸實踐都充分證明了"一國兩制"作為一種新型的國家結構模式的開創性、可行性和前瞻性。從比較政治制度與憲法角度觀之，"一國兩制"是一種具有獨創性的國家憲法制度，為解決一國歷史問題和中央與地方關係提供了重要參照。重要的是，"一國兩制"被十八年的回歸實踐證明整體上是成功的，是具有開放性、擁有生機和活力的國家制度。

### （二）保障香港長期繁榮穩定是確立 "一國兩制" 的立法原意

根據憲法，全國人民代表大會為香港度身製作了基本法，規定香港特區不實行與中國內地相同的社會主義制度，這既是為了保障國家對香港的基本方針政策的貫徹落實，又是充分體現 "港人治港" 和高度自治的政治與法律原則。

香港作為中國的一個特別行政區，與中國其他地方行政單位比較而言，享有無與倫比的高度自治。基本法訂立具體條文，授權香港特區依法實行高度自治，享有行政管理權、立法權、獨立的司法權和終審權。"特別行政區" 這個新的憲法地位為香港的未來帶來了的巨大生存和發展空間，為香港的持續繁榮穩定奠定了制度性基礎。僅舉數例以證明高度自治的充分性和真實性。香港特區的行政機關和立法機關由香港永久性居民組成；特區依法保障特區居民的權利和自由；特區不實行社會主義制度和政策，保持原有的資本主義制度和生活方式；特區依法保護私有財產權；對境內的土地和自然資源，特區政府有權管理、使用、開發、出租或批給個人、法人或團體使用或開發，其收入全歸特區政府支配；還有，香港原有法律，即普通法、衡平法、條例、附屬立法和習慣法，除與基本法相抵觸或經特區立法機關作出修改者外，均予以保留。

回顧特區的成功經驗，香港特區經濟與社會之所以能夠持續平穩發展，居民生活水準穩步上升，居民權益得到充分保

障，無不歸功於中央政府踐行高度自治的承諾和特區高度自治
體制的貫徹落實。

### （三）"一國兩制"是個制度整體

"一國兩制"是一個完整的概念，對"一國兩制"的理解可
以追溯到回歸到政治偉人鄧小平的思想那裏。國務院新聞辦公
室於 2014 年 6 月發佈的《"一國兩制"在香港特別行政區的實
踐》白皮書（以下簡稱白皮書）對此有全面的論述。白皮書指
出："兩制"是指在"一國"之內，國家主體實行社會主義制度，
香港等某些區域實行資本主義制度。"一國"是實行"兩制"的
前提和基礎，"兩制"從屬和派生於"一國"，並統一於"一國"
之內。"一國"之內的"兩制"並非等量齊觀，國家的主體必須
實行社會主義制度，是不會改變的。

過分，甚至片面強調"兩制"當然不妥，大失偏頗，因為
只講"兩制"不講"一國"不僅背離了制度設計的初衷和根
本，同時背叛了"一國兩制"之本義。同樣，必須指出，一味
地突出"一國"也會消蝕掉"一國兩制"之價值和意義。這種
傾向現階段發展很明顯，這可以從內地學者和一些高級官員的
文章和講話看到讀到。我們說，資本主義的香港從憲制上屬於
中華人民共和國、社會主義中國，這很好理解並必須堅持；如
果把它簡單理解為從屬於社會主義具體的（政治、法律和經
濟）制度，那"兩制"就不是原來意義的"兩制"了。同時，
我們也要警惕當今香港社會發展中的旨在排斥"一國"原則的
本土主義和民粹主義思潮。只要激進思潮還是停留在思想和言
論階段，我們只需觀察、分析、預測，分解、引導、消除負面

影響。若發展成為激進行動勢力，並且展開有組織的行動，特區政府當依法採取行動制止之。與對“一國兩制”的理解認識相關，白皮書提出理解香港基本法不能只見樹木、不見森林。白皮書的觀點是有針對性的。它說：“基本法條文之間不是孤立的，而是相互聯繫的，必須把香港基本法的每個條文放在整體規定中來理解，放在香港特別行政區制度體系中來把握。”其針對性在於，香港社會有些組織和人物喜歡挑出若干有利條文片面主張權力和權利，並無限放大。“一國兩制”作為制度，它是個整體，不能打碎，化整為零，各取所需。

### （四）“一國兩制”出發點就是“和而不同”

“一國兩制”原則的核心是既堅持國家對香港行使主權，又維持香港回歸前的基本政治、社會、經濟制度不變。“一國”解決的是國家統一問題，即“和”。“和”就是統一與和諧。“兩制”要求維持內地與香港制度的“不同”現狀。所以，“和而不同”就是既有國家統一又有地區制度之分別，既維護國家憲政制度的一體又保持不同地區制度運作的相互獨立。就此而言，“一國兩制”就是“和而不同”，它是中國人民傳統智慧的高度結晶。能否達到“和而不同”的境界是檢驗回歸實踐成功與否的客觀指標。“兩制”之下的香港存在充分的政治空間、自由的經濟環境和高度的行政自治。然而，有些港人眼裏只有“兩制”而沒有“一國”的概念，或者經濟上要“一國”，政治上要“兩制”。客觀來看，這些人的大多數是從香港的地方利益和個人利害關係出發的，也無可厚非。但近年來有越來越多的人純粹從本土主義的角度提出非分的政治要求，那就另當別論了。從邏輯和現實來看，在一個主體為社會主義的國家內，社會主義與資本主義這兩種性質不同的制度並存這一現象的確存在內在矛盾和張力。從政治發展和經濟整合的趨勢來看，社會主義和資本主義不會一方"吃掉"另一方，但雙方會相互滲透、相互影響、相互補充，因為雙方互有需要，可以取長補短、共同發展。

現在看來，這種持續的互動過程也給一些港人帶來了憂慮，擔心"兩制"不再；更有甚者，一些激進人士以捍衛"兩制"之名提出"香港城邦論"、"香港自決論"和"香港民族論"。[3] 這無疑會給我們帶來意識形態上的衝擊，甚至引發不當的、不切實際的香港自決和"獨立"的幻想和夢魘。

## 二、"中央"之於香港的管治權威與政改決定權

### （一）誰代表"中央"？

在新憲政秩序和香港基本法之下，在中國現實政治語境下和話語體系中，"中央"或"中央政府"須作廣義理解。它包括全國人民代表大會及其常務委員會、中央人民政府即國務院、中華人民共和國國家主席、中華人民共和國中央軍事委員會這些國家權力主體。[4] 根據憲法和香港基本法的有關規定，上述中央機關或中央政府（英語對應為 The Central Authorities）共同、直接和全面地行使對香港特區的管治權。[5] 例如，全國人大有權修改基本法，[6] 人大常委會有權對基本法作出解釋，[7] 國家主席出席行政長官及新一屆政府就職典禮，國務院總理作為中央人民政府行政首長簽署行政長官任命、聽取行政長官述職，[8] 中央軍委領導中國人民解放軍駐港部隊，[9] 等等。

從立法層面觀之，全國人大於 1990 年 4 月 4 日通過《中華人民共和國香港特別行政區基本法》及相關決定。[10] 自香港於 1997 年 7 月 1 日回歸中華人民共和國以來，人大常委會分別於 2004 年、2007 年和 2014 年就行政長官選舉和立法會產生辦法做出過三次決定；[11] 分別於 1999 年、2004 年、2005 年和 2011 年對香港基本法做出過四次解釋（編註：本文原發表於 2015 年，到本書出版日期為止共有五次）；[12] 還在 1997 年、1998 年和 2005 年作出對基本法附件三所列全國性法律增減的決定（編註：2017 年、2020 年分別將《國歌法》、《港區國安法》列入附件三）。[13] 此外，在回歸前的 1996 年和 1997 年，人大常委會就中國《國籍法》在香港特區的落實和如何執行基本法第 160 條處理回歸前的法律分別做出過解釋和決定，[14] 並於 1996 年通過《中華人民共和國香港特別行政區駐軍法》。[15] 概而論之，人大及其常委會透過行使立法權和決定權一直在行使著對香港特區的管治權。

### （二）憲法條文梳理和學理辨析

全國人大之於特別行政區管治權權力的文本來源源自憲法和基本法，取決於全國人大的 "雙重" 性質，即它既是 "國家權力機關"（Organs of State Power），又是立法機關（Legislature）。憲法第 57 條規定："中華人民共和國全國人民代表大會是最高國家權力機關。它的常設機關是全國人民代表大會常務委員會"；"最高國家權力機關" 的官方英文翻譯是 "the highest organ of state power"。第 58 條隨即規定："全國人民代表大會和全國人民代表大會常務委員會行使國家立法權"；"國家立法權"即"the legislative power of the state"。

從憲法條文內在邏輯分析，全國人大及其常委會的第一身份是"國家權力機關"；作為"國家權力機關"，它們被賦予"國家立法權"。那麼，全國人大到底有多少權力呢？憲法學界有代表性的理論主張："全國人民代表大會是全國人民行使國家權力的機關，從理論上說，它應是一個全權機關。"[16] 憲法教科書沒有關於"全權機關"的準確定義。粗略理解，它是這樣一個擁有全面的權力（All-Rounded Power, Full-Competence）的國家機關；實質上，它可以被接近譯為"totalistic organ"，或者"totalitarian organ"。[17]（著重號為引者所加）

支撐"全權機關"理論的是"人民主權"這一根本憲法原則。根據憲法學理，中國立憲立國的基礎是"人民主權"原則，人民委託他們的代表透過全國人大及其常委會以人民的名義行使全面的權力，人民是權力最終所有人。憲法第 2 條和第 3 條落實了這種憲政安排："中華人民共和國的一切權力屬於人民。人民行使國家權力的機關是全國人民代表大會和地方各級人民代表大會"（憲法第 2 條）；和"中華人民共和國的國家機構實行民主集中制的原則。全國人民代表大會和地方各級人民代表大會都由民主選舉產生，對人民負責，受人民監督。"（憲法第 3 條第 2 款）。（著重號為引者所加）

進而言之，全國人大制度在集權原則（即"民主集中制"）統率下，在設計原理上是先集權，再進行職權分工。在實踐中，全國人大及其常委會不可能（實際上也不應該）行使全部的國家權力，這就必須將不同性質的職權（如執行權和司法權）分配給其他國家機關（如國家行政機關、審判機關、檢察機關）

受理。因為"國家機關既然要分工，就不可能一切國家事務都要集中由它直接處理。全國人大通過憲法和法律確定了各類國家機關之間的職權劃分，而把最具決定性意義的職權留給自己"。[18]（著重號為引者所加）與此同時，憲法要求，"國家行政機關、審判機關、檢察機關都由人民代表大會產生，對它負責，受它監督"（憲法第 3 條第 3 款），即將這些國家機關置於全國人大監督之下。由此觀之，我們絕不能將人大制度下的權力分工安排與西方民主國家實施的分權架構進行橫向比較，甚至等同之。

從憲法文本上進一步考察，全國人大有權行使十五項職權（憲法第 62 條），其中包括"（13）決定特別行政區的設立及其制度"一項。許崇德將它們排列列舉為以下權力：修改憲法、制定和修改法律、組織其他國家機關、批准國家計劃和預算、監督常務委員會和其他等六個方面。[19] 為便於對比研究，這些職權也可以具體分解為四個性質和類別的權力，即：立法權、任免權（或人事權）、決定權和監督權。[20] 也就是說，這四方面職權是"最具決定性意義的職權"（許崇德語）。

作為全國人大的常設機關（憲法第 57 條），常委會同樣享有充分而又廣泛的職權（憲法第 67 條），共達二十一項，分屬四個方面：立法權、決定權、任免權和監督權。[21] 常委會有權行使的這些職權與全國人大的職權是重疊的，二者職權的性質也是相同的，這是由人民主權這一憲法原則和全國人大及其常委會的共同屬性——國家權力機關——決定的。當然，常委會行使上述職權時是要受制於憲法指定的某些條件的，如：只能"制定和修改除應當由全國人民代表大會制定的法律以外的其他法律"（憲法第 67 條第 2 項），和"在全國人民代表大會閉會期間，對全國人民代表大會制定的法律進行部分補充和修改，但是不得同該法律的基本原則相抵觸"（憲法第 67 條第 3 項），等等。

### （三）全國人大及其常委會：適格的香港政改決策者

就全國人大及其常委會之於特別行政區的職權而言，憲法第 31 條是基礎性條款："國家在必要時得設立特別行政區。在特別行政區內實行的制度按照具體情況由全國人民代表大會以法律規定。" 第 31 條是憲法授權條款，它明確授權全國人大確立特別行政區內的主要 "制度"。這與憲法第 62 條第 13 項規定的全國人大 "決定特別行政區的設立及其制度" 相呼應。此外，憲法第 67 條第 4 項常委會有權 "解釋法律"；"法律" 自然包括作為全國性法律的兩個特別行政區基本法。對於後一點是無爭議的。

在此要回答的問題是：全國人大常委會是否有充分權力直接就特別行政區制度作出決定或決議？從憲法文本看，的確不存在如此字眼和規定。難道人大關於香港特別行政區的三個決定，即 2004 年 4 月 26 日通過的《關於香港特別行政區 2007 年行政長官和 2008 年立法會產生辦法有關問題的決定》、2007 年 12 月 29 日通過的《關於香港特別行政區 2012 年行政長官和立法會產生辦法及有關普選問題的決定》和 2014 年 8 月 31 日通過的《關於香港特別行政區行政長官普選問題和 2016 年立法會產生辦法的決定》，是違憲的？

根據中國憲法理論，上述決定當然是合憲的。概論之，基本理由如下：第一，且是首要的，全國人大及其常委會同為"國家權力機關"（憲法用詞）和政權機關，享有全面的管治權力與充分的政治權威，其權力來源的正當性毋容置疑；第二，常委會作為全國人大的常設機關（而非秘書處），從機構設置和立憲原意來看，它本來就是全國人大的一部分，與全國人大是一體的，二者不可被分割對待。[22] "全國人大常委會已經成為中國名副其實的'行動中的國會'，承擔著非常繁重的立法任務及其他工作任務。"[23] 第三，常委會擁有的職權，其性質與全國人大職權是相同的，其制定的法律與全國人大制定的基本法律在法律效力上是一致的，[24] 其決定和行為應該被理解為具有憲法和全國人大的授權。即常委會制定的法律、作出的決定從憲法安排和機構性質來看必定是有權立法和決定，行為是正當的。最後，憲法第 62 條第 13 項規定全國人大有權 "決定特別行政區的設立及其制度"，行政長官選舉及立法會產生辦法顯然包含於 "制度" 之內。並依據憲法第 31 條即 "在特別行政區內實行的制度按照具體情況由全國人民代表大會以法律規定"，全國人大須制定香港基本法將上述制度法律化、制度化。因而可以肯定，全國人大本源性地享有對香港政制事務及其發展的決定權。至於說中國憲法和基本法下的這種憲政安排和制度設計本身是否符合其他民主國家的一般原則和憲政制度，則另當別論。這不是本文的關注點。

為了證明人大常委會有權決定香港政治體制改革及其相應安排，為了說明上述三個決定是符合憲法和基本法律的，我們可以從決定的內容來分析。在 "一國兩制" 之下，管治香港特區的權力可以分為 "中央享有的權力" 和 "特別行政區享有的

權力"。[25] 從事務性質或屬性上分析，香港特區事務也可以概況
區分為主權範圍內事務（"中央事務"）和地方自治事務（"自
治事務"）。根據香港基本法第一章和第二章，簡言之，關於香
港的外交、防務和特區內政治制度設計與安排（因為它涉及到
特區與中央政府的關係）應該屬於中央事務，即由"中央人民
政府"或廣義的"中央"管理的事務。據此，行政長官選舉和
立法會產生辦法（即"兩個產生辦法"）是應當由中央直接負責
的事務，這也可以從基本法第 45 條與附件一、第 68 條與附件
二規定的程序和原則解讀出來。從憲法和基本法規定來看，"兩
個產生辦法"的任何變更須經由全國人大常委會"批准"或"備
案"這兩個憲法法律程序。

歷史上的 1990 年 4 月 4 日，全國人大曾經通過《關於香港
特別行政區第一屆政府和立法會產生辦法的決定》。[26] 可見，僅
就香港政改事務包括"兩個產生辦法"而言，全國人大及其常
委會無疑在"憲制上適格"，即是合憲的決定權主體。

對於該種制度性安排，李飛（時任全國人大常委會法制工
作委員會副主任）於 2004 年 4 月 2 日在第十屆全國人大常委會
第八次會議上對《全國人民代表大會常務委員會關於〈中華人
民共和國香港特別行政區基本法〉附件一第七條和附件二第三
條的解釋（草案）》作出的說明中，就明確闡述了該次釋法的目
的及理據。他指出：

> 香港特別行政區是直轄於中央人民政府的享有高度自
> 治權的地方行政區域。香港特別行政區的高度自治權來源
> 於中央的授權。香港特別行政區的政治體制是由全國人大

制定的香港基本法予以規定的。我國是單一制國家，不是聯邦制，地方無權自行決定或改變其政治體制。香港政治體制的發展，涉及中央和特別行政區的關係，必須在香港基本法的框架內進行。修改行政長官的產生辦法和立法會的產生辦法及立法會法案、議案的表決程序，是香港政治體制發展中的重大問題。是否需要修改和如何修改，決定權在中央。這是憲法和香港基本法確立的一項極為重要的原則，是〝一國兩制〞方針的應有之義。（著重號為引者所加）

中央政府發佈的《〝一國兩制〞在香港特別行政區的實踐》白皮書（2014 年）在談到〝全面準確把握‘一國兩制’的含義〞部分與李飛提出的理據原則上相吻合。[27]

### （四）中央和特區權力與義務關係辨析

在憲法和基本法之下，〝一國兩制〞又演繹為〝一國兩法〞這種新型的法律制度安排。在〝一國兩制〞之下，主權者（中央政府）對特區承擔有作為和不作為的義務。如〝作為〞的義務包括：作為國家主體的社會主義制度並不施行於資本主義的香港，中央保證香港的高度自治，保障香港的繁榮穩定。而〝不作為〞的義務則有：中央不為特區自治事務立法，不干預任何屬於特區自治範圍內的事務，中央司法權不凌駕於香港法院系統等。但是，作為地方自治單位的香港特區，在從中央那裏為居民爭取更多權益的同時，同樣應對中央政府承擔義務，這包括：特區政府有維護中央政府依法治理特區的義務（如主導政治改革），特區立法和行政機關有良好管治的義務，對全國性決策（如反“獨”促統）有執行的義務。一言以蔽之，一方既不能以“一國”為理由模糊特區的身份／角色甚至消滅之，另一方也不能以“兩制”為依據行變相“獨立”之實，搞所謂“民族自決”。

然而，“一國兩制”的形成也體現著一種建諸於政治權威秩序之上的政治義務格局，中央和特區相互負有政治義務的格局根源於此。迄今為止，鮮有論者從宏觀政治學的視角深入考察中央和特區的政治義務及其形成。在中央和特區關係中，對政治權威的識別決定了對誰承擔政治義務和承擔多大範圍的政治義務，並且說明為甚麼要承擔政治義務。不管你認同與否，從中英聯合聲明到基本法的過程就是香港人識別並接受北京政治權威的過程。制定基本法的初衷（即立法原意）是“為了維護國家的統一和領土完整，保持香港的繁榮和穩定”這兩個方面（參見基本法序言）。因而，中央和特區相互負有的政治義務都納入進基本法之中。

推而論之，特區政府對中央政府負有“維護國家的統一和領土完整”包括自行立法落實第 23 條的政治義務，何時立法當然要視時機是否成熟來定。那種不承認權威、形式上表現為自由主義的觀點不能詮釋中央和特區關係所代表的政治現實。這是有百害而無一益的，因為它甚至可能會造成無政府主義和“革命的社會主義”，或者出現一種以人民的名義出現的、實為民粹主義的社會運動。事實上，香港政治黨派社民聯主張和從事的就是這樣一種民粹主義的社會運動。

在基本法之下，政治義務是法定義務，因而是無條件的。此外，中央和特區雙方還相互負有道德義務。道德義務並不具有法定強制性，也可以是有條件的。中央政府從"保持香港的繁榮和穩定"這一法定義務出發，在 2004 年中及以後推出了一系列"挺港"措施，這是中央政府履行道德義務的表現，從而提高了中央政府的道德人格。權利和義務關係從來不是單向的，建立在自私且不公平的基礎之上的關係也不會持久。特區政府和居民是否也應該經常捫心自問：對於中央政府和內地人民，我們是否已經履行了法定的政治義務和基本的道德義務？

## 三、"依法治港"是特區管治實踐的根本經驗

### （一）香港基本法乃治港根本大法

法者，治之端也。香港能否實現經濟長期繁榮、法治持續昌盛、民主有序發展等善治景象，主要取決於基本法能否順利實施和遵守。回歸歷史確已證明，基本法是以"一國兩制"為依託的香港新憲制秩序得以成功形塑的保證書。

香港特區新憲制秩序的前提在於保證原有資本主義制度與生活方式的不變。以此為保障，奉消極不干預為圭臬的資本主義香港能夠繼續保持其在國際經濟中的優勢地位。"五十年不變"的另一維度在於保持香港原有法律制度不變。通過基本法，源自英國的香港普通法法律體系得以在中國法制下存續。原有法治制度在新憲制秩序下得以保留，體現了基本法對香港在回歸前的法律完備、法律人員配置以及法治傳統的認可與保障，更構成了作為今日香港核心價值之一的法治精神的基礎。香港居民和國際社會對香港法治傳統和法律制度的認同與信賴，既

是香港持續吸引外國投資者的根本動因，也是香港人引以為豪和區別於內地之處。

　　基於香港特區"依法保障香港特別行政區居民和其他人的權利和自由"的法律承諾，基本法第三章以列舉的方式釐定了香港居民享有的各項基本權利與自由，為香港的人權保障提供了成文的憲制性依據。以被港人視為核心價值的表達自由為例，在堅決維護法治的前提下，港人不時就包括如勞工福利、文物古跡保育、政制發展、教育改革等在內的各種議題以不同方式表達意見。對此，特區政府也始終尊重居民和平聚會示威的權利，回歸後的香港法院在一系列判例中伸張和保障了香港居民的言論和表達自由。概言之，對於香港居民而言，其享有的較回歸前更為廣泛的基本權利和自由有賴於基本法的有效貫徹與執行，這無疑是形塑香港憲制秩序的又一重要手段。然而也要看到，"表達自由"在任何制度之下都是有界限的。不久前發生的"佔領中環"運動對人民心目中的法治制度和理念無疑帶來了直接的衝擊。如何才能讓人們重拾法治信心是現階段應努力的重點。

### （二）回歸基本法以鞏固憲制秩序

　　基本法經歷了準備階段（制定通過到實施開始）、法治化階段（實施開始至政改啟動）和 2013 年開始的民主化階段。在最後這一階段，基本法的著力點在於如何順利推進"雙普選"，以最終落實發展香港民主政治的遠大宏偉目標。然而在 2015 年 6 月 18 日，香港立法會否決了政府提出的政改方案，從而使得政改的未來面臨很多變數。香港社會圍繞政改這一問題一直爭議不斷，社會也持續趨於分裂狀態，以"佔領中環"運動為代表的政治對抗將爭議推向了極致，"6.18"立法會否決將這種狀態暫時凝固化了。何去何從，看來一時難見分曉。

此時此刻，香港憲制秩序的修築與鞏固面臨考驗，"一國兩制"的典範意義也飽受質疑。究其本質，矛盾與衝突的深層次根源在於"一國兩制"之下香港憲制秩序具有某種因傳統和體制差異而與生俱來的內在張力。這種張力應如何消解呢？歸根結底，我們還是應該回歸基本法，只有依賴基本法設定的原則和框架才能逐步解決社會衝突和矛盾，包括政治改革這一重大議題。實際上，被譽為"創造性傑作"的基本法所擁有的內生性獨特構造具備這種消解能力。我們確信，正如香港法院認為的那樣，作為"活的文件"的基本法具有包容、妥協以及平衡與再平衡的制度改造能力，應該並且能夠適應不斷變化的社會環境。概而言之，回歸基本法乃是鞏固香港新憲制秩序的唯一途徑。

## 四、結語

"一國兩制"是中國執政當局提出的創造性的舉措，它既解決了歷史遺留問題，又能夠保持一地行之有效的基本制度繼續有效。它體現了變與不變的辯證關係，打通了統一與多元價值觀之間的通道，活用了中國立法的原則性與靈活性，創造了一種新型的中央與地方關聯式結構和模式，在中國憲法之下形塑了一種新型憲法制度。然而，我們看到，這一新型制度的創立與運作從來沒有一帆風順過，十八年的回歸實踐磕磕碰碰，歷經風吹雨打，取得今日之成就實為不易。所以，我們首先應該正面評估特別行政區回歸與發展史。

就中央政府與香港特別行政區關係而言，在確認中央對於香港的"全面管治權"（白皮書用語）之餘，我們特別需要思考中央管治香港的管治哲學和方式方法。"積極不干預"或曰放任式的管治實踐固然難以為繼了，而威權式的管治方式不一定就長期有效。就特別行政區管治而言，行政長官和政府施政遭遇到種種掣肘，困難重重，除了現行制度缺失和行政長官個人素質等因素之外，管治正當性和政府民主性也是重要原因。有很多經驗和教訓值得我們從理論層面上反思和制度層面上檢討。套用內地的話來講，香港目前的狀況就是一種"新常態"。今日香港發生的這一切都是有原因的，只是我們以前沒有那麼警惕、發覺、預測，進而予以防範。回歸以來，香港社會在繼續繁榮的表象之下，思想界進入了迷失、混沌和分裂狀態，比如要找出主流思想來是很困難。"新常態"還會持續一段相當長的時間，並將圍繞兩個方面展開，一個是政改，另一個是管治，而兩者其實也是互為關聯的。是的，香港需要思考、重新定位。

最後，管治問題從來就不僅僅是一個法律問題；就香港特別行政區而言，它同時是、甚至更是一個政治問題。研究"一國兩制"下的中央特區關係除了圍繞憲法和香港基本法展開之外，我們要始終關注中央政治與政策這一大環境的相應變化，否則，研究將會是閉門造車，或者隔靴搔癢。

## | 註釋 |

1. Mark Tushnet, *The New Constitutional Order* (Princeton: Princeton University Press, 2003), p. 1.

2. 著名憲法學家、香港大學法律學院榮休教授 Yash Ghai 的一本專著就是以"香港新憲政秩序"為題。See Yash Ghai, *Hong Kong's New Constitutional Order: The Resumption of Chinese Sovereignty and the Basic Law* (Hong Kong: Hong Kong University Press, 1999), 2nd edition.

3. 代表性著作有:陳雲:《香港城邦論》,香港:天窗出版有限公司 2012 年版;陳雲:《光復本土:香港城邦論 II》,香港:天窗出版有限公司 2014 年版;《香港民族論》,香港:香港大學學生會 2014 年編印;戴耀廷:《佔領中環》,香港:天窗出版有限公司 2013 年版。

4. 王振民在他的著作《中央與特別行政區關係:一種法治結構的解析》(北京:清華大學出版社 2002 年版)中,也發表了類似看法。他寫道:"這裏的'中央'包括除了國家最高審判機關和最高法律監督機關之外的中央政權機關,即最高國家權力機關、國家元首機關、最高國家行政機關和最高國家軍事領導機關。"(第 143 頁)

5. 國務院新聞辦公室於 2014 年 6 月 10 日發佈《"一國兩制"在香港特別行政區的實踐》白皮書(北京:人民出版社 2014 年版,第 31 頁)"第五部分"確認:"中華人民共和國是單一制國家,中央政府對包括香港特別行政區在內的所有地方行政區域擁有全面管治權。"白皮書電子版亦見新華網,http://news.xinhuanet.com/gangao/2014-06/10/c_1111067166.htm。

6. 香港基本法第 159 條。

7. 香港基本法第 158 條。

8. 香港基本法第 43 條第 2 款。

9. 香港基本法第 14 條第 1 款;《中華人民共和國香港特別行政區駐軍法》第 3 條:"香港駐軍由中華人民共和國中央軍事委員會領導"。

10. 詳見香港特區基本法網站,http://www.basiclaw.gov.hk/gb/basiclawtext/index.html。

11. 即:《全國人民代表大會常務委員會關於香港特別行政區 2007 年行政長官和 2008 年立法會產生辦法有關問題的決定》(2004 年 4 月 26 日),《全國人民代表大會常務委員會關於香港特別行政區 2012 年行政長官和立法會產生辦法及有關普選問題的決定》(2007 年 12 月 29 日),和《全國人民代表大會常務委員會關於香港特別行政區行政長官普選問題和 2016 年立法會產生辦法的決定》（2014 年 8 月 31 日）。詳見香港特區基本法網站，http://www.basiclaw.gov.hk/gb/basiclawtext/index.html。

12. 即：《全國人民代表大會常務委員會關於〈中華人民共和國香港特別行政區基本法〉第二十二條第四款和第二十四條第二款第（三）項的解釋》（1999 年 6 月 26 日），《全國人民代表大會常務委員會關於〈中華人民共和國香港特別行政區基本法〉附件一第七條和附件二第三條的解釋》（2004 年 4 月 6 日），《全國人民代表大會常務委員會關於〈中華人民共和國香港特別行政區基本法〉第五十三條第二款的解釋》（2005 年 4 月 27 日），和《全國人民代表大會常務委員會關於〈中華人民共和國香港特別行政區基本法〉第十三條第一款和第十九條的解釋》（2011 年 8 月 26 日）。詳見香港特區基本法網站，http://www.basiclaw.gov.hk/gb/basiclawtext/index.html。

13. 即：《全國人民代表大會常務委員會關於〈中華人民共和國香港特別行政區基本法〉附件三所列全國性法律增減的決定》（1997 年 7 月 1 日），《全國人民代表大會常務委員會關於增加〈中華人民共和國香港特別行政區基本法〉附件三所列全國性法律的決定》（1998 年 11 月 4 日），和《全國人民代表大會常務委員會關於增加〈中華人民共和國香港特別行政區基本法〉附件三所列全國性法律的決定》（2005 年 10 月 27 日）。詳見香港特區基本法網站，http://www.basiclaw.gov.hk/gb/basiclawtext/index.html。

14. 即：《全國人民代表大會常務委員會關於〈中華人民共和國國籍法〉在香港特別行政區實施的幾個問題的解釋》（1996 年 5 月 15 日），和《全國人民代表大會常務委員會關於根據〈中華人民共和國香港特別行政區基本法〉第一百六十條處理香港原有法律的決定》（1997 年 2 月 23 日）。詳見香港特區基本法網站，http://www.basiclaw.gov.hk/gb/basiclawtext/index.html。

15. 詳見香港特區基本法網站，http://big5.fmprc.gov.cn/gate/big5/www.fmcoprc.gov.hk/chn/tyyflsw/jbflwj/qgxfl/t54833.htm。

16. 許崇德主編：《中國憲法》（第 3 版），北京：中國人民大學出版社 2006 年版，第 147 頁。

17. "Totalistic", in the form of adjective, refers to "- of or relating to the principles of totalitarianism according to which the state regulates every realm of life", see http://www.thefreedictionary.com/totalistic. It is used as a synonym of "totalitarian".

18. 許崇德主編：《中國憲法》（第 3 版）。

19. 同上，第 147-148 頁。

20. 參見朱國斌，《中國憲法與政治制度》（第 2 版），北京：法律出版社 2006 年版，第 117-123 頁。亦參見蔡定劍：《中國人民代表大會制度》（第 4 版），北京：法律出版社 2003 年版，第三編。

21. 朱國斌：《中國憲法與政治制度》（第 2 版），第 129-133 頁。

22. 在全國人大閉會期間，其許多職權都由人大常委會行使。鑒於全國人大每年只開會一次，且每次會期只有半個月，"在這樣的格局下，最高國家權力機關必須設立常設機關，保證最高權力機關工作的經常化，以滿足國家立法、議事的實際需要"。參見張千帆主編：《憲法》，北京：北京大學出版社 2008 年版，第 363 頁。

23. 同上，第 363 頁。

24. 根據憲法與法理，人大制定的 "基本法律" 與人大常委會制定的 "法律" 具有同等法律地位。有學者指出："'基本法律' 同全國人大常委會制定的 '其他法律' 在法律效力上並無高低之分，但它的內容無疑更具重要性。" 張千帆主編：《憲法》，第 360 頁。

25. 參見王振民：《中央與特別行政區關係：一種法治結構的解析》，北京：清華大學出版社 2002 年版，第 6 章和第 7 章。

26. 《全國人民代表大會關於香港特別行政區第一屆政府和立法會產生辦法的決定》，1990 年 4 月 4 日，詳見香港特區基本法網站，http://www.basiclaw.gov.hk/gb/basiclawtext/images/basiclawtext_doc12.pdf。

27. 《"一國兩制" 在香港特別行政區的實踐》白皮書第五部分 "（一）全面準確把握 '一國兩制' 的含義" 提出："一國兩制" 是一個完整的概念。"一國" 是指在中華人民共和國內，香港特別行政區是國家不可分離的部分，是直轄於中央人民政府的地方行政區域。中華人民共和國是單一制國家，中央政府對包括香港特別行政區在內的所有地方行政區域擁有全面管治權。香港特別行政區的高度自治權不是固有的，其唯一來源是中央授權。香港特別行政區享有的高度自治權不是完全自治，也不是分權，而是中央授予的地方事務管理權。高度自治權的限度在於中央授予多少權力，香港特別行政區就享有多少權力，不存在 "剩餘權力"。

# 04

# 從憲法維度建構特區管制的法理

原載《大公報》2016 年 3 月 29 日，A11 版

全國政協主席俞正聲在 3 月 3 日發表的政協工作報告"2016 年主要任務"部分中，要求政協"全面準確貫徹'一國兩制'、'港人治港'、'澳人治澳'、高度自治方針，嚴格依照憲法和基本法辦事，支持特別行政區行政長官和政府依法施政"。本地傳媒觀察到，報告特別之處是在港澳部分加入"嚴格依照憲法和基本法辦事"的字句，首次用"憲法"二字來釐定和統率港澳工作指導原則。細心的香港記者還報道，有政協委員這樣解讀，今次提及"憲法"二字是向港人強調中央對港有全面管治權，亦希望港人尊重中央權利和國家體制。

2014 年中央發表的《"一國兩制"在香港特別行政區的實踐》白皮書就曾提到憲法和特區制度的淵源關係，指出"憲法和香港基本法規定的特別行政區制度是國家對某些區域採取的特殊管理制度。在這一制度下，中央擁有對香港特別行政區的全面管治權，既包括中央直接行使的權力，也包括授權香港特別行政區依法實行高度自治。"最近，全國人大法律委員會主任委員喬曉陽在《紫荊月刊》（2016 年 3 月號）撰文[1] 專門討論

國家憲法與香港基本法的關係。追根溯源，香港特別行政區制度的法律淵源在憲法中，中央政府治理特別行政區的法理基礎也建基於憲法。

本文簡要闡述三個相關問題：（1）特區"新的憲法秩序"的內涵；（2）特區管治的憲法基礎；和（3）憲法在香港的適用。

特區"新的憲法秩序"（New Constitutional Order）重述作為靜態的憲法，它不僅是一國之根本法，根據亞里士多德在《政治學》中表達的觀點，它還是指一種"政體"（Polity）。作為動態的憲法，它指的是一個社會是如何由正式的政府機構和非正式的組織共同構成的，它還反映出該社會的生活方式。所謂憲法秩序首先是對這種靜態憲法之狀態及之下各種關係的表達，同時也是對動態憲法（如生活方式）的基本描述。這種理解也接近於學者王小萍在〈憲法權利的保障與憲法秩序的實現〉[2]一文中表達的關於應然與實然憲法秩序的觀點。她說："憲法秩序作為一種社會秩序，包括兩個層面的涵義：一是基於人們對一定社會規律的認識，通過制定憲法而形成的一種協調國家與公民關係的憲法上的秩序，它是理性追求的體現，即應然憲法秩序；二是通過各種憲法手段對現實的憲法關係進行調節，在憲政實踐中形成的憲法秩序，是一種實際存在的秩序，即實然的憲法秩序。"特區"新的憲法秩序"重大社會變遷對憲法秩序產生直接作用；反過來說，憲法秩序最終要反映這種變遷。對香港社會來說，當代最重大的社會變遷莫過於 1997 年 7 月 1 日香港回歸祖國，中華人民共和國恢復對香港行使主權。這一變遷可以用美國憲法學上的"憲法時刻"（Constitutional Moment）來形容，它在政治上表現為"中華人民共和國政府於 1997 年 7

月 1 日恢復對香港行使主權"（香港基本法序言），和"香港特別行政區是中華人民共和國不可分離的部分"（第 1 條）。亦如王振民觀察到，"主權層面的改變直接引發了香港、澳門地區基本規範和權利來源或者合法性的變化"。[3] 在法律上，這一變遷由香港基本法予以固化，並得以貫徹實施。故此，作為國家憲法性法律的香港基本法正是這一新型憲法秩序（和政治秩序）的直接的、外在的表達形式，香港基本法確立的特別行政區各項制度就是新的憲法秩序的內涵。

具體而言，特區新的憲法秩序外化為如下制度和關係模式：

（1）香港特別行政區擁有新的憲法，即中國憲法與香港基本法；

（2）行政長官（董建華、曾蔭權、梁振英等）組建的特區政府；

（3）經過處理後與特區身份相適應、與基本法不相抵觸的法律體系（System of Law，參見香港基本法第 160 條和全國人大常委會 1997 年 2 月 23 日頒佈的《關於根據〈中華人民共和國香港特別行政區基本法〉第一百六十條處理香港原有法律的決定》）；

（4）憲法和基本法之下的新型中央與地方關係——香港特別行政區是中國的一個享有高度自治權的地方行政區域，直轄於中央人民政府（基本法第 12 條）；除國防和外交事務外，香港享有高度自治（第 2 條）；

（5）資本主義的生活方式——香港特別行政區不實行社會主義制度和政策，保持原有的資本主義制度和生活方式，五十年不變（第 5 條）；

（6）新增設的憲法性機構——香港終審法院。此外，還可以包括由香港基本法、《人權法案條例》以及一系列重大判決共同構建的新的權利保障體系，以及尚在形塑之中的新的基本法法理學。

## 一、特區管治的憲法基礎

香港回歸十八年來（編者註：本文原發表於 2016 年 3 月），時至今日，香港仍然有人拒不承認國家憲法在香港特區的適用性（Applicability）和效力。鑒於 "香港特別行政區是中華人民共和國不可分離的部分"（第 1 條），"香港特別行政區是中華人民共和國的一個享有高度自治權的地方行政區域，直轄於中央人民政府"（第 12 條），要排除憲法在香港特區的適用性不僅於法無據，而且於理不合。故無需在此特別辯駁。退而言之，有些人，包括法律人和政治人，只承認憲法第 31 條的適用性，那是因為第 31 條前一句規定 "國家在必要時得設立特別行政區"。有意思的是，同是這部分人有意無意地忽略第 31 條後一句，即 "在特別行政區內實行的制度按照具體情況由全國人民代表大會以法律規定"。本句卻十分關鍵，因為它授權全國人大為設立香港特別行政區立法。而香港基本法第 11 條（共兩款）直接呼應了憲法第 31 條，規定："根據中華人民共和國憲法第 31 條，香港特別行政區的制度和政策，包括社會、經濟制度，有關保障居民的基本權利和自由的制度，行政管理、立法和司法方面的制度，以及有關政策，均以本法的規定為依據。""香港特別行政區立法機關制定的任何法律，均不得同本法相抵觸。"

基於上述條文，憲法是基本法的直接法源（Source of Law）和立法依據。憲法和基本法同是中國設立特區以及建立特區管治制度的直接憲法淵源和基礎。這是一個不證自明的道理和事實。香港特區的各項制度和政策得由基本法規定之，且必須以基本法為依歸。有意義的是，根據第 11 條第 2 款，特區未來的全部立法行為也不得與基本法抵觸。香港屬於普通法法制，法官首要職責是執法或實施法律（Application of Law），此外還可以"造法"，故此普通法也被狹義理解為"法官造的法"（Judge-Made Law）。回歸以來，香港法院在一眾案件中製造了新的法律規則，特別表現在司法覆核案件中。然而，在這些"憲法性案件"中，法官一直表示出對香港基本法的充分尊重，並視之為特區最高法律（經常借用"憲法"一詞來顯示基本法的地位）。推而廣之，尊重基本法並視之為最高法律權威其實就是尊重和落實國家憲法。

## 二、法院為何不願引用憲法？

的確，特區法院在判例中較少直接引用中國憲法。在僅有案例中，或在解釋全國人大常委會的基本法解釋權的法源時引用憲法第 67 條第 4 項（如劉港榕案和莊豐源案），或僅僅提及中國憲法第 31 條（如剛果民主共和國等訴 FG Hemisphere Associates LLC 案）。可以看到，再自由化的法官也沒有以明示或默示的方式否定中國憲法的存在和權威。

再從法律層級體系（Hierarchy of Law）來看，基本法作為國家的"基本法律"（Basic Law）是置於憲法之下的。故此，香港法院不引用或少提及憲法並不能抹殺憲法與基本法之間的"親子關係"（很多學者喜歡使用"母法"、"子法"來描述這種關係）。我們或許可以推測，法院執意這麼做，一是基於不必要性，即案件處理無需直接上溯到憲法條文，二是希冀體現"一國兩制"下香港法制（Both Legal System and System of Law）的獨特性（Uniqueness）和自主性（Autonomy），即確認"一國兩法"的事實存在。然而，我們不可以從並列存在的兩個法律制度這一事實推導出並證成兩個"法統"的存在。我們知道，法統字面是指憲法和法律傳統及其傳承，但在中國語境之下，它首先是一個傳統政治觀念，指的是政權之正當傳承，即政權之正當性問題。在中華人民共和國的屋簷下，法統只有一個、也只能是統一的一個。在"一國兩制"之下，資本主義與社會主義可以共存共榮，大陸法與普通法可以並行不悖，而法統只有中華人民共和國所代表的那一個。對此，香港本地政治人物有不同解讀。民主黨何俊仁認為，上文所提到的俞正聲的報告是"提醒（香港）中國是你的宗主國"，背後意思是"一國"高於"兩制"，港人不要忽視中央主權。他接著認為，這或反映中央欲收緊對香港的管治。[4] 從一定意義上講，何的理解也不失為中肯，除將中國比喻為"宗主國"不合時宜外。可以觀察到，中央的確有意提醒港人香港主權屬於中華人民共和國，而不是作為地方行政單位的香港特區這一事實，香港應該尊重中央權威（甚至服從中央決定）。這個意思倒是與 2014 年 6 月中央發佈的"一國兩制"白皮書的精神是一致的。眼尖的記者和細心的讀者都會觀察得到，去年（編註：2015 年）3 月和今年（編註：2016 年）3 月的政協工作報告出現了有意思的差異。去

年報告稱中央會“全面準確貫徹”一國兩制方針和基本法，並
“支持香港特別行政區、澳門特別行政區行政長官和政府依法施
政”，而今年報告在講明“全面準確貫徹‘一國兩制’、‘港人
治港’、‘澳人治澳’、高度自治字方針”之後，緊接來一句“嚴
格依照憲法和基本法辦事”，之後才是“支持特別行政區行政長
官和政府依法施政”。

最可能的結論是，中央對兩個特區依法施政附加了嚴格的
條件，至少可以說提出了（新的）要求，即特區施政必須是“嚴
格依照憲法和基本法辦事”，在此還特別突出了憲法。俞正聲提
出“嚴格依照憲法（和基本法）辦事”的要求至少有三層意思：
一是提醒“港人不要忽視中央主權”（即何俊仁的解讀）；二是
表明憲法之於特別行政區享有凌駕性和統率的權威地位；三是
“要港人尊重國家體制”（劉兆佳語），[5] 在此，“體制”應該主要
是指國家的政治體制和經濟與社會制度，以及中國共產黨是中
國唯一的執政黨這一政治與憲法事實（見憲法序言）。


### 三、憲法在香港的適用


憲法和基本法法理業已證明，亦如喬曉陽所言，“憲法和基
本法一起構成香港特別行政區的憲制法律基礎”。[6] 故，憲法在
香港特區是有效力的。這是因為，借用香港基本法草委王叔文
教授的論點，第一，“憲法是國家的根本大法”，該特點表明了
憲法在一個國家法律體系中的地位和作用；第二，“憲法規定國
家的根本制度”，它表明了憲法的基本內容，這包括“一國兩
制”這一嶄新內容；第三，“憲法關於設立特別行政區的規定，

體現了原則性和靈活性的高度結合。"原則性表現為堅決維護國家的主權、統一和領土完整，靈活性則是指建立特別行政區制度，並允許在該地區範圍內實行同國家主體制度性質不同的資本主義制度和實行高度自治。[7] 而第三點正好與設立香港特別行政區和實施香港基本法相銜接。在通過香港基本法的當日，全國人大以決定形式指出："香港特別行政區基本法是根據《中華人民共和國憲法》按照香港的具體情況制定的，是符合憲法的。"這個決定看上去有點畫蛇添足，但它是必要的，有助於消除人們可能有的關於基本法合憲性的誤解。

在認識到憲法與特區管治之間存在關係，以及憲法在特區發生效力之後，下一個問題是：憲法是如何適用於香港、如何發生效力的？具體而言，憲法一共 138 條，哪些條文適用，哪些不適用？取捨的依據和標準又是甚麼？這是一個看似容易、實際不易回答的問題。劉兆佳曾說，憲法大部分條文不適用在香港，但基本原則如維護國家安全利益、尊重中央權力和國家體制，都要香港人尊重和理解。[8] 這種說法同王叔文的說法異曲同工。王叔文認為，從法律依據上講，並根據國家憲法和香港基本法的規定（共三個方面），"憲法作為整體應適用於特別行政區"。[9] 比如，憲法的適用性在基本法的許多條文那裏得到了體現，在第七章關於對外事務的規定和第八章關於基本法修改與解釋的規定中體現得尤為明顯和突出，憲法第 62 條第 3 項和第 67 條第 4 項分別對應基本法第 159 條和 158 條。如前所述，終審法院在"劉港榕案"和"剛果（金）案"中分別也確認了憲法相關條文的直接適用性。然而，憲法在香港的適用還是有條件的，即需要遵循"一國兩制"的基本方針。王叔文認為，憲法"在適用上應有其特點"。要在基本法中明示哪些條文適用、哪些不適用是有很大困難的，但是王認為，"有四點可以明確"。他的觀點具有指導性，茲錄全文如下：[10]

（1）憲法作為一個整體對香港特別行政區適用。

（2）憲法在香港特別行政區的適用，需要遵循"一國兩制"的基本方針。

（3）凡是憲法關於維護國家主權、統一和領土完整的規定，必須適用於香港特別行政區。

（4）在"兩種制度"方面，憲法關於社會主義制度和政策的條文規定，不適用香港特別行政區。

其中，憲法關於維護國家主權、統一和領土完整，應該在特區適用的規條主要有三方面：（1）憲法關於堅持"中央"統一領導的規定。這是指中央政府（The Central Authorities，包括全國人大、全國人大常委會、國家主席、國務院即中央人民政府，以及中央軍委）享有的對於香港特別行政區的法定權威和地位；（2）憲法關於國防、外交的規定。對此，基本法第13條和第14條已經有相應規定；（3）憲法關於維護國家主權、統一和領土完整的其他規定，包括中國公民（包括香港居民）有維護國家統一的義務，有維護祖國安全、榮譽和利益的義務，不得有危害祖國的安全、榮譽和利益的行為，以及憲法關於國旗、國徽和首都的規定等。

## 四、應強調憲法思維

儘管這些都是不證自明的道理和法理，但是仍然有人時時質疑甚至挑戰憲法的適用性，提出違背憲法關於國家主權、統一和領土完整規定的理論和學說（如“城邦論”和“獨立”說），甚至煽動違憲違法行為，發動破壞國家和香港憲法秩序的行為。這的確不得不讓我們警惕，從而思考特區政府和居民遵守憲法的義務，以及如何在香港實施憲法。在貫徹落實“一國兩制”和實施香港基本法過程中，我們應該強調憲法思維，這是由憲法作為國家法統基礎的這一地位，和憲法具有“根本法”和“最高法”的特徵決定的。[11] 即使我們過去有意無意地忽視了憲法，那麼現在是時候了，香港特區政府和作為中國公民的香港居民要認真對待憲法（Taking the Constitution Seriously）。

## | 註釋 |

1. 參見喬曉陽：〈喬曉陽撰文談國家憲法和香港基本法〉，《紫荊》2016 年 3 月號。

2. 王小萍：〈憲法權利的保障與憲法秩序的實現〉，《人大研究》（甘肅）2004 年 6 月號。

3. 王振民：〈論港澳回歸後新憲法秩序的確立〉，載王振民：《"一國兩制" 與基本法：歷史、現實與未來》，香港：三聯書店（香港）有限公司 2017 年版，第 106 頁。

4. 轉引自〈政協報告對港提嚴依憲法 "港人治港高度自治" 重現〉，《明報》2016 年 3 月 4 日。

5. 同上。

6. 參見喬曉陽：〈喬曉陽撰文談國家憲法和香港基本法〉。

7. 參見王叔文：《香港特別行政區基本法導論》，北京：中國民主法制出版社、中共中央黨校出版社 2006 年第 3 版。

8. 轉引自〈政協報告對港提嚴依憲法 "港人治港高度自治" 重現〉，《明報》2016 年 3 月 4 日。

9. 王叔文：《香港特別行政區基本法導論》。

10. 同上。

11. 參見喬曉陽：〈喬曉陽撰文談國家憲法和香港基本法〉。

# 05

# 香港特區法院與 "一國兩制" 憲制秩序的維護

原載《"一國兩制"研究》(澳門) 2018 年第 1 期

＊

1997 年 7 月 1 日，中國政府恢復對香港行使主權，香港特別行政區成立，新的憲政秩序也隨之在香港建立起來。《中華人民共和國香港特別行政區基本法》於 1997 年 7 月 1 日起正式在香港實施，而新成立的終審法院亦取代了英國樞密院，成為香港的最高司法裁判機關。特區法院開始審查特區立法會制定的法律或政府行為是否符合香港基本法，這一權力又被稱為 "香港法院的違憲審查權" (也有內地學者稱之為 "違反香港基本法審查權"，簡稱 "違基審查"；本文在此採用通行的說法 "違憲審查權")。[1] 作為特區新憲制體制中的重要制度，法院通過違憲審查履行自己的憲制責任，促成了香港基本法判例法體系的全面與精細發展。在此過程中，法院也無可避免涉足各種衝突，引發社會對法院憲制角色與功能的爭議。本文以香港特區法院的違憲審查實踐為綫索，分析法院是如何探索及踐行自己在 "一國兩制" 憲制秩序維護中的地位、功能。

## 一、特區法院在"一國兩制"憲制秩序維護中的憲制性功能

香港基本法並沒有明確規定特區法院違憲審查的職權,但特區法院經由回歸初期的"馬維騉案"及"吳嘉玲案"確認了這一司法功能。學者多依司法違憲審查與憲制性法律解釋之間的深度關聯,根據香港基本法第158條全國人大常委會授權特區法院解釋香港基本法的規定,推演出終審法院具有違憲審查意義上的司法審查權。這一觀點以香港基本法為依據,從理論與規範的契合之處為終審法院司法審查權找到規範依據,但普通法傳統和香港法院歷史上審查法規的先例對此問題有著更強的說服力。[2]

特區法院通過積極介入各種香港基本法糾紛,通過判例發揮自己維護"一國兩制"新憲制秩序的功能。這些功能具體包括以下方面:

### (一)保障香港基本法在特區法律體系的憲制性權威地位

香港基本法是"一國兩制"法律化和制度化的表達,凝聚了北京與香港之間最廣泛的共識。

"一國兩制"能否行穩致遠,取決於香港基本法是否被踐行。不論在任何時候,香港基本法的權威都不應被藐視或侵犯,因為:(1)香港基本法是香港管治之正當性與合法性的基礎。香港特別行政區係依香港基本法而設,香港的法治立基於香港基本法之上,香港居民的權利與自由也得到香港基本法保護。(2)香港基本法是中央與香港之間的"最大公約數"。香港

基本法由內地和香港專家共同草擬，凝聚了中央與香港之間的共識和智慧，也得到中央與香港共同尊重。沒有香港基本法，"港人治港"和高度自治乃無源之水、無本之木。（3）香港基本法是各利益攸關方就未來發展不斷達成共識的平台。香港基本法將"一國"與"兩制"統合於同一憲制秩序之下與之內，對中央的管治權和香港的自治權都作出了妥善的安排。（4）回歸香港基本法，要求尊重香港基本法的權威，不輕言重寫或推翻香港基本法。回歸香港基本法，要求落實香港基本法的要求和精神，中央方面依法行使權力，特區政府依法履行職責，香港社會尊重中央的管治權威；回歸香港基本法，要求加強香港基本法教育，全面準確理解香港基本法的條款和原意。

香港基本法的實施因法院的司法適用而日趨精緻化，違憲審查的依據、對象、裁判標準和後果等司法技術性的內容也在香港基本法的文本之外逐漸建立完善起來，使香港基本法的規範體系不斷豐富。在 1997 年至 2002 年期間，終審法院初步確立了其違憲審查管轄權的範圍和其解釋香港基本法的方法。香港司法自回歸初始即面臨著雙重挑戰：如何界定香港與中央政府之間的憲制關係，以及如何在捍衛公民權利時界定對權利的限制。在"吳嘉玲案"與"陳錦雅案"等回歸之初的涉基本法系列案件中，香港法院試圖發揮香港基本法、香港的自治權和公民基本權利的憲制守護者角色，來確立其最高的司法權威；在終審法院對"劉港榕案"及"莊豐源案"作出裁決之後，香港憲制架構中產生的最主要問題——即中央政府和香港特區法院之間的憲制關係，以及人大常委會對香港基本法作出的解釋和香港法院的解釋之間的關係，在實質上已經得到解決。[3]

在解決了前述首批最重要的憲制問題後，香港法院開始對除居留權之外的其他涉及基本權利的案件作出裁決，闡明了一個有效的公民權利保障機制所包括的必要條件。同時，法院也積極嘗試實踐 "司法尊讓"（Judicial Deference）的原則，[4]即法院在某些情況下應對立法機關的判斷予以尊重。而最近十多年，香港法院在界定和行使其處理香港基本法案件的司法權時取得了諸多創新性的進展，並開始處理公民權利保障條款範圍之外的香港基本法解釋問題。較之基本權利類案件採取的寬泛的、目的解釋（Generous and Purposive Approach），這些案件中應用的憲法解釋方法較少涉及國際和比較人權法方面的判例法資源，而是更多地涉及香港基本法的起草背景和相關制度的歷史。可以預見的是，在面對越來越多牽涉到香港基本法中的分權體制、社會和經濟政策條款的案件時，法院需要更好地運用司法智慧來處理這些未來的挑戰。因此，香港法院違憲審查的實踐使香港基本法所規定的各項制度在特區得到落實，也使香港基本法第 11 條所要求的 "香港特別行政區的制度和政策，……均以本法的規定為依據" 的規定得以遵循，使其真正成為特區的憲制性法律。

### （二）保障香港居民的基本權利與自由

香港基本法和《香港人權法案條例》構成了新的權利保障體系，特區法院據此作出了系列權利保障判決。此後，新的基本法法理學得以發展，這套法理學保留了普通法的精神，又具備某些大陸法的特質，體現了香港法治相容並蓄的精神。香港基本法第三章詳細地列舉了香港居民所享有的各種權利和自由，它們包括但不限於：平等權、選舉權和被選舉權、言論和出版自由、人身自由、通訊自由、遷徙自由、信仰自由、擇業自由、婚姻自由等。香港居民的權利和自由不止是寫在紙上，更加體現在法院的判決之中。但這些權利的具體內涵、受保障的程度以及與國家權力及公共秩序之間的具體邊界在香港基本法文本當中並沒有明確的界定，它必須以立法或行政的方法予以明確，並以司法的方式予以檢驗其界限的合理性。通過違憲審查，特區法院釐清了各項基本權利的內涵與保障邊界，為公民、立法及行政機關提供了指引。如"吳恭劭案"釐定了公共秩序的內涵和言論自由的界限，"律政司訴陳華案"保障了香港新界居民的選舉權，"平機會訴教育署案"維護了香港居民的平等權，"梁國雄案"保障了居民的和平集會權，"W訴婚姻登記官"保護了變性人的婚姻自由權，"孔允明案"明確了香港居民的社會福利權……這些判例極大地豐富了香港特區的人權保障體制和實踐，令回歸後香港居民的權利和自由名副其實。

違憲審查對基本權利和自由保障的基本方式是通過審查立法或政府行為是否合法來防止公權力侵犯公民權利。特區法院的司法覆核權可以分為兩個層次：第一個層次是裁斷香港特區立法會所通過的法律是否有抵觸香港基本法或《香港人權法案條例》，即違憲審查權。第二個層次是裁斷政府、其下屬的行政部門、其他公營機構及行使公權力的機構所做的行政決定，是否有違反授予其權力的成文法律或普通法中有關行政決定的原則。[5] 可見在香港基本法下，特區法院違憲審查的對象十分廣泛，立法及體系龐雜的行政部門的政策都有可能受到法院的審查。總體上，法律被宣佈抵觸香港基本法的情形並不多見，雖然數量不多，但對立法和行政部門卻產生了有效的威懾和阻止作用，使其在立法和決策時必須考慮立法或行政行為的合法性和正當性，從而防止權力被濫用。

### （三）詮釋中央與地方關係

香港基本法的一個重要功能是規範中央與特區關係，香港基本法合理地界定中央與特區各自的權力界限和許可範圍。在違憲審查實踐中，香港基本法規定全國人大常委會有權解釋香港基本法，但亦授權香港特區法院享有解釋權。實踐中，特區法院在行使審判權時只要案件涉及香港基本法就可對其進行解釋，其解釋是日常性的；而全國人大常委會的解釋不多（迄今為止僅為五次）。雖然全國人大常委會的解釋權高於特區法院，但實質上香港基本法解釋權在相當大程度上為特區法院行使，對香港基本法幾乎所有條款享有事實上的解釋權。就香港法院對中央與地方關係的詮釋這一功能上，香港法院主要面臨著以下幾個問題：

### 1. 法院能否審查中央立法即全國性法律的問題

在"吳嘉玲案"中，香港終審法院就試圖確立這一偽命題，但這一立場遭到官方和主流學界的明確反對。在"吳嘉玲案"中，終審法院在肯定了臨時立法會合法性的同時，亦明白無誤地推翻了上訴庭於 1997 年在"馬維騉案"[6]中表達的意見。在"馬維騉案"中，上訴庭認為，香港法院沒有權力挑戰主權者即全國人民代表大會或其常務委員會的"決定或決議"的有效性（Validity），即對主權者行為沒有司法管轄權，但可以依照查證其存在（Existence）。在"吳嘉玲案"中，終審法院認為香港法院不僅有權審查全國人大及其常委會的立法行為是否符合香港基本法，而且一旦發現這些行為與香港基本法規定不一致，法院可以宣佈其無效。[7] 香港終審法院最終作出澄清，表示其不會質疑全國人大及其常委會的權威。後來的特區法院也不再對中央立法或政策進行質疑，但特區法院仍然可對全國性法律在特區的轉換立法進行審查，具體可參見"吳恭劭案"（又稱"焚燒國旗案"）。[8]

### 2. 法院是否能掌握提請釋法的主動權

香港基本法第 158 條第 2 款規定全國人大常委會授權特區法院在審理案件時自行解釋香港基本法有關特區自治範圍內的條款，所以香港法院對有關自治範圍內的香港基本法條款可以自行解釋而沒有必要提請人大常委會釋法，這體現了對香港高度自治和保留原有法律制度的尊重，但對哪些條款屬於"自治條款"，案件當事人、特區法院、特區政府和全國人大常委會可能均有不同的理解。香港基本法第 158 條第 3 款規定特區法院對除"自治條款"外的"其他條款"也可進行解釋，但對此款施加了限制性條件：特區法院需要對香港基本法中關於中央人民政府管理的事務或中央與香港特別行政區關係的條款進行解釋（類別條件），而該條款的解釋又影響到案件的判決（需要條件），在對案件作出不可上訴的終局判決前，應由特區終審法院提請全國人大常委會作出解釋（前置程序）。許崇德認為此項限制的目的在於，香港法院享有司法終審權，對香港基本法作出的解釋會伴隨判決的生效而具有法律約束力，為了避免特區法院在對涉及中央利益的條款的解釋與全國人大常委會不一致而需對終審法院施加限制。[9]

特區終審法院在"吳嘉玲案"中提出了判斷某一條款應否提請全國人大常委會解釋的兩個標準：一是是否屬於中央與特區關係條款，二是是否是主要條款。因而有學者認為在終審法院的實踐中，"吳嘉玲案"的做法更多地不是審查涉案的香港基本法條文是否有必要提交全國人大常委會解釋，相反，更像為拒絕提交提供理由。[10]當然為了避免前述"嫌疑"，"吳嘉玲案"中終審法院花費了大量筆墨來論證所謂的"主要條款標準"，即當案件涉及兩個條款需要解釋時，X 條款為自治範圍內的條款，而 Y 條款為自治範圍外的條款，X 條款與 Y 條款之間存在關聯時，首先要判斷 X 條款與 Y 條款誰為主要條款：如果 X 條款為主要條款，則不需要提請，自行解釋即可；如果 Y 條款為主要條款，則需要提請解釋。[11]正如陳弘毅所評論的，終審法院這一空穴來風的做法在香港基本法第 158 條第 3 款的規定中找不到任何依據，此舉無疑違反了香港基本法第 158 條的字面含義和規範目的。[12]

這一標準使特區法院在決定是否提請全國人大常委會解釋香港基本法時獲得了一個可參照的技術性標準，但也使特區法院掌握了是否提請全國人大常委會解釋香港基本法的主動權。在某些案件中，可能出現的情形是：中央政府認為該案件應適用香港基本法有關中央與特區關係條款，但特區法院認為並不需要適用；或是針對特區法院適用的某一條款，中央政府認為是中央與特區關係條款，但特區法院認為其屬於自治範圍內的條款。無論是上述兩種情形的哪一種，當中央政府認為某一案件中出現了應提請全國人大常委會解釋香港基本法的情況，但特區法院完全可以以"主要條款"標準為由拒絕提請。可以想像的是，在"類別條件"、"有需要條件"和"可爭辯性條件"的嚴格限定下，絕大多數涉及香港基本法解釋的案件均可由終審法院自行定奪是否提請全國人大常委會解釋。[13]

由於全國人大常委會在 1999 年"6·26"釋法的序言中暗示，釋法應當由終審法院向全國人大常委會提出，故在隨後的"劉港榕案"中，終審法院亦承認，日後在決定何時應向全國人大常委會提請釋法時，終審法院或有必要重新檢視作出此等決定時所適用的測試標準。但在後來的"莊豐源案"中——此案涉及香港基本法第 24 條第 2 款第 1 項，特區政府認為該項的執行將會對"中央人民政府管理的事務或中央和香港特別行政區關係"有"實質影響"，所以應提請全國人大常委會解釋。但香港終審法院認為，決定是否提請法院應當考慮的是該條款的性質而非計算執行該條款的影響；而且除非案件牽涉一條以上香港基本法條款（如"吳嘉玲案"），否則法院就沒有必要檢視"主要條款"的判斷標準，而本案只涉及香港基本法第 24 條第 2 款第 1 項，所以無需提請全國人大常委會解釋。直到 2011 年，香港終審法院才在"剛果（金）案"中第一次主動提請全國人大常委會釋法，也是迄今為止唯一一次由香港終審法院提請的人大釋法。

### 3. 法院可否通過"再解釋"人大釋法來影響其拘束力

雖然終審法院表示全國人大常委會無論是經特區法院提請還是主動釋法，其解釋都對特區法院有約束力，但何謂全國人大常委會的"解釋",似乎仍落入特區法院解釋權的框架內,從而可能影響全國人大常委會釋法的效力。1999 年"吳嘉玲案"後,全國人大常委會第一次對香港基本法作出解釋。在闡明與"吳嘉玲案"直接相關的第 22 條第 4 款和第 24 條第 2 款第 3 項兩個條文的立法原意後,解釋提到:"本解釋所闡明的立法原意以及《中華人民共和國香港特別行政區基本法》第二十四條第二款其他各項的立法原意,已體現在 1996 年 8 月 10 日全國人民代表大會香港特別行政區籌備委員會第四次全體會議通過的《關於實施〈中華人民共和國香港特別行政區基本法〉第二十四條第二款的意見》中。本解釋公佈之後,香港特別行政區法院在引用《中華人民共和國香港特別行政區基本法》有關條款時,應以本解釋為準。"顯然,這份文件未雨綢繆地對第 24 條第 2 款其他各項可能引發的爭議做了一個先行立法原意的澄清。按照全國人大常委會的設想,它已經對第 24 條第 2 款其他各項作了解釋,以後特區法院審理涉及這些款項的案件自應以此為準。但在"莊豐源案"中,終審法院並沒有依據全國人大常委會的解釋來判案,而是採用所謂普通法解釋的方法來規避適用 1999 年全國人大常委會解釋。該案涉及香港基本法第 24 條第 2 款第 1 項。香港特區成立之前或之後在香港出生的中國公民均具有香港特區永久性居民身份。這一規定可能會導致的一種情況是"雙非"兒童也有權獲得特區永久居民身份。而根據全國人大常委會解釋中提到的 1996 年特區籌委會的決定,在香港出生的中國公民必須在其出生時父母至少有一方是特區永久居民才可以獲得永久性居民身份。雖然全國人大常委會認為其 1999 年的解釋已將這一意思包括於其中,構成了"解釋"的一部分,但終審法院並沒有遵從這一解釋。法院的理由是，"有關陳述"對特區法院並不構成具有拘束力的解釋，只是這個解釋文件的附論。特區法院實際上是運用普通法下的"判決理由"和"附帶意見"區分規則來對全國人大常委會的解釋進行了區分，即對這一解釋進行了再解釋，限制了全國人大常委會解釋對特區法院的拘束力。此外，終審法院還特別發展出關於"外來材料"（Extrinsic Materials）的理據，認為只有在香港基本法通過之前（Pre-Enactment）形成的相關文件才可以被法院在判案時參考，如中英聯合聲明和《關於〈中華人民共和國香港特別行政區基本法〉（草案）及其有關文件的說明》，其他的形成於之後的文件（Post-Enactment）不應該被法院採用。作為上訴一方的特區政府也沒有能夠提出正當的反對理由。這一判決形成的先例在日後特區法院的審判中也沒有被推翻或改變，並且在後來的"外傭居港權案"初審和上訴中以及"剛果（金）案"中被法官遵循。

### （四）特區法院違憲審查對特區政治體制型塑的影響

香港回歸後，內部權力關係始終沒有理順，特區政府的管治權威無法樹立，董建華政府推出高官問責制改革也未能解決命令—執行效率問題。特別是，行政與立法的關係運轉不暢，甚至日趨緊張，這在很大程度上源於特區的政治體制設計。對於香港實行何種政治體制，北京和香港各執一詞：中聯辦主任張曉明（編註：時任）認為，香港回歸前後均不實行三權分立的政治體制，香港特區的政治體制是"以行政長官為核心的行政主導體制"。然而，香港的學術界和司法界又是另一種看法：終審法院在"莊豐源案"判詞中明確香港實行三權分立制，[14] 前終審法院首席法官李國能亦表示，"在香港的制度下，行政、立法和司法機關互相制衡"。香港究竟實行何種政治體制，本來應從香港基本法中找答案。但是香港基本法有關政治體制的設計，既有權力分立的基調，也有行政主導的安排，綜合起來可以表述為"中央授權之下和三權分立之上的行政主導制"。[15] 陳弘毅也指出："香港基本法起草者的原意，大概是構建一個強勢的、有權威和效率的、具備高度管治能力的行政機關（包括行政長官），但是香港基本法所採用的政制設計未能保證這個目標的實現。"[16] 行政主導的前提是特區政府得到立法會的支持，但是在行政長官沒有政黨聯繫、民意認受性不足以及個人威望有限的情況下，這個目標很難實現。既然立法有權監察行政，若行政與立法的關係不暢，特區政府自然就淪為"跛腳鴨"。雖然新任行政長官林鄭月娥在上任後積極改善與立法會的關係，但是要令行政—立法關係足以支撐行政主導型政府，仍有很長的路要走。

### 1. 法院違憲審查對立法部門的影響

法院對法律進行審查，其結果有兩種可能性：符合香港基本法或抵觸香港基本法。如果是後者，法律會被確認為無效而不能適用。當然，為防止立法真空或儘量減少對既有規範體系的衝擊，法院也可能會採用限定性解釋或給予立法指令的方式。如"古思堯案"，終審法院開始在案件的司法救濟方面作出創新和突破。法院在裁定相關法律違憲後，決定在六個月內暫緩宣告法律無效，以留出時間讓政府和立法會制訂新的法律來監管執法部門的截取通訊和秘密監察行動。這一典型案例揭示了香港基本法中的司法權力蘊藏著極大的潛力，亦模糊了解釋和立法這兩個概念之間的界限。同樣，就前者而言，法院為避免直接宣告違憲推翻法例，在個別案件中，也會對爭議條文採取補救性解釋以維繫法例的合憲性。此種補救性解釋被梅師賢法官（Sir Anthony Mason）在"林光偉案"中描述為："……補救性解釋包含了一些著名的司法技術，包括限縮解釋、擴張解釋和甚至剔出法律條款中有問題的部分。許多域外的法院均在採取這些司法技術，旨在將因違背制定法人權和基本自由而遭受挑戰的法律解釋或宣告為合法的、協調的。"[17] 對具有違憲嫌疑的法律採取補救性解釋可以避免法院過度介入立法權的核心領域，此種法律解釋方法與美國憲法上迴避憲法判斷的"布蘭代斯規則"之七異曲同工——"對國會制定的法律的效力有爭議時，即使該法律的合憲性已經有重大疑問，法院也必須首先確定是否可以適用迴避憲法問題的法律解釋"，[18] 其本質為迴避違憲判斷的法律解釋方法，從法律技術上既包括限縮解釋也包括擴大解釋。此種法律解釋方法也類似於德國憲法學中的"合憲解釋"，意指"法律的規定必須解釋為與憲法的原則相一致，如果某一特定的法律存在複數解釋的可能，則必須選擇與憲法相符合的解釋"。[19] 然而此種法解釋方法也並非沒有爭議，對具有違憲嫌疑的法例作出補救性的法律解釋往往是為了避免違憲宣告，但常常需要轉換文本的原意，其用意雖是尊重國民意志的代議機關，但實質可能是扭曲了立法者原意，反而招致法院對立法權的變相"擠佔"。因此，香港法院也指出法院作出補救性法律解釋時必須恪守相應的界限，具體為：（1）補救性解釋不得與原立法目的產生嚴重分歧以至於需要重新進行民主審議討論；（2）補救性解釋不得徹底改變法律條文之本質，防止法院借"法律解釋"之名行"法律修改"之實。[20]

無論哪種方式，違憲審查的一個直接後果就是法律進入實施程序後並非絕對有效，當事人可以在訴訟中提出質疑，法院也可以予以裁判直至宣佈其無效，這無疑對法律秩序的穩定性造成影響，也會反過來影響立法機關的行為。從香港特區成立以來，特區法院共審理了逾一百起涉及香港基本法的案件，對大約逾一百個香港基本法條款進行了解釋，僅在極少案件中宣佈立法違反香港基本法。從直接後果來看，雖然特區法院積極行使違憲審查權，但並沒有對立法會的決策產生實質性影響，立法會仍然在特區法律體系的建構中起到核心作用。這一情況也與其他違憲審查體制下的情況相差不遠。[21] 但是，違憲判斷的多少不能成為法院違憲審查效果的唯一評價因素，更不能因其違憲判斷數量較低否認這一制度的價值及影響。法院的違憲判斷將對立法和行政部門產生威懾作用，使其在立法和決策時必須考慮立法或行政行為的合憲性和合法性，從而有助於防止權力濫用。

當然，法院的違憲審查與立法自主[22] 之間存在不可避免的張力，但特區法院在涉及議會內部運作問題方面也表現了高度的審慎和自制，以免司法權侵蝕議會自主權，比如在 2009 年"鄭家純案"和 2012 年"梁國雄案"（即"剪布案"）中，香港法院均表明法院依據基本法享有對議會事務的管轄權，但是應採取靈活的方法解釋基本法，儘量避免對議會內部事務（Internal Workings）或特權（Privileges）的干涉。2016 年香港高等法院對"宣誓風波"司法覆核案件——即"梁游宣誓案"進行了公開聆訊。代表立法會主席梁君彥的律師翟紹唐在聆訊過程中提出，立法會主席有權依據香港立法會的"議事規則"獨立處理"宣誓風波"，該事件屬於立法會內部事宜，強調完全沒有需要交由法庭進行司法覆核。兩位被告的代理律師亦強調分權原則的重要性，基於普通法上的"不干預原則"（Non-Intervention）認為香港基本法已經賦予了立法會主席取消議員資格的權力，法庭無需介入該案。[23] "梁游宣誓案"中一個因三級法院（原訴法庭、上訴法庭、終審法院）判決所湧現的爭議點就是，究竟"不干預原則"在香港的實際運作應該是怎樣的？"梁游宣誓案"各級法院均強調了香港基本法第 104 條作為一項憲制要求賦予法院介入立法會內部事務的管轄權，從而在個案中排除適用"不干預原則"。[24] 可以看出，法院在主張自己有權對立法進行審查的同時，仍然強調違憲審查介入的時間、範圍及程度，所以它並未侵蝕立法會作為民意代表機關的根本，因而總體上仍能夠被立法會、社會大眾所接受。

### 2. 法院違憲審查對行政主導體制的影響

行政主導的核心是行政長官在政治體制中起主導作用，成為權力結構與運作的核心。但特區法院過於積極的違憲審查對這一體制產生了一定的掣肘作用甚至消極影響。但自香港特別行政區成立以來，香港基本法希望凸顯的行政主導原則並沒有得到很好的貫徹落實，立法會對政府施政的配合不足、制約有餘。儘管香港基本法第 70 條和分組計票機制等對立法會制衡政府的權力施加了諸多限制，但立法會仍能通過一些制度化甚至非制度化的方式來擴權，例如加緊對政府開支的控制、通過不斷提出修正案的方式增加政府法案通過的難度（極端表現為“拉布”）、通過不具有約束力的動議辯論和“不信任案”向政府施壓，等等。同時，由於立法會與政府之間缺乏政黨或委員會作為直接的政治紐帶，政府官員因此無法像西方民主政體般，透過執政政黨在議會建立穩定的支持，結果造成行政與立法持續性割裂、甚至背道而馳的管治困局。反過來，行政主導主要是針對立法機關而言的，行政長官對司法的制衡手段相當有限。行政對司法的制衡主要體現在人事方面，行政長官通過行使法官任命權影響司法權，且這種任命權受由當地法官和法律界及其他方面知名人士組成的獨立委員會這一機制制約，其目的在於保障司法獨立。雖然特區法院法官由行政長官提名，理論上行政長官可以借此影響司法權，但行政長官應根據獨立委員會的推薦人選來任命法官，而行政長官一般會尊重委員會的提名權和提名結果，也沒有發生過委員會推薦的人選被行政長官拒絕的情況。可以看出，指望通過法官的任命權來牽制違憲審查對行政主導的作用和影響很不現實，而基於司法終審原則行政長官也無法依賴中央政府對特區司法權的制約來鞏固行政主導。

## 二、影響特區法院型塑“一國兩制”憲制秩序功能的因素

特區法院違憲審查功能使香港基本法從規範變為實踐，在居民權利保障、政治結構的型塑乃至於中央與地方關係的建構中都起到十分重要的作用。在此過程中，香港法院所秉持的司法哲學，域外普通法法域和國際人權法資源的裁判法理，中央

或地方的利益平衡的考量等因素，均是法院需要面對和作出抉擇的。

### （一）積極能動或司法謙抑：特區法院司法審查背後的司法哲學

具有違憲審查權的法院大致有兩種基本的立場選擇：一是積極的司法能動主義（Judicial Activism），二是消極的司法被動主義（Judicial Self-Restrain, or Judicial Deference）。法院如何抉擇將表明其是積極主動介入社會爭議、參與政策形成，還是消極被動謹守自己的司法功能。香港直至 20 世紀 80 年代，民主建設才開始起步，特區成立後這一進程仍在持續，但整體上仍處於發展之中。香港基本法也承認特區成立之初民主的不充分，因而為未來民主政治的發展預留了制度空間，但應遵循"根據特別行政區的實際情況和循序漸進"的雙普選原則（見香港基本法第 45、68 條）。在民主體制尚未完善、民主機制功能尚未充分發揮之際，一些社會爭議無法通過民主方式（即政治過程，Political Process）解決，轉而訴諸法院；而且民主發展本身帶出的問題也希望借助法院的介入得以解決，所以香港法院才會面臨諸多政治性爭議和相應案件壓力。[25] 香港政體的"民主缺陷"亦導致政治上的少數派除了街頭政治此種非常規化的利益訴求表達方式外，別無其他與政府討價還價的機制，[26] 其在立法會中的邊緣地位促使他們不得不通過司法覆核來表達其利益訴求。[27] 香港政治問題進入法院的渠道十分寬廣，當事人可在一般的刑事案件、民事案件審理過程中就案件隱含的政治問題提出抗辯，而法院則不得不通過法律解釋或者憲法解釋來回答抑或迴避隨附的政治問題。如今大多數國家和地區司職違憲審查的法院都在一定程度上鬆弛了曾謹守的案件性和爭議性原則，在啟動要件階段逐步放寬訴訟資格的限制。[28] 由於特區法院對於司法覆核案件的受理較為寬鬆，[29] 這就導致很多政治爭議進入法院（如"領滙案"、"皇后碼頭拆遷案"、"港珠澳大橋案"等）。在特區成立初期，法院也樂於介入這些爭議以提升自身權威和其在憲制體制中的地位。在這一過程中，法院展示了自己積極的司法能動的一面。但特區法院積極的司法能動主義必然會影響其與立法機關及行政機關的關係。特區成立後，立法與行政的關係一直處於緊張狀態，而法院在回歸初期亦過分地陷入到了立法與行政機關的杯葛之中。當然，從個別案件裁判結果認定特區法院違憲審查在破壞特區行政主導體制的結論未免魯莽。但是，法院過度介入政治性的爭議實際上是逾越了自己在憲制體制中的應有角色。經過回歸初期的震盪，學術界和司法實務界都在反思這一現象。有香港學者認為，法院過分的"司法積極主義"使其演變成為了"政治糾紛的裁決者"，不符合法院自身的憲政角色，因而提出法院應遵循司法謙抑主義。法院自身也在司法案件的累積中不斷調整和修正自己的憲制功能和角色。[30]

### （二）域外普通法和國際人權法：特區法院裁判法理的開放性和多樣化

回歸後，香港基本法成為特區的憲制性法律，法院審查特區立法應以香港基本法為依據。但香港基本法第 84 條同時規定，其他普通法適用地區的司法判例可作特區法院審理案件的參考。儘管香港已是一個相對獨立性的法域，但終審法院仍大量引用海外判例來進行司法審查，海外判例法在充當司法審查的依據時，並無直接的規範效力（Binding Force），其作用是通過輔助解釋香港基本法或《香港人權法案條例》來實現的。香港基本法第 39 條通常被解釋為，《公民權利和政治權利國際公約》、《香港人權法案條例》與香港基本法一樣具有憲法性地位，因而被推翻的法條也是與前述憲法性法律不一致的。國際公約被香港基本法通過第 39 條併入國內法，以及透過回歸前後的一系列判例而成為保障人權最強有力的工具。[31]

　　針對法院如此廣泛地引用其他司法區的判例，也有法官表達不同意見。早在港英殖民統治時期，樞密院對運用國際法和比較法資源來解釋《香港人權法案條例》也秉持懷疑態度，樞密院的態度傳達出這樣一層涵義：對於香港司法而言，普通法足以履行保護基本權利和自由的責任，國際法和比較法能做的並不多。因此，正確解釋《香港人權法案條例》應當依附於普通法的解釋方法，專注於法律文本，而非依靠複雜的、不確定的、大量的外國判例，外國概念可能與香港語境下的概念完全相反。[32] 香港法院參考外國普通法的過程中，可能會有幾種情形：一是香港法官可能僅僅是提到了外國判例，顯示與案件具有細微的、然而並不關鍵的相關性；二是香港法官實際上 "遵從" 了外國判例的判決，即認為外國判例具有某種權威性；三是法官將爭議的案件與外國判例相區別（Distinguish），即認為外國判例和當前爭議案件在重大事實上有所不同而選擇不適用。[33]

　　域外法的影響不僅在於特區法院大量援引域外法的判例，還在於特區法院的外籍法官參與特區司法權的行使。香港大學教授佳日思、楊艾文以"香港終審法院"為主題進行過專門研究，其通過大量的經驗數據揭示了終審法院的司法裁決過程及"本地法官"和"外籍法官"各自的不同影響力。外籍法官制度保障了香港司法文化舉世罕見的開放性和高質量的人員素質。[34]

嶺南大學教授譚偉強通過分析香港社會近三十年（1980—2010）的法律動員狀況，指出回歸後的終審法院和高等法院面臨著人權訴訟、司法覆核爆炸式增長，而擁有外籍法官坐審的司法系統已成為香港民眾公認的最具公信力的政府機構。[35] 香港基本法只要求終審法院和高等法院的兩個首席法官必須由特區中的中國公民擔任，其他法官並不強制要求中國公民；而且可以從其他普通法地區聘請法官（香港基本法第82條）。這一規定的直接後果就是法官隊伍中不僅有非中國籍的公民，甚至還有香港地區以外的其他普通法法域如英國、澳大利亞、新西蘭等地的法官每年都會在特定時間來到香港審理案件。這些外籍法官來自於世界上法治發達的普通法國家，在審判實踐中通過援引其他普通法法域的判例，使特區法治能夠與發達普通法國家的實踐保持同步，豐富了特區的法治內涵；而香港法院的一些判例也借此被其他普通法國家的法院引用，這也是香港法律界引以為豪之處。然而，鑒於香港基本法承擔著調整特區自身與中央關係的功能，有些案件如何裁判不僅涉及特區社會，還關涉國家主權與中央權威。由對中國法治、憲法制度及中國國情不瞭解的外籍法官來裁判香港基本法案件難免引發爭議。從長遠看，外籍人士擔任特區法院法官的制度可能有改革的必要，但仍會長期存在。比較普遍的一種看法是外籍法官對香港法治的作用及重要性已從殖民地早期的實質貢獻逐漸演變為主要具有象徵功能。[36] 在不損害特區司法主權的前提下，繼續使用"外籍法官"能夠保持普通法系的開放性和進步，也有保證對普遍法律原則的吸收，維持裁判的理性化的要求。

### （三）"一國"還是"兩制"：特區法院裁判的利益平衡立場

"一國兩制"將"兩種制度"統合於"一個國家"之下，自然免不了要處理各種顯性和隱性的制度衝突：不僅有"一國"與"兩制"的衝突，也有"兩制"之間的衝突。"一國兩制"並非嚴格的法律用語，其實施和界定都有很大的彈性空間。當京港關係良好，"兩制"的空間可以被擴張；而當京港關係惡化，"兩制"的空間就會被壓縮。在當前京港互信基礎薄弱的情況下，"一國"與"兩制"之間的衝突就體現為"全面管治權"與"高度自治權"之間的角力。香港基本法第43條規定，行政長官向中央和香港負責，這種雙重負責制就蘊含了衝突的基因。除此之外，"兩制"之間也會有衝突，這種性質的衝突更多外化為兩種法律制度的衝突。香港基本法第158條確立了"雙軌制"的基本法解釋模式，即全國人大常委會和香港法院均有權解釋香港基本法，香港法院的解釋權來源於全國人大常委會的授予。眾所周知，內地屬於大陸法系，而香港屬於普通法系，兩種法系在諸多制度方面均迥然相異。全國人大常委會對香港基本法的解釋為立法解釋，這種解釋模式很難為普通法系地區的人們所認可接受。全國人大常委會採用的解釋方法為立法原意解釋，這與普通法系通常採用的文義解釋和目的性解釋也有所區別。1999年"吳嘉玲案"首次凸顯了兩種法律制度的強烈衝突，之後的"人大釋法"被指推翻終審法院的判決、損害香港的司法獨立。2016 年 "宣誓風波" 再次體現了兩種法律制度的衝突，"人大釋法" 被質疑 "替港立法" 和破壞了香港法治。五次 "人大釋法" 之後，兩種法律制度仍未度過 "磨合期"，現在看來這種磨合將持續下去。

香港基本法不僅是特區的憲制性法律，還是規範中央與特區關係的一部重要的全國性法律。香港基本法下的香港特區是中央政府直轄的一個特殊地方單位，中央授予特區高度自治權，但保留了國防、外交、任命主要官員、解釋和修改基本法等重要權力，這些權力的行使必定會與特區政府的高度自治權產生交集，也有可能對特區居民權利產生影響。另一方面，國家主權、統一和領土完整是中央政府必須維護的根本性利益，香港特區亦不得損害，且有憲法義務予以維護。特區法院在行使違憲審查權的過程中無可避免地要面對中央與地方權力或利益衝突的問題。同時，法院作為特區政府機構中最為強調獨立性的機構，亦警惕任何來自於中央可能對其獨立性的影響。在此過程中，特區法院需要在自身權力與中央主權、居民權利與國家主權之間的關係之間尋找合理的、恰當的平衡，其自身也需要在 "一國兩制" 憲制架構中找到自己恰當的位置。

香港成立初期出現的居港權系列案件折射了中央政府利益（基本法的解釋權、對邊境管制所反映的主權性權力）與特區居民權利（居留權）之間的衝突。在最初的居港權案件即 "吳嘉玲案" 和 "陳錦雅案" 中，特區終審法院試圖將自己定位為單純的特區高度自治權及居民權利維護者，並以此來確立自己在特區憲制體制中的最高司法權威地位，在忽視了全國人大常委會的主權者角色及其掌控的釋法權的情況下逕自作出自以為有利於居民權利的終局裁判。但這一角色及功能定位與香港基本法允許並賦予其的職能並不完全相符，故其裁判也遭致特區政府和中央政府的質疑，終審法院也不得不作出澄清。針對全國人大常委會的第一次釋法（1999年），終審法院在隨後的"劉港榕案"中明確表示，儘管這一解釋不是應終審法院的提請作出的，但其仍對香港法院有拘束力。終審法院指出，全國人大常委會對香港基本法的解釋權是常設性的，即使終審法院沒有提請，全國人大常委會仍然有權在其認為適當的時候作出解釋；而且，全國人大常委會的解釋並不限於香港基本法中"自治範圍外的條款"，而是可以針對所有其他條款。這表明終審法院認識到香港基本法所承載的維護國家主權功能以及全國人大常委會的主權者地位，香港基本法也不單純是保障特區居民權利。相應地，全國人大常委會的解釋只是強調其在闡明香港基本法相關條款的立法原意，無意推翻終審法院在"吳嘉玲案"中的判決，也沒有否定法院主張的目的性解釋方法（雖然全國人大常委會自己以立法原意解釋方法解釋香港基本法）。

雖然回歸初期的居留權系列案件中香港法院都試圖維護特區法院審判權的獨立性，在具體個案中涉及到的中央政府利益時，特區法院亦在實質上偏向於香港居民權利的保障。但在"吳恭劭案"即"焚燒國旗案"中，終審法院則強調其有權對《國旗法》在特區的實施性立法《國旗區旗條例》進行審查，但同時強調"全國性法律必須作適應化修改以便在香港特區實施"，實質是欲表明其在對特區立法而不是中央立法進行審查，以避免"吳嘉玲案"式的謬誤。並且，終審法院最終維持了《國旗區旗條例》的合法性，使國旗所代表的國家主權得到尊重。[37] 可見，回歸初期全國人大常委會與香港終審法院在不斷的互動過程中顯示了中央與特區建立合理關係的嘗試，雙方既堅持各自珍視的價值或重要利益，但同時又不觸碰對方的底綫。這一理性思維有助於中央和特區合理、正常關係的形成和維繫。

## 三、進一步思考及結語

回歸以來，香港特區法院在香港法制以及政制建設中的功能有增無減。特區法院通過積極的違憲審查介入各種爭議，使香港基本法所要求的在特區實行的一切制度與法律"均以本法的規定為依據"的規定（第 11 條）得以遵循，使其真正成為特區的憲制性法律。在此過程中，違憲審查制度自身也在曲折中逐漸完善，成為一個具有地方特色的憲法監督意義上的制度體系。

應該看到，香港特區法院在型塑特區"一國兩制"憲制秩序的過程中，也面臨著路徑選擇，甚至挑戰。法院是時候選擇一種平衡之道（Balanced Approach, or Balancing），即：一方面勇於堅持獨立司法行使其法定的管轄權，藉此維護法治和人權；另一方面，不宜採取過高和過分進取的姿態，以避免法院角色的政治化。具體而言，特區法院要思考如何走出一條符合特區特殊身份的"平衡之道"。特區法院既需要認識到司法自身的局限性，從而在能動的司法和自制的司法之間做出審慎的判斷和抉擇，不斷地調整自己的定位，特別是在回應社會變遷過程中各類訴求的同時，更需要保持自身獨特的社會角色。從憲政與良治的意義上要求，法院不要自定義為政治糾紛的裁判者，否則將有可能使自己自覺不自覺地染上濃厚的政治化色彩，這反而不利於維護司法機關那不偏不倚、獨立、公正的形象。這就需要法院更加尊重立法機關作為民意代表機關在民意表達、規則創制及社會共識凝聚方面的主導作用，也要尊重香港憲制下行政長官的獨特地位、行政主導的憲制安排，使自己與政治機構、行政機關、大眾民意等保留一定的距離，確保自己的獨立性。

在此特別需要看到，特區法院將繼續處理涉及香港和中央政府之間的憲制關係的諸多複雜和敏感問題，包括香港作為國家特區的法律地位、憲法和基本法的效力、中央和特區的關係，等等。同時，它也必須處理諸如人權和基本自由的保障與界限等常見的憲法性問題，並須在個人權利和社會整體利益之間作出適當的平衡。這就要求特區法院忠實恪守香港基本法，謹言慎行，穩步邁進。香港基本法不僅是特區的憲制性法律，還承擔著規範特區與中央關係的使命。香港基本法雖然授予特區法院終審權，但這改變不了特區法院作為中國地方法院的特性，包括終審法院在內的特區法院行使的司法權當然受制於全國人大常委會的釋法權。特區法院還需深刻認識到，對於那些影響香港社會發展的重大案件，法院固然應以保障人權為己任，但亦負有維護公共利益、國家安全等重任，因而不能僅是簡單地就案論案而忽略權利保障背後的複雜的政治、經濟、社會制度與政策問題以及利益較量。總之，法院在諸多關鍵利益紛爭之間須尋求到恰當的平衡點；法院不僅僅是案件的裁判者，更是"一國兩制"下香港特區法治秩序的維護者。

香港特別行政區成立逾二十年了，特區法院必須在"一國兩制"這一憲制秩序下正確定位，並帶領整個司法系統繼續積極參與特區的法律及憲制發展，發揮司法制度在特區憲制架構下的憲制作用。回顧過去，展望未來，特區法院需要在能動和謙抑、理想與現實、繼承和創新之間做出理性的判斷和抉擇，以司法者的智慧和理性來推動和維護"一國兩制"憲制實踐在香港特區的持續推進。

# | 註釋 |

1. 如有學者認為，由於香港基本法在香港被理解是特區的 "憲法" 或 "小憲法"，法院的這一權力被香港學者稱為 "違憲審查權"，但中國是單一制國家，全國只有一部憲法，香港基本法不能被稱為特區的 "憲法"，所以將特區法院的這一權力稱為 "違憲審查" 容易引發歧義。見李樹忠、姚國建：〈香港特區法院的違憲審查權——兼與董立坤、張淑鈿二位教授商榷〉，《法學研究》2012 年第 2 期。

2. 港英時代，香港本地立法機關根據《英皇制誥》的授權行使立法權，其通過的條例若與《英皇制誥》相抵觸，在理論上會因違憲而被認定無效，故香港法院（包括英國樞密院）有權對香港立法機關通過的法例進行司法審查，但一直以來香港法院沒有被激發其發揮司法審查的權力，香港學者亦傾向於認為理論上香港法院一直享有此種意義上的司法審查權，只不過極少行使。與美國馬布里訴麥迪遜案的 "偉大篡權" 不同，香港法院獲得具有違憲審查意義上的司法審查權始於 1991 年《英皇制誥》第 7 條的修訂和《香港人權法案條例》的通過。見陳弘毅：《香港特別行政區的法治軌跡》，北京：中國民主法制出版社 2010 年版。

3. 有關 "一國兩制" 的判例法的基本原則可作出以下的概括和總結：全國人大常委會擁有對香港基本法所有條款的最終解釋權，當中既包括關於中央人民政府管理的事務或中央和香港特別行政區關係的條款，也包括那些屬於香港特別行政區內部事務的條款。全國人大常委會是以立法程序來通過相關的釋法決定的，而非通過審理案件的司法程序來對香港基本法進行解釋。因此，全國人大常委會是否需要釋法、何時以及如何釋法並不是由法律決定的，而是全國人大常委會因應不同的情況、在實踐中逐漸積累經驗而作出的選擇，這些選擇最終亦會演變成慣例，從而對香港基本法的文本作出補充。見 P. Y. Lo, *Rethinking Judicial Reference: Barricades at the Gateway*, in Hualing Fu, Lison Harris and Simon Young (eds.), *Interpreting Hong Kong's Basic Law: The Struggle for Coherence* (New York: Palgrave Macmillan, 2007), pp. 157-181.

4. "司法尊讓" 原則是指法院在司法推理論證的過程中對政府的判斷給予適當的尊重，這一原則在不同的憲制語境下各有淵源，但歸根結底體現了法院基於權力分立（Separation of Powers）、制度能力、制度正當性而對其他權力分支的決定保持司法謙抑的姿態。香港法院亦經常通過司法尊讓這一工具來保障自身在現有憲制分權秩序下的正當角色。見 Cora Chan, "Judicial Deference at Work: Some Reflections on Chan Kim Sum and Kong Yun Ming", (2010) *Hong*

*Kong Law Journal* 40, p. 5; Cora Chan, *Deference, Expertise and Information-Gathering Powers* (Hong Kong: Hong Kong Legal Studies, 2012) , pp. 1-28; Cora Chan, "Deference and the Separation of Powers: an Assessment of the Court's Constitutional and Institutional Competences", (2011) *Hong Kong Law Journal* 41, pp. 7-25.

5. 戴耀廷：《司法覆核與良好管治》，香港：中華書局（香港）有限公司 2012 年版，第 12 頁。

6. *HKSAR v Ma Wai Kwan David and Others* CAQL 1/1997, para. 60, 61: "In the context of the present case, I would accept that the HKSAR courts cannot challenge the validity of the NPC Decisions or Resolutions or the reasons behind them which set up the Preparatory Committee. Such decisions and resolutions are the acts of the Sovereign and their validity is not open to challenge by the regional courts ⋯ However, I take the view that the HKSAR courts do have the jurisdiction to examine the existence (as opposed to the validity) of the acts of the Sovereign or its delegate."

7. 吳嘉玲對入境事務處處長 FACV 14/1998, pp. 28-29. 判詞原文："62. 一直引起爭議的問題是，特區法院是否具有司法管轄權去審核全國人民代表大會或其常務委員會的立法行為（以下簡稱為 "行為"）是否符合《基本法》，以及倘若發現其抵觸《基本法》時，特區法院是否具有司法管轄權去宣佈此等行為無效。依我等之見，特區法院確實有此司法管轄權，而且有責任在發現有抵觸時，宣佈此等行為無效。關於這點，我等應藉此機會毫不含糊地予以闡明。63. 根據《中國憲法》（第 57 及 58 條），全國人民代表大會是最高國家權力機關，其常設機關是常務委員會，二者行使國家立法權，故此其行為乃屬主權國行使主權的行為。特區法院審核上述二者之行為是否符合《基本法》的司法管轄權是源自主權國，因為全國人民代表大會是根據《中國憲法》第 31 條而制定特區的《基本法》的。《基本法》既是全國性法律，又是特區的憲法。"

8. 也有學者針對 "香港法院是否有權對在香港適用的全國性法律進行司法審查" 這一問題指出，香港法院對《國旗及國徽條例》的審查，間接上構成了對《國旗法》和內地《刑法》的司法審查，並會對《國旗法》在香港的適用造成實質性影響。其實，香港法院有權對《國旗及國徽條例》進行審查，但擅自擴大了審查範圍，從而侵犯了中央的立法權。此處有兩個層次的問題需要明確：第一，對侮辱國旗行為是否應當追究刑事責任，即犯罪化問題；第二，如何對侮辱國旗行為追究刑事責任，即定罪和量刑問題。對於第一個問題，

《國旗法》第 19 條已作出明確規定，其屬於中央立法權應當處理的內容。而且，杳港對《國旗及國徽條例》的立法權來源於並從屬於中央立法權。因此，香港通過本地立法落實《國旗法》時，只能對上述第二個問題酌情予以適應化處理，而無權對第一個問題作出有別於《國旗法》的規定。香港法院若對侮辱國旗行為犯罪化問題進行司法審查，就意味著將司法審查的範圍擴展到中央立法權的固有領域。但香港司法權的這一擴張並無法律依據。見馬正楠：〈論全國性法律在香港適用的權力衝突——以香港"侮辱國旗案"為例〉，《法律適用》2012 年第 11 期。

9.  許崇德主編：《港澳基本法教程》，北京：中國人民大學出版社 1994 年版，第 69 頁。

10. 祝捷：〈香港特別行政區終審法院法規審查技術實踐及其效果〉，《政治與法律》2014 年第 4 期。

11. *Ng Ka Ling and Another v the Director of Immigration* FACV 14/1998, paras. 102, 103.

12. 陳弘毅：〈終審法院對"無證兒童"案的判決：對適用基本法第 158 條的質疑〉，載佳日思、陳文敏、傅華伶主編：《居港權引發的憲法爭論》，香港：香港大學出版社 2000 年版，第 127 頁。

13. 有學者將此權力概括為"提請解釋判斷權"。見曹旭東：〈香港基本法解釋制度的漏洞及填補——居港權案的再思考與剛果金案的新啟示〉，《雲南大學學報》2012 年第 1 期。

14. 法院的違憲審查從個案角度看是針對某一立法或政策；但客觀上是在詮釋或重構特區法院與立法會及政府之間的權力關係。不僅如此，法院作為香港基本法的權威解釋者之一，從而潛移默化地改變香港基本法既定的權力結構。但整體上，香港司法界對香港政府體制的看法的表述並不多，極其難得的是夏正民法官（M. J. Hartmann）在 "*Yau Kwong Man v Secretary for Security* 案"中評論行政長官的職權時說，"基本法作為憲制性文件，追隨的是 '威斯敏斯特模式'（Westminster Model）"，見 *Yau Kwong Man v Secretary for Security* [2002] 3 HKC 457, CFI。後在 "梁國雄訴立法會主席案"中，夏正民法官指出，"香港實行的是行政主導（Executive-Led Government）體制，由行政長官領導政府，決定政府政策以及批准立法會提出的財政收支動議"，他還強調 "基本法從本質上看是在效仿 '威斯敏斯特模式'"，見 *Leung Kwok Hung v President of the Legislative Council* [2007] 1 HKLRD 387, CFI。然而夏正民法官並沒有詳細闡述他所謂的 "威斯敏斯特模式"，僅理所當然地認定其是

眾所周知的一種政治體制而已。然而，夏正民法官的評論不能被視為法官對
香港體制的通常理解，況且香港的政府體制與通行的"威斯敏斯特模式"相
去甚遠。重要的是，"行政主導"的說法在夏正民法官的判詞中也僅是"貼標
籤"式的術語，並不為其他法官或判例所延引，可以說，這只是一個孤例。

15. 朱國斌：〈行政主導還是三權分立——香港特區政治體制的立法原意辨析〉，
載朱國斌主編：《香港特區政治體制研究》，香港：香港城市大學出版社 2017
年版，第 27 頁。

16. 陳弘毅：〈行政主導概念的由來〉，載朱國斌主編：《香港特區政治體制研究》，
第 31 頁。

17. *HKSAR v Lam Kwong Wai and Another* FACC 4/2005, para. 57.

18. *Ashwander et al. v Tennessee Valley Authority et al.* 297 U.S. 288 (1936).

19. Erhard Denninger, "Judicial Review Revisited: The German Experience", (1985)
*Tulane Law Review* 59, p. 1013.

20. *Ho Chun Yan, Albert v Leung Chun Ying* HCAL 85/2012, paras. 117-118.

21. 即使在美國聯邦最高法院的歷史實踐中也可得出一個大致可靠的結論，即聯
邦立法遭到挑戰，最高法院多會採取消極主義的立場，判決國會立法符合憲
法，從 1789 年開始截至 2008 年，聯邦最高法院判決國會立法違憲的案件總
數為 174 件，而判決州立法違憲的案件總數則高達 973 件，明顯地反映出聯
邦最高法院傾向於聯邦權力至上的理念、州法應當服從於聯邦法律的思想。
相對而言，美國總統對國會兩院通過的法律有"否決權"，被總統否決的法
律除非得到國會兩院三分之二多數議員的批准，否則就歸於無效。總統的否
決權經常讓學者將總統比作立法的第三院。據統計，美國總統歷史上共計否
決過 2,550 件法案（而國會的否決之否決僅出現過 106 次），這一數據遠遠
超出法院宣告立法違憲的 1,263 件（或許更準確的比較項是其中 174 件國會
立法，因為總統否決的均是國會法案）。因此，有學者認為如果繼續把司法
審查理解為對立法多數派的一種否向制約，那麼只可能是繼續貶低司法審查
的真實意義。見田雷：〈論美國的縱向司法審查與憲政政制——文本與學說為
中心的考察〉，《中外法學》2011 年第 5 期。

22. 議會的自主性主要是用於衡量政治組織及其程序獨立於其他社會組織及其
行為方式的程度。議會的自主性，從外在維度來說，主要指立法機關是否
獨立於其他機關，尤其是行政和司法機關；它是否擁有一定的憲法權力，
能否參與制訂有關憲政架構的規則；它是否能設定公共政策的目標；以及
它是否能代表社會各階層。See Richard Sisson, "Comparative Legislative

Institutionalization: A Theoretical Exploration", in Allan Kornberg (ed.), *Legislatures in Comparative Perspective* (New York: David McKay Co., Inc., 1973).

23. *Chief Executive of the Hong Kong Special Administrative Region and Another v The President of the Legislative Council* HCAL 185/2016.

24. Ibid.

25. 如香港大學教授陳文敏即指出，民主的赤字造成了抑或成就了香港法院在法律改革、政治改革中的能動作用，見 Johannes Chan, "Administrative Law, Politics and Governance: The Hong Kong Experience", in Tom Ginsburg & Albert H. Y. Chen (Eds.), *Administrative Law and Governance in Asia: Comparative Perspectives* (Oxford: Routledge, 2008), p. 143. 香港終審法院非常任法官 Anthony Mason 也曾指出，由於缺乏一個完整的民主普選機制，導致香港社會和媒體對法院人權保障和正當程序給予厚望，見 Anthony Mason, "The Role of the Common Law in Hong Kong", in Faculty of Law, The University of Hong Kong (ed.): *The Common Law Lecture Series 2005*. 同為非常任法官的 Kemal Bokhary 更進一步認為，與完整的民主地區相比，司法獨立受到損害在香港可能更具有危害性……民主的缺陷加重了法院的負擔，但法院必須承受此種負擔，見 Kemal Bokhary, *An Independent Judiciary*, in Christopher Forsyth et al. (eds.): *Effective Judicial Review: A Cornerstone of Good Governance* (Oxford: Oxford University Press, 2010), p. 180. Eric C. Ip 認為香港法院的司法審查較之傳統司法審查地區，"反民主" 的色彩較淡薄，相反還能起到整合公共政策、促進民主之作用，見 Eric C. Ip, "The Democratic Foundations of Judicial Review under Authoritarianism: Theory and Evidence from Hong Kong", (2014) *International Journal of Constitutional Law* 12(2), pp. 330-353.

26. Anthony Cheung & Max Wong, "Judicial Review and Policy Making in Hong Kong: Changing Interface between the Legal and the Political", (2006) *Asia Pacific Journal of Public Administration* 28, p. 118.

27. Waikeung Tam, "Political Transition and the Rise of Cause Lawyering: The Case of Hong Kong", (2010) *Law and Social Inquiry* 35, pp. 663, 678.

28. Mauro Cappelletti, *Judicial Review in the Contemporary World* (Indianapolis: The Bobbs-Merrill Co., Inc., 1971), pp. 12-13.

29. 與一般的刑事、民事案件的程序相比，司法覆核程序有另外一套標準。申請人在正式向法院申請覆核前，必須先在高等法院取得申請司法覆核的許可（Leave）。既然為"申請"，那麼就勢必關涉到法院裁量是否准予許可、受理的一系列標準。確立起司法覆核的訴訟資格標準因而在該領域極具指導性的案件是"歐某訴署理港督"，法庭認為訴訟資格的判斷應當結合司法覆核申請的法律和事實背景來確定，見 *Alick Au Shui Yuen v Sir David Ford, Deputy of Governor and Others* HCMP 2827/1990. 上訴庭在"何某訴入境事務處處長"中確立了司法覆核申請中的"潛在的可爭辯性標準（The Potential Arguability Test）"，這一標準在香港沿用多年，見 *Ho Ming Sai and Others v The Director of Immigration* CACV 162/1992。2007 年，香港終審法院在審理"陳博士訴張女士等"中推翻了前述標準而建立起了"可爭辯性標準（The Arguability Test）"，李國能首席法官最終認為，"批准司法覆核的許可申請時法院在司法程序中享有自由裁量權。所適用的標準應為可爭辯性標準……合理可爭辯的案件是指那種具有真實的勝訴前景的案件"，見"陳博士訴張女士等案"判詞中文本第 12 段。林峰：《香港地區行政訴訟：制度、立法與案例》，杭州：浙江大學出版社 2011 年版，第 122 頁。

30. 李國能在 2006 年法律年開啟典禮上發表了被視為"弦外之音"的致辭，指出法庭並非擔任"決策者"的職能，不能就任何政治、經濟及社會問題提供萬應良方，必須由政府及立法機關透過政治過程解決。2008 年，李國能在一個關於司法審查的國際學術討論會上也發表了類似觀點："Having regard to their proper role on judicial review, the courts cannot provide a solution to any of the various political, economic and social problems which have to be dealt with by society in modern times. Within the limits of legality as determined by the courts, the appropriate solution to any political, economic or social problem can only be found through the political process." 現任首席法官馬道立在 2011 法律年度開啟典禮致辭中再次表示：法庭服務市民，並不是替他們解決政治、社會或經濟問題。這表明，特區法院已開始意識到法院有必要在介入極具爭議的政治性議題方面須更為謹慎（the courts do not serve the people by solving political, social or economic issues. They are neither qualified nor constitutionally able to do so）。

31. 有學者指出，香港憲法性法律的國際化主要有兩種整合模式：立法模式和解釋模式，前者指通過基本法條款或立法條款將國際人權法規範併入香港本地法，後者指法院直接適用國際人權法規範。此兩種憲法國際化的整合模式在香港地區主要表現為以下四種途徑：（1）香港基本法第 39 條明確了通過《公民權利和政治權利國際公約》和《經濟、社會與文化權利的國際公約》來保障人權；（2）香港人權法案將《公民權利和政治權利國際公約》吸納為本地立法；（3）香港基本法生效後，香港法院通過法律解釋的方法賦予《人權法案》和《公民權利和政治權利國際公約》憲法性地位；（4）香港法院通過法律解釋保障香港法律和政策與國際人權法規範一致。Albert H. Y. Chen, "International Human Rights Law and Domestic Constitutional Law:Internationalization of Constitutional Law in Hong Kong", (2009) *New York University Law Review* 4, pp. 237, 240.

32. Johannes M. M. Chan, "Hong Kong's Bill of Rights: Its Reception of and Contribution to International and Comparative Jurisprudence", (1998) *The International and Comparative Law Quarterly* 47(2), pp. 312. 陳文敏同時也指出，對援引域外普通法的過度反對也可能會導致普通法 "寬泛的目的解釋" 流於空文，能動化將香港從人權保障的國際標準中分離，也與其他致力於保障人權的普通法地區漸行漸遠。

33. 例如在 2017 年（判決時間）的 "梁游宣誓案" 以及過往香港法院確立本土 "不干預原則" 的系列案件中，作為法理上的路徑，法院總體上對無節制援引外國普通法或國際法、比較法資源的 "世界司法主義" 秉持基本的排斥態度，而且越是針對不具有普世性的、基於憲政體制分疏的憲法問題，香港法院越是應當保持司法謙抑的態度，應當優先尋求本國法律解釋資源的支持。同樣，"梁游宣誓案" 也表現為香港法院不同於以往在人權類案件中積極參考、援引域外普通法的做法，而是專注於對本地法律進行靈活的制定法解釋，並充分尊重和適用作為香港法制一部分的全國人大常委會對香港基本法第 104 條的解釋。"世界司法主義" 這一概念見波斯納法官在《波斯納法官司法反思錄》一書第 12 章中的精彩論述與批判，見理查·波斯納著，蘇力譯：《波斯納法官司法反思錄》，北京：北京大學出版社 2014 年版。

34. Cf. Simon N. M. Young & Yash Ghai, *Hong Kong's Court of Final Appeal: The Development of the Law in China's Hong Kong* (Cambridge: Cambridge University Press, 2013).

35. Cf. Waikeung Tam, *Legal Mobilization under Authoritarianism: The Case of Post-Colonial Hong Kong* (Cambridge: Cambridge University Press, 2013).

36. 林峰：〈"一國兩制" 下香港 "外籍法官" 的角色演變〉，《中外法學》2016 年第 5 期。

37. 見 "香港特別行政區訴吳恭劭、利建潤案"（FACC 4/1999）終審法院中文判詞。

# 06

# 探索"一國兩制"新空間
## —— 以"一地兩檢"與"一島兩轄"為例

原載《港澳研究》2013 年 3 月春季號

2006 年，全國人大常委會授權香港特區政府在位於深圳境內的港方口岸區範圍內自主管理，實施香港法律，執行"一地兩檢"。2009 年，全國人大常委會授權澳門特區對設在橫琴島的澳門大學新校區實施自主管轄，實施澳門法律，執行"一島兩轄"。本文認為，"一地兩檢"與"一島兩轄"是"一國兩制"憲政框架與範式下的創新，無疑豐富和拓展了它的內涵。本文首先分別解析兩項新舉措的內容，之後對照解讀其憲法基礎，並緊接著討論隨之提出的理論與實踐問題。本文認為"一國兩制"還有進一步拓展的餘地和空間，並以深圳正在建設中的前海區為例展示"一國兩制"憲法安排下兩制合作與互補的可能性。

## 一、導言

香港和澳門特別行政區的成立實現了"一國兩制"從政治

建構「一國兩制」憲制：在動態中達至平衡

理念到政治制度與憲政法律制度的轉變。它不僅解決了國家之間的歷史遺留問題，還開創了國內自治與管治制度的新結構和新模式。作為一種新範式，我們可以預示，它應該還有進一步擴展的餘地和空間。

事實上，"一國兩制"還在充實發展之中。2006 年 10 月 31 日，十屆全國人大常委會第廿四次會議通過了《關於授權香港特別行政區對深圳灣口岸港方口岸區實施管轄的決定》，授權香港特區政府在位於深圳境內的港方口岸區範圍內實行全封閉管理，在口岸區內實施香港法律，並由香港的執法人員管理。"一地兩檢"得以在口岸正式開通時實行。2009 年 6 月 27 日，十一屆全國人大常委會第九次會議通過《關於授權澳門特別行政區對設在橫琴島的澳門大學新校區實施管轄的決定》，授權澳門特區對設在橫琴島的澳門大學新校區實施管轄，橫琴島澳門大學新校區與橫琴島其他區域實行隔離式管理，或分割式管轄。橫琴島將實施"一島兩制"。

"一地兩檢"與"一島兩轄"已經成為"一國兩制"憲政框架與範式下的一個新亮點，無疑是豐富和拓展了它的內涵。本文在此將對照分析這兩項新舉措的憲法基礎，以及隨之提出的理論與實踐問題。

## 二、深圳灣口岸"一地兩檢"

### （一）實際考慮與立法

"一地兩檢"之地位於深圳灣口岸。深圳灣口岸（又稱深圳灣旅檢大樓）是廣東省深圳市與香港特區之間一個陸路邊境口

岸，位於深圳市南山區東角頭對開的填海地。口岸佔地 117.9
公頃。通過深港西部通道（即深圳灣公路大橋），口岸連接香港
新界西北部的鰲磡石。[1]

中央政府批准在深圳灣口岸實施"一地兩檢"有著淺層和
深層的考慮。就淺層而言，這是出於現實的交通需要。正如〈深
港聯姻：深圳灣口岸試水一地兩檢〉一文指出，"制度創新是為
瞭解經貿之渴"。[2] 早在 1997 年香港回歸之前，為了緩解日益增
長的深港經貿物流給已有關口造成的通關壓力，深圳就提出了
在深圳灣海域建設深港西部通道的設想。據報導，深圳在 1996
年就成立了深港西部通道工程籌建辦公室。2000 年深圳灣公路
大橋的建設模式敲定之時，深港就在一定程度上達成了"深港
雙方共同建設，以粵港分界綫為界，各自投資，共同建設，各
自管理，各自擁有"的合作原則。然而，時至 2004 年粵港合作
聯席會議第七次會議時，西部通道的名稱定為"深圳灣口岸"。
同時，為了適應粵港兩地經濟發展及對外交往的需要，粵港雙
方認為口岸有必要實行 24 小時通關，新口岸將嘗試以"一地兩
檢"的形式通關。[3]

關於"一地兩檢"，根據時任深圳海關關長鄒志武的理解，
就是"兩地人流、物流車輛只需在設於深圳一方的聯檢大樓內
檢查證件及辦理清關手續，便可順利過關，不必在港區境內再
檢查一次"。除了人車通關方便快捷之外，"一地兩檢"還有一
個遠期目標，那就是，深港雙方能夠互認查驗結果，實現通關
資訊共用，查驗設備生成查驗圖像共同分析、結果互認，組建
反走私資訊交換中心，聯合打擊跨境走私等多方面合作。就在
2007 年 2 月 6 日，香港特區政府發言人評價"一地兩檢"的意

義在於，"方便快捷和有效率的服務，目的是有助促進跨境人流和物流，並提高香港作為地區商貿和物流樞紐的地位。"[4]

全國人大常委會於 2006 年 10 月 31 日《關於授權香港特別行政區對深圳灣口岸港方口岸區實施管轄的決定》體現了這一考慮，指出這是 "為了緩解內地與香港特別行政區交往日益增多帶來的陸路通關壓力，適應深圳市與香港特別行政區之間交通運輸和便利通關的客觀要求"。[5]

從深層意義或長遠目標來看，"一地兩檢" 是為了促進粵港、珠三角、乃至南中國板塊經濟與社會發展的一個具體步驟。回歸以來，中央政府一直關注和支持香港和澳門兩個特區的發展（如 "更緊密的經貿安排"，Closer Economic Partnership Arrangement，簡稱 CEPA[6]），一直支持港澳與珠三角（如國家發展和改革委員會公佈《珠江三角洲地區改革發展規劃綱要 2008—2020》[7]）乃至泛珠三角各個省份的合作（如 "9 + 2" 泛珠三角區域合作[8]），希望將港澳的發展納入全國發展的宏圖之中，以提升國家的整體實力。值得指出的是，香港特區政府對區域經濟合作與發展的認識是經歷了一個猶豫不決的過程後方才提升到這一新的層次的。2012 年 12 月 7 日，行政長官梁振英明確表示："香港的經濟關係，由於我們是一個高度開放的社會，主要有兩個方面：一個是國際經濟關係，一個是我們對中國內地的經濟關係，兩者都同樣重要。但是由於中國內地是世界經濟最大的一個亮點，自從改革開放之後，發展速度十分高，而且國家一直給香港大力的支持，因此內地的經濟發展，應該說，是為我們的工商界提供了不少優質的機會，因此更加值得我和特區政府的高度重視。"[9] 這種認識和定位無疑是準確的。

從國家發展長遠之計和戰略高度出發，全國人大常委會在《決定》中指出，"在深圳灣口岸內設立港方口岸區，專用於人員、交通工具、貨物的通關查驗，是必要的"，除交通因素之外，還能夠"促進內地和香港特別行政區之間的人員交流和經貿往來，推動兩地經濟共同發展"。

於是，全國人大常委會決定：

一、授權香港特別行政區自深圳灣口岸啟用之日起，對該口岸所設港方口岸區依照香港特別行政區法律實施管轄。

香港特別行政區對深圳灣口岸港方口岸區實行禁區式管理。

二、深圳灣口岸港方口岸區的範圍，由國務院規定。

三、深圳灣口岸港方口岸區土地使用期限，由國務院依照有關法律的規定確定。

### （二）適用香港基本法第 20 條以突破現行法律

全國人大常委會的上述決定已經突破了現有的法律界限。第一突破點是，自授權香港特區自深圳灣口岸啟用之日起，香港將對該口岸所設港方口岸區依照香港法律實施管轄。也就是說，在深圳的地面上實施香港法律，香港享有"域外管轄權"和"域外司法管轄權"（Extraterritorial Jurisdiction）。

由於全國人大是主權機關，是"最高國家權力機關"，其常設機關為常務委員會；[10] 全國人大及其常務委員會共同"行使國家立法權",[11] 因而有權授予香港特區這一特別權力（Power）和特權（Prerogative）。香港基本法第 20 條規定，"香港特別行政區可享有全國人民代表大會和全國人民代表大會常務委員會及中央人民政府授予的其他權力。" 這也構成全國人大常委會授權行為的直接法律依據。從憲法角度觀之，香港特區越境管轄已經具有充分的合憲性基礎。

為了落實上述《決定》的第二條和第三條，即 "深圳灣口岸港方口岸區的範圍" 和 "深圳灣口岸港方口岸區土地使用期限"，國務院於 2006 年 12 月 30 日在致廣東省人民政府和香港特別行政區政府的《關於授權香港特別行政區實施管轄的深圳灣口岸港方口岸區範圍和土地使用期限的批覆》（國函 [2006]132 號）中給予了答覆。

國務院的《批覆》是：

一、深圳灣口岸港方口岸區範圍包括港方查驗區和與之相連接的深圳灣公路大橋部分橋面。港方查驗區總用地面積為 41.565 公頃（具體以界址點座標控制，詳見附件 1）。深圳灣公路大橋部分橋面是指從港方查驗區東南部邊界至粵港分界的部分（具體以界址點座標控制，詳見附件 2）。

二、深圳灣口岸港方口岸區的土地使用權，由香港特別行政區政府同廣東省深圳市人民政府簽訂國有土地租賃合同，以租賃的方式取得，土地使用期限自口岸啟用之日起至 2047 年 6 月 30 日止。經雙方協商並按程序報經國務院批准，可提前終止土地使用權或者在租賃期滿後續期。

另一突破點是，香港特區政府同深圳市人民政府簽訂國有土地租賃合同，以租賃的方式取得使用權（管轄權則是由人大常委會授予的）。然而，使用期限截至於 2047 年 6 月 30 日，即香港作為特別行政區的終止日。就土地跨境租用而言，民法和物權法可能有自己的解讀。

### （三）香港特區立法

鑒於香港與內地（在此指廣東省和深圳市）立法體制自行其是，香港特區必須特別立法方能完成 "一地兩檢" 的落實程序。2007 年 4 月 25 日，香港特區立法會通過《深圳灣口岸港方口岸區條例》（香港法例第 591 章），為特區在深圳灣口岸內設立港方口岸區提供法律依據。法例於當月 27 日刊登特區憲報。

《深圳灣口岸港方口岸區條例》規定，"本條例旨在宣佈一個位於內地深圳灣口岸的地域為深圳灣口岸港方口岸區；使香港法律適用於深圳灣口岸港方口岸區以及就法院在這方面的司法管轄權訂定條文；擴闊某些權利和義務的地域界限至包括深圳灣口岸港方口岸區；就某些在深圳灣口岸港方口岸區被宣佈後製備的文件訂定輔助其釋義的條文；以及為相關目的訂定條文。" [12]

在口岸地區實施的 "香港法律"（Laws of Hong Kong）是指 "指當其時在香港施行的、在香港具有立法效力的、實施範圍擴及香港的或適用於香港的法律，包括基本法第十八條指明的所有香港法律來源"。[13]

關於 "香港法律適用於港方口岸區"，《條例》規定：[14]

（1）除在任何於有關日期當日或之後制定或（如屬附屬法例）訂立的成文法則另有訂定的範圍內，香港法律適用於港方口岸區。

（2）為香港法律適用於港方口岸區的目的，港方口岸區視為位於香港以內的地域。

（3）如某成文法則——

（a）只適用於香港某特定地域；或

（b）藉提述香港不同地域而適用，

則為決定該地域是否包括港方口岸區的目的，港方口岸區視為以其名稱為名而位於新界以內、新九龍以外的地域。

關於"港方口岸區內的土地視為政府土地"，《條例》明確：[15]

（1）就香港法律適用於港方口岸區而言，儘管港方口岸區的土地使用權如弁言第（3）（b）段所述是以租賃的方式取得的，在港方口岸區以內的土地視為位於香港以內的政府土地的一部分。

（2）任何港方口岸區以內的土地的權利或權益，如已憑藉在有關日期當日或之後進行的交易而處置，則視為直接或間接（視屬何情況而定）得自特區政府的權利或權益。

關於"法院的司法管轄權"，《條例》申明：[16]

（1）法院具有司法管轄權聆訊和裁定因本條例的施行而產生的任何民事或刑事訟案或事宜，一如它就香港法律在香港的施行而具有司法管轄權一樣。

（2）在不損害第（1）款的一般性的原則下，法院具有權力作出裁定、賦予或委予某項地域界限局限於港方口岸區或包括港方口岸區的權利或義務的法院命令。

到此，全部中央立法和特區立法程序完畢。2007 年 7 月 1 日，國家主席胡錦濤出席了深圳灣口岸開通儀式。在儀式上，香港特區行政長官曾蔭權致辭指出："深圳灣口岸是深港之間第四條陸路跨境通道，它把深圳蛇口與香港新界緊緊連接起來，對於促進香港與內地的人流和物流將發揮十分積極的作用。深圳灣口岸是深港合作的成果，是中央政府大力支持的結果，是'一國兩制'下又一個成功的標記。"國務委員唐家璇認為："深圳灣口岸的正式開通，一定會成為香港與深圳以及內地其他地區加強合作、互利共贏的一個新起點。[17]

### 三、橫琴島"一島兩轄"

#### （一）眼前的和長遠的考慮

全國人大常委會決定授權澳門特區依照澳門特區法律對橫琴島澳門大學新校區實施隔離管轄是有先例可循的。這先例就是深圳灣口岸"一地兩檢"。同樣，實行分割式的"一島兩轄"也是出於眼前的和長遠的考慮。

眼前的需要是為澳門大學發展尋找空間。2009 年 6 月 27

日，十一屆全國人大常委會第九次會議聽取了國務院港澳事務辦公室副主任周波受國務院委託對《關於提請審議授權澳門特別行政區對橫琴島澳門大學新校區實施管轄的議案》所作的說明。周波表示，目前澳門大學（公立）校園面積難以適應在校學生的數量，學校發展受到嚴重制約。鑒於澳門地域狹小，已無適合的土地供澳門大學擴建，澳門特別行政區提出，希望在珠海市橫琴島為澳門大學提供新校址，並由澳門特別行政區依照澳門特別行政區法律實施管轄。[18]

橫琴島是珠海市第一大島，與澳門三島隔河相望，最近距離僅兩百米。全島面積八十六平方公里，是澳門現有面積的三倍。根據規劃，橫琴島有近五平方公里的土地將作為粵澳合作專案地。[19]而據澳門大學介紹，橫琴島的澳大新校區，初步計劃佔地一至一點四平方公里，建築面積約一百萬平方米，擬採取封閉式管理。澳大擬在橫琴建設的新校區位於橫琴島東部，將設置六至九個學院，建成後最終規劃規模為一點五萬人。[20]

從深層次看，搬遷澳大是珠三角規劃綱要中粵港澳合作項目之一。早在回歸前，有論者就提出了"橫琴開發與澳門未來"的問題。[21]中央初步決定，將橫琴島上約五平方公里的土地作為粵澳合作專案地。其實，泛珠三角橫琴經濟合作議題早在 2004 年就已提出。[22]2004 年底，廣東省提出將橫琴島創建為"泛珠三角橫琴經濟合作區"。2005 年粵澳合作聯席會議確定，以"泛珠合作，粵澳為主力"方針開發橫琴。當時還完成了《泛珠三角橫琴經濟合作區的專案建議書》。兩年後即 2006 年 11 月，廣東省又通過了《橫琴島開發建設總體規劃綱要》。然而，合作還存在制度性障礙。廣東省政府發展研究中心原副主任王利文解釋說，橫琴島之所以一直停留在討論的層面，主要原因是管轄許可權、開發主體和定位都存在很多爭議。橫琴也因為這樣不斷地被修改、被閒置而成了“橫”在所有人心底的一道坎。直到 2009 年初國務院正式批發《珠江三角洲地區改革發展規劃綱要（2008 — 2020 年）》為止，橫琴開發議題終於取得實質性突破。[23]

此外，中央政府還有更長遠的考慮。那就是，不同於香港，澳門主要依賴於博彩與旅遊，產業單一。其發展必須走出單一模式，應該發展除此之外的其他實體經濟，否則整個社會的經濟基礎將會是不穩定的。不久前的金融危機證實了這一認識的正確性。中國區域經濟學會副會長陳棟生指出，橫琴島的開發豐富了粵澳合作的內容，也利於澳門產業適度的多元化，使澳門除了博彩業之外的其他實體經濟也得到發展。[24] 從泛珠三角發展的宏觀圖景之下，加深澳門和毗鄰地區的合作、經濟與內地深層次整合是必要的，中央政府的支持也是必需的。

2009 年 6 月 24 日，國務院常務會議討論並原則通過《橫琴總體發展規劃》，將橫琴島納入珠海經濟特區範圍，對口岸設置和通關制度實行分綫管理。會議指出，珠海市橫琴島地處珠江口西岸，毗鄰港澳，與澳門河相望。推進橫琴開發，有利於推動粵港澳緊密合作、促進澳門經濟適度多元化發展和維護港澳地區長期繁榮穩定。會議決定，將橫琴島納入珠海經濟特區範圍，對口岸設置和通關制度實行分綫管理。要通過重點發展商務服務、休閒旅遊、科教研發和高新技術產業，加強生態環境保護，鼓勵金融創新，實行更加開放的產業和資訊化政策等，逐步把橫琴建設成為“一國兩制”下探索粵港澳合作新模式的示範區、深化改革開放和科技創新的先行區、促進珠江口西岸地區產業升級的新平台。會議要求國務院各有關部門和廣東省加強指導和協調，明確分工，完善機制，落實責任，共同做好規劃組織實施工作。[25] 國務院常務會議同意澳門特區關於將澳門大學遷址到珠海市橫琴島的請求，建議由全國人大常委會作出決定。

參與起草香港、澳門基本法的中國人民大學許崇德教授表示，按照中國法律規定，一般縣、市級之間地域管轄的調整由國務院決定，此次由全國人大常委會審議授權澳門特別行政區對橫琴島澳門大學新校區實施管轄的議案，因涉及 "一國兩制" 等問題，故需經最高國家權力機關授權。[26] 這與本文前面論述到的 "一地兩檢" 具有同一邏輯基礎，符合法理、憲法和立法程序。

有學者敏銳地看到，"一島兩轄" 將創造一種 "多贏" 的新局面。金貽國認為，"橫琴這一步棋對下好珠澳乃至珠三角區域經濟發展整盤棋而言，都是一次具備實質內容的試水，也是一種多贏。" 橫琴的發展不僅有助於珠海，對於一江之隔的澳門也意義深遠。作為彈丸之地的澳門的發展需要國家支援，澳門自身的發展也可以通過橫琴島開發來加以提升。至於澳門大學在橫琴設立校區，金貽國認為，"這可以看作珠澳同城化的一個先頭項目。城市的競爭力歸根到底是文化的競爭，文化項目往往可以起到龍頭的作用。這個專案對珠海地區的科研水準提升至關重要。現在一個地區的最重要的競爭力是現代服務業，文化專案可以在其中發揮龍頭作用。澳門大學橫琴新校區的建設對澳門是一種支援，對珠海以及珠三角培養具有國際視野現代服務業人才也是件大好事。"[27]

### （二）人大常委會決定

2009 年 6 月 27 日，十一屆全國人大常委會第九次會議通過
《關於授權澳門特別行政區對設在橫琴島的澳門大學新校區實施
管轄的決定》。《決定》包括以下內容：

一、自橫琴島澳門大學新校區啟用之日起，在本決定
第三條規定的期限內，對新校區依照澳門特別行政區法律
實施管轄。

橫琴島澳門大學新校區與橫琴島的其他區域隔離管
理，具體方式由國務院規定。

二、橫琴島澳門大學新校區位於廣東省珠海市橫琴口
岸南側，橫琴環島東路和十字門水道兩岸之間，用地面積
為 1.0926 平方千米，具體界址由國務院確定。

在本決定規定第一條的期限內，不得變更新校區土地
的用途。

三、澳門特別行政區政府以租賃方式取得橫琴島澳門
大學新校區的土地使用權，租賃期限自新校區啟用之日
起，至 2049 年 12 月 19 日止。租賃期居滿，經全國人民代
表大會常務委員會決定，可以續期。

人大常委會的授權決定也突破了現行法律，直接授權特區
對澳門大學新校區依照澳門特區法律實施管轄。於是，澳門特
別行政區因此享有全國人大常委會授予的新權力（澳門基本法

第 20 條）。

　　該《決定》也附帶有限制性條款：一是期限限制，該授權有效期直至 2049 年 12 月 19 日——即澳門特別行政區終止之日——止；二是地域限制，界址劃分由國務院另行規定之；三是用途限制，即劃撥土地用作澳門大學擴大辦學。其中第三點特別重要，這可以防止特區濫用土地使用權，如發展房地產項目，或用於其他商業目的。


### （三）探討"一島兩轄"之意義

　　人大常委會決定通過後，輿論進行了廣泛報導。有人稱這一做法是"創新一國兩制"。[28] 也有論者認為，"橫琴島澳大校區建成後的四大歷史意義"：（1）政治意義：創新理解"一國兩制"；（2）經濟意義：推動兩岸經濟長足發展；（3）文化教育事業：為民族教育注入新活力，也更有利於加快文化交流與融合；和（4）旅遊產業：拉動旅遊業的發展。[29]

　　從其制度上講，這的確是突破與"創新"。由權力機構以特別立法方式實際拓展特別行政區的管轄區域，作者認為這是"以空間換發展"。澳門發展的瓶頸是地域狹小（這次被租賃的橫琴島面積八十六平方公里，是澳門現有面積的三倍）、業務專一（除了博彩、旅遊和誘人的蛋撻之外，不見其他支柱產業），長期發展已經受到制約。

　　從制度創新上講，可以設想一下，如果澳門被證實能夠管理好一島之一半，它就可以管理好全島。到那時，不如再由人大常委會立法授權澳門特別行政區直接管理全島好啦。

　　就直接意義而言，這次博弈的最大贏家是澳門特區和澳門大學。該專案為澳門大學提供了廣闊的發展土地和在粵港澳合作平台層次上的政策優勢。未來的澳門大學將會變成區內規模較大的大學之一。從區域發展層面觀之，批准澳門大學橫琴新校區對珠海以及珠三角培養具有國際視野現代服務業人才也是件有益的大事。當然，這也對澳門大學的管理層提出了新的如何全面提升自己的素質、培養出"具有國際視野現代服務業人才"的挑戰。

## 四、"一地兩檢"和"一島兩轄"充實發展了"一國兩制"

### （一）借力打力促進珠三角協調發展

澳門"一國兩制"研究中心主任、澳門基本法委員會委員楊允中說過，澳門大學方案具有前瞻性，管理模式應該全面體現"先行先試、特事特辦"的精神。應該從創新思維理解"一國兩制"，而不是固定慣性思維。港澳保持資本主義制度是"一國兩制"的基本點，在這個基礎上（其他制度）並不是原地踏步、一成不變，而是可以創新。制定基本法、以"一國兩制"的憲法安排來完成港澳回歸祖國，其根本目的是"為了維護國家的統一和領土完整"（參見兩個基本法序言），"保持香港的繁榮和穩定"（香港基本法序言），"有利於澳門的社會穩定和經濟發展"（澳門基本法序言）。如果達不到繁榮穩定和發展的目的，那才是錯誤理解、違背了"一國兩制"的初衷。[30] 如果對兩個基本法進行目的性解釋，以保證特區的"繁榮穩定發展"為出發點和目的地，上面的理解是正確的。

中央政府前後的兩個具體決策回應了中國區域經濟發展規

劃的需要，可以視為 2009 年初國務院正式批發《珠江三角洲地區改革發展規劃綱要（2008—2020 年）》的實施計劃的重要一環。"先行先試、特事特辦" 就是《綱要》的精神。

實際上，港澳回歸以來，中央政府在支援粵港澳合作發展方面做了很多扎實的工作。但是，很多時候得不到兩個特區的積極回應，有些重大專案（如港珠澳大橋）也是一波三折。當然，從特區各自的利益出發，再加上特區某些人 "閉關鎖國" 或防範內地的心態，這些行為似乎可以得到解釋。但國家發展到今時今日，上述行為又是不可接受的。


### （二）可能出現的問題

隨著香港特區的立法跟進，"一地兩檢" 進展順利，以前的反對聲音也不見了。反對者就把目標指向 "廣深港高速鐵路香港段"，[31] 以及相應的管轄權問題（如 "一地多檢" 或 "多地多檢" 的建議）。

就橫琴島 "一島兩轄" 而言，成功與否有賴於實踐中如何解決管轄權分歧。澳門大學橫琴島新校址的構思是盡可能 "澳門化"：橫琴校區與澳門 "自由通行"，不受內地邊檢監管，校園內法規制度標準等一律使用澳門標準，僅在 "嚴重事故或災難性事件時" 由珠海公安及消防提供協助。

問題是，上述建議仍然是 "概念性設計草圖" 而已。問題可能陸續有來，僅舉幾點以供思考：

首先，按照人大決定，澳門特區政府以租賃方式取得橫琴島澳門大學新校區的土地使用權，租賃期限自新校區啟用之日起，至 2049 年 12 月 19 日止。也就是說，租賃期至澳門特別行政區合法存在日期為止。那之後呢？不能一句“到時再說”就解決問題吧。辦大學是長遠的事業，需要一代又一代管理者、老師和學生的貢獻，因而必須有長遠計劃。這個問題聯繫到另一個更根本的問題，即“一國兩制”五十年不變，那麼五十年之後呢？對這個政策性問題，鄧小平都沒有說得特別明白，[32] 學者更不好回答。

第二，在使用期限內不得變更該校區土地的用途。那麼，由誰來監視這條規定？若澳門大學以解決職工住房為名開發樓盤出售給與大學關聯者（教職員及其家屬），這算甚麼？之後還可以轉售給第三人嗎？

第三，至為根本的問題是法律衝突如何解決？如若校區內一個學生跑到另一邊作奸犯科、又溜回來了，誰來管轄？島內兩地刑事犯罪管轄權如何解決，遣返引渡有否安排，同罪兩地法律的不同適用及其公平性，民事侵權行為哪裏起訴、受理、管轄，等等。有論者將是次授權與 2006 年那次人大常委會授權香港特區對深圳灣口岸港方口岸區實施管轄的決定相提並論（的確，兩個決定的措辭甚至都有可比性），作者以為未必可比。因為口岸區只是一個交通中轉站，基本不會或少有機會涉及到具體的民刑事法律的適用，而未來的澳門大學將會有一點五萬學生入讀，誰能保證他們全部循規蹈矩、不越境實施違法亂紀的行為？

第四，具體的制度設計安排如何保證“一島兩制”的成功。其實，很多觀察者已經看到口岸設置、出入境管理等問題了。以澳大新校區管理為例，資深記者阮紀宏就看到：“澳門大學在珠海橫琴，將會是一個幾千人學習和生活的各種問題，牽涉勞動合同、出入境管理、教科書進關出關、教師與學生的集會結社和言論自由等複雜和敏感問題。即使這些都按澳門法律執行，珠海一方不介入，那麼，一旦發生刑事案件如殺人搶劫，難道要澳門派警察來調查嗎？拘捕的疑犯要遞解回澳門審理嗎？珠海有嫌疑犯跑進澳門大學，珠海警方可以進入校區抓捕嗎？"[33]

第五，如何與珠海特區達成利益分配協定，也很關鍵。有報導說，澳門與珠海曾經就二十四小時通關問題鬧得不愉快了，還要珠海犧牲更多？若真是這樣，對珠海也不公平。何況澳門開發賭場賺錢後不進行開發性投資而每年派發現錢給市民，讓珠海人能不眼紅？[34]長遠看來，如果這些是真的，那麼澳門特區政府應該反省，為甚麼窮人為富人買單。這將會阻礙兩地之間的良性合作發展。

## 五、深圳前海與河套地區：繼續拓展"一國兩制"的空間

"一地兩檢"和"一島兩轄"的確為"一國兩制"提供了發展的新範式和想像的空間，這也反過來證明了"一國兩制"的原則性與靈活性。目前還在施工中仍未徹底定型的深圳前海計劃就借鑒了這種思路，利用了這種"一國兩制"的空間。[35]

自2012年7月1日始，深圳市前海深港現代服務業合作區全面啟動。"這個地處珠三角區域發展主軸，與沿海功能拓展帶十字交匯處的十五平方公里土地，以深圳管理、香港協助的方式，承接的是探索中國改革開放的新路，深港合作新模式，探索轉變經濟發展模式新經驗的特殊歷史使命，更是探索再造香

港的試驗。"[36]

　　目前，深圳人大已經通過了《前海條例》。該條例開宗明義，指出合作區的設立是為了"深化與香港的緊密合作"。在"總則"中強調："前海合作區應當堅持與香港的緊密合作，探索與香港合作發展的新機制、新模式、新途徑，推動與香港融合發展。"《亞洲週刊》資深記者紀碩鳴總結認為，事實上，"前海深港合作，已經超越了傳統的招商引資、中外合資的範疇，更注重的是招商引'制'，中外合'制'"。[37]他講的"制"就是來自香港的經濟和法律制度；之於內地，這也算是制度創新。

　　根據設想，前海將是中國的"法治特區"。前海的軟實力基於法治特區的建設。深港、粵港雙方在前海的合作不是採取共治，"這種以深圳為主、香港參與協助的管理方式，不影響深港合作催生新的制度"。[38]2012年6月16日，深圳國際仲裁院在深圳正式揭牌成立，設立在前海，其理事會成員和仲裁員中來自包括香港在內的境外人士將不少於三分之一。同時，仲裁院還與前海管理局簽訂協定，與前海管理局共同搭建國際仲裁合作平台。前海合作區還將吸收香港永久居民中年滿二十三周歲的中國公民為人民陪審員，參與前海合作區涉港商事案件的審理。前海設想，香港的專業人士如醫生、會計、律師等在前海深港合作區獲得專業認同，"可以在前海合作區從事與資格相對應的專業服務活動"。前海也"支持香港公益性法定機構在前海設立服務平台"，這意味著允許香港的社會組織進入前海。前海準備對香港全方位開放，允許設立獨資國際學校和港資醫院，允許擁有內地資格的會計師、律師可以合夥，以打造深港人才特區。[39] 前海模式還在塑造之中，值得持續關注。

　　然而，究竟是否可以移植香港法律到前海，學者們的意見反而落後於決策部門。2010年底，深圳市人大常委會舉行前海立法研討會，邀請十多位專家和市人大、市政府以及相關政府部門的領導展開討論。根據市人大常委會赴港立法調研組的報告，香港政府有關機構及行業協會建議，在前海地區整體使用香港法律。香港方面還建議，在前海地區，移植國際主流的經濟法律制度，比如公司法、會計制度、銀行業務、反洗錢等。關於司法體制，香港政府有關機構建議，可以考慮在前海設立特別法庭，聘請香港專業人士為顧問，為適用香港法律制度提供專業意見。關於法律適用及爭端解決機制，香港政府及機構、商會、行業協會建議，在前海允許選擇性使用香港法律，及選擇香港仲裁機構。[40]

　　對此，有學者表達了不同看法。深圳大學港澳基本法研究中心董立坤教授就認為，"香港方面提出的建議，我覺得有一些在我們這裏實行起來比較困難"；並說，"我們的法律體系、法律制度是由國家憲法確定的，不用我們現行的法律制度，而把香港的法律制度全部用過來是不可能的。"香港中文大學曹景鈞教授也認為不一定要把香港法律移植到前海，但是，"我們要學香港立法的公開透明，讓香港投資者、國外投資者覺得比較放心。"[41]

　　深圳立法者的意見相對審慎但留有餘地。人大常委會主任劉玉浦表示，前海立法的問題在於，香港的現代服務業和將來國際上的現代服務業要進來，而內地的法律程序和法律法制恐怕不能滿足需要。這就要求，在不違背上位法的情況下進行前海立法時，（法律）還得有一定的創新。（政府）必須為來前海落地生根發展的香港現代服務業提供"一定的法律上的保障"。[42]的確，前海立法及法律移植值得我們進一步思考。可惜，我們很少見到系統的研究成果。

除前海合作區之外，港深之間的落馬洲河套地區開發也可以充分靈活地利用"一國兩制"提供的空間，創造性進行制度創新。深圳落馬洲河套地區（連深圳河舊河道）約佔一百公頃。[43]1997年，深港合作治理深圳河，將彎曲的河床拉直。治理完成後，兩地政府曾就河套地區的歸屬發生過爭議。為此，國務院在1997年7月1日頒發第221號令，就河套區的權屬問題作出澄清，規定業權仍歸深圳所有，而香港則擁有該區域的管理權。[44]

關於如何合作開發這塊土地，深港雙方討論了逾二十年。比如，有專業組織、諮詢機構和政治人物就分別提出過"邊境工業區"、出口加工區、開發區、"特區中的特區"、加工區或大型展覽中心、邊境貿易區等設想。2005年，港深雙方就河套地區的開發擬成立聯合小組，研究河套地區開發的可行性。香港行政長官在2007年至2008年的《施政報告》中宣佈與深圳市合作，以共同利益為原則，共同探討落馬洲河套地區發展的可行性。其後，雙方成立了"港深邊界區發展聯合專責小組"，協調及指引有關落馬洲河套地區規劃和發展的研究。[45]

港深兩地曾分別於2008年6月及7月就河套地區日後可能的土地用途舉行公眾諮詢活動，以搜集公眾意見。港深兩地的受訪者均支援發展高等教育、高科技研發及創意工業等。聯合專責小組認為，河套地區的發展可以高等教育為主，輔以為高新科技設施及文化創意產業而設的研發基建設施。河套地區的發展應按可持續發展的原則進行，以期建造一個跨境人才培育與知識科技交流區。[46]

由於雙方仍未就合作開發方案達成共識，故我們還不能預示將會出現哪些跨境性質的問題，其中哪些問題需要中央政府立法解決或行政協調，哪些只需港深雙方自行達成協議，還有哪些是必需的配套措施。操作中如何處理河套地區土地使用的法理依據，業權與管理權之間的關係，以及相應的利益分配就是一個首要的、急迫待決的問題。但有一點可以肯定，河套地區合作發展既必須遵守"一國兩制"的宏觀原則，又可以利用其下的靈活發展空間。

## 六、結語

經濟全球化使得各個利益攸關方相互依賴程度越來越高，甚至不分彼此。九十年代初，有識之士就提出了"港澳粵經濟一體化"的"大趨勢"。區域經濟合作促成了三地經濟一體化的逐步成型，作者認為"港澳粵經濟共同體"（Community）已經是既成事實。

"一國兩制"的立法原意或宗旨是保持香港澳門兩地的原有社會經濟制度五十年不變。它與區域經濟合作之間從一開始就存在某種張力，因為港澳與內地制度之間有很多不同、不協調、甚至衝突之處。但是，合作又是大勢所趨。為此，制度必須配合適應。為此，我們必須對"一國兩制"持一種"柔性"的和靈活的理解態度，特別是在經濟合作方面。可以預見，在

"一國兩制"的天空下，制度創新還將持續。

　　進而言之，"一國兩制"作為一種憲政制度和秩序具有極大的、極強的生命力，現在要看我們如何進一步維護它並利用它。"一國兩制"可以為制度創新提供框架，並成為創新思路的源泉。

# | 註釋 |

1.　"深圳灣口岸" 詞條，維基百科，http://zh.wikipedia.org/zh-hk/%E6%B7%B1
　　%E5%9C%B3%E7%81%A3%E5%8F%A3%E5%B2%B8；亦見 "深圳灣口岸"
　　詞條，百度百科，http://baike.baidu.com/view/1024272.htm。

2.　黃磊：〈深港聯姻：深圳灣口岸試水一地兩檢〉，《21 世紀經濟報導》2007
　　年 02 月 08 日；同篇文章亦見新浪財經網，http://finance.sina.com.cn/
　　g/20070208/09303323979.shtml。

3.　同上。

4.　同上。

5.　全國人大常委會：《關於授權香港特別行政區對深圳灣口岸港方口岸區實施
　　管轄的決定》（2006 年 10 月 31 日第十屆全國人民代表大會常務委員會第
　　二十四次會議通過），人民網，http://npc.people.com.cn/GB/15017/4982121.
　　html。

6.　中央政府與香港特區政府於 2003 年 6 月 29 日正式簽署《內地與香港關於建
　　立更緊密經貿關係的安排》（Closer Economic Partnership Arrangement，簡稱
　　CEPA）。其主要內容包括三方面：（1）兩地實現貨物貿易零關稅；（2）擴
　　大服務貿易市場准入；（3）實行貿易投資便利化。即：從 2004 年 1 月 1 日
　　起，273 個內地稅目涵蓋的香港產品（涉及食品、藥品、紡織品、電子產品
　　等），符合原產地規則進入內地時，可享受零關稅優惠；對香港擴大服務貿
　　易市場准入，涉及的行業包括諸如管理諮詢服務、會展服務、廣告服務、會
　　計服務、建築及房地產、醫療及牙醫、分銷服務、物流等個七個部門；關於
　　投資便利，規定內地將在通關及電子商務等七個領域簡化手續以便香港資金
　　更加自由地進入內地。除主體文本之外，之後還簽訂了七個補充協定（最新
　　的補充協定簽訂於 2010 年 5 月 27 日）。合作朝著縱深發展。全部文本可見
　　於香港特區政府工業貿易署網頁，http://www.tid.gov.hk/tc_chi/cepa/legaltext/
　　cepa_legaltext.html。

7.　全文見南方網，http://news.southcn.com/gdnews/nanyuedadi/content/2009-01/
　　08/content_4827444.htm。

8.　主題報導詳見明報網站，http://specials.mingpao.com/htm/pprd/cfm/main.cfm。

9.　新聞公報：〈行政長官在廣州出席 2012 年第十一屆香港珠三角工商界合
　　作交流會致辭（全文）〉，http://www.info.gov.hk/gia/general/201212/07/
　　P201212070633.htm。

10. 中國憲法第 57 條。

11. 中國憲法第 58 條。

12. 《深圳灣口岸港方口岸區條例》"詳題"。

13. 《深圳灣口岸港方口岸區條例》第 2 條。

14. 《深圳灣口岸港方口岸區條例》第 5 條。

15. 《深圳灣口岸港方口岸區條例》第 6 條。

16. 《深圳灣口岸港方口岸區條例》第 7 條。

17. 〈胡錦濤首位過關返京深港西部通道正式開通〉,《香港商報》2007 年 7 月 2 日;亦見港澳辦網站,http://www.hmo.gov.cn/public/xghgszn/shb.htm#_Toc171302268。

18. 〈人大授權澳門管轄珠海橫琴島澳大校區〉,新浪網,http://news.sina.com.cn/c/2009-06-27/102418105365.shtml。

19. 同上。

20. 〈國務院建議珠海橫琴島劃地交澳門管理〉,《重慶晚報》2009 年 6 月 25 日;亦見網易網,http://news.163.com/09/0625/06/5CKRH27M0001124J.html;亦見東方網,http://news.eastday.com/c/20090625/u1a4458398.html。

21. 司徒惠芬:《香港與南中國未來》,香港:廣角鏡出版社有限公司 1993 年版,第 29 頁。

22. 〈國務院建議珠海橫琴島劃地交澳門管理〉,《重慶晚報》2009 年 6 月 25 日;亦見網易網,http://news.163.com/09/0625/06/5CKRH27M0001124J.html;亦見東方網,http://news.eastday.com/c/20090625/u1a4458398.html。

23. 〈人大常委會授權澳門管轄橫琴島澳大校區〉,央廣網,http://www.cnr.cn/zhfw/zhfwzt/hqgh/zxxx/200906/t20090627_505381142.htm。

24. 〈國務院建議珠海橫琴島劃地交澳門管理〉,《重慶晚報》2009 年 6 月 25 日;亦見網易網,http://news.163.com/09/0625/06/5CKRH27M0001124J.html;亦見東方網,http://news.eastday.com/c/20090625/u1a4458398.html。

25. 〈人大常委會授權澳門管轄橫琴島澳大校區〉,央廣網,http://www.cnr.cn/zhfw/zhfwzt/hqgh/zxxx/200906/t20090627_505381142.htm。

26. 〈全國人大常委會將審議澳大橫琴校區〉,《南方都市報》2009 年 6 月 16 日;亦見 http://gcontent.nddaily.com/8/3f/83fa5a432ae55c25/Blog/5c3/090086.html。

27. 司徒惠芬：《香港與南中國未來》，第 29 頁。

28. 魏恒．劉羨：〈人人授權澳門管轄橫琴島澳大校區　創新一國兩制〉，2009
    年 06 月 27 日，中國新聞網，http://www.chinanews.com.cn/ga/news/2009/06-
    27/1751633.shtml。

29. 羅凌雲：〈橫琴島澳大校區建成後的四大歷史意義〉，http://blog.ce.cn/
    html/77/109977-309422.html。

30. 魏恒、劉羨：〈人大授權澳門管轄橫琴島澳大校區　創新一國兩制〉，2009
    年 06 月 27 日，中國新聞網，http://www.chinanews.com.cn/ga/news/2009/06-
    27/1751633.shtml。

31. 《蘋果日報》的一篇文章極具代表性。桑普（文化評論人）：〈高鐵計劃五大弊
    病〉，《蘋果日報》2009 年 10 月 13 日。文章提出這五大“弊端”：亂花公帑；
    唯上是從；漠視民權；不聽建言；涉嫌謀私。除第五點可圈可點之外，其餘
    各點無理無據，不值一駁。從某種意義上講，是特區更需要內地作為腹地來
    支撐。該文代表了部分民眾的狹隘心聲，被網上連番轉載。

32. 鄧小平：〈保持香港的繁榮和穩定〉（1984 年 10 月 3 日），載鄧小平：《鄧小
    平論“一國兩制”》，香港：三聯書店（香港）有限公司 2004 年版，第 18 頁。

33. 阮紀宏：〈澳大珠海行使澳門法律，兩地矛盾能否緩和關鍵〉，《明報》2009
    年 6 月 25 日；亦見 http://bbs.qoos.com/thread-1634321-1-34.html；http://
    www.jiesheng.net/viewthread.php?tid=18520。

34. 阮紀宏觀察到：“珠海至廣州輕軌即將完工，一小時可以直達廣州，澳門希望
    分一杯羹，要求接駁澳門輕軌，但珠海的終點站在拱北，而澳門要求接駁點
    在橫琴，由拱北至橫琴對輕軌營運來說是沒有價值的，澳門上書天庭，珠海
    只好研究，但還是要求珠海花錢投資澳門坐享其成的關係。還有，給澳門供
    水供電等等問題，雙方都存在利益矛盾。”同上。

35. 紀碩鳴：〈中國再造新香港，深圳前海計劃曝光〉，《亞洲週刊》2012 年 7 月
    8 日，第 26 卷第 27 期。

36. 同上。

37. 同上。

38. 深圳市前海深港現代服務業合作區管理局經營發展處處長王錦俠與《亞洲週
    刊》的對話。參見同上。

39. 上述資料均來自《亞洲週刊》報導。同上。

40. 參見蔡志軍：〈熱議能否‘移植’香港法律〉，《深圳晚報》2010 年 12 月

31 日，見深圳新聞網，http://www.sznews.com/zhuanti/content/2010-12/31/content_5221341.htm。

41. 同上。

42. 同上。

43. 參見 http://www.pland.gov.hk/pland_en/lmc_loop/tc/c_lmc_03.htm。

44. 關於河套地區的介紹，參見 http://baike.baidu.com/view/1458026.htm。

45. 參見 http://www.pland.gov.hk/pland_en/lmc_loop/c_index.htm。

46. 參見香港特區立法會 CB(1)1875/11-12(06) 號文件：《關於落馬洲河套地區的最新背景資料簡介》（由立法會秘書處議會事務部準備，2012 年 5 月 18 日），香港特區立法會網站，http://www.legco.gov.hk/yr11-12/chinese/panels/dev/papers/dev0522cb1-1875-6-c.pdf。

# 07

# 從 ICAC 談到香港核心價值

原載《中國法律評論》2014 年 12 月第 4 期,第 48-50 頁

●

廉政公署(ICAC)的口號 "香港,勝在有你和 ICAC" 家喻戶曉,深入民心;同時,一句 "廉署請飲咖啡" 也讓人膽顫心驚。

## 一、反貪首長涉嫌貪腐遭遇 "零容忍"

然而,特區反貪部門首長、前廉政專員湯顯明差點就砸爛了廉政公署這塊香港人引以為傲的金字招牌,至少可以說,他讓這塊牌子蒙羞了。

2013 年春,審計署揭發湯顯明在任廉政公署專員期間(2007—2012),頻頻外訪、豪花公帑吃飯、送禮太多等 "貪腐" 事件。審計署報告顯示:五年間,湯顯明先後外訪 34 次,其中 22 次前往內地,耗費近 400 萬(港幣),其中個人開支 76 萬元。他在任內花了 22 萬公帑送禮,共 136 次,禮物金額由 90 元至 1.1 萬元不等。2011 年有兩頓宴請內地檢察院和駐港官員的晚宴均超出晚膳餐費每人 450 元規定上限,為了避過財務規

限，晚宴分拆報賬。晚宴還沒有計算廉署自備的茅台、XO 等名酒。湯顯明是"茅台之友會"會員，豪飲茅台紅臉關公照片也曾出現在本地傳媒頭條。

2014 年 7 月，立法會公佈 278 頁湯顯明事件研訊報告，批評湯顯明任內無慎重審批公務酬酢開支，漠視以公帑款客須節約、避免奢華的原則。他以烈酒款客的做法不恰當，因即使有分寸地飲用，也會令公眾產生廉署人員會否在酒精影響下洩露機密的疑慮。此外，湯顯明在職期間與駐港內地官員交往是否過分密切，或影響公眾對廉署或湯顯明作為專員秉公處理涉及內地官員貪污案件的信心。報告認為他沒有恰當履行管治的責任，欠缺警覺性及作為專員應有的謹慎態度，不符合廉署廉潔奉公的價值，破壞廉署形象，令廉署聲譽蒙羞。

湯顯明錯就錯在他沒有以身作則，違反了防範公職人員和公共機構僱員貪腐的《防止賄賂條例》。湯顯明事發之後，香港民眾異口同聲譴責反貪之首涉嫌貪腐，大眾媒體眾口一詞地披露細節。湯顯明顯然就是"人民公敵"了。人們不禁要問，香港社會為甚麼如此痛恨他。我觀察，這是因為作為反貪之首的湯顯明敢冒天下之大不韙，在灰色地帶鑽法律的空子，可謂知法犯法。也許，上述行為在某些國家和地區稀鬆平常，不就是好茅台那口嗎？但在香港，此等立身不正的行為背離了公眾對廉政公署的殷切期待，欺騙了那些生於斯長於斯的、愛護香港形象的人們的情感，瞬間激發了他們的"零容忍"態度。就此觀之，足見香港社會對公職人員要求極其嚴格，追求管治透明，捍衛"廉潔政府"這一核心價值。

## 二、權力必須關進制度的籠子裏

回歸前，前港英政府財政司司長曾蔭權曾經贈送一個紙鎮給中國國家主席江澤民，紙鎮上刻有香港成功的四大支柱：法治精神、資訊自由、廉潔政府和公平市場。回歸十七年後（編註：本文原發表於 2014 年）的今日，儘管香港社會面臨各種經濟、社會和政治民主化等議題，社會內部意見分歧，但人們仍然堅信香港的核心價值是：法治、自由、市場經濟，並奮力捍衛這些來之不易的價值系統。客觀來看，"廉潔政府" 作為核心價值回歸後受到了挑戰。國際反貪組織 "透明國際" 公佈的貪污指數顯示，香港廉潔指數從 2011 年國際排名第十二位逐年下跌到 2013 年的並列第十五位（另兩位是巴巴多斯和比利時）。

政府高官貪腐敲響了廉潔政府的警鐘。前任行政長官曾蔭權曾經捲入 "富商款待門"，任職期間接受遊艇、私人飛機、紅酒款待，離職前以優惠價格承租深圳豪宅。此舉無疑敗壞官箴，損害了香港廉潔社會的聲譽和形象，同時讓許多市民感到顏面盡失，因之對曾蔭權切齒痛恨。在 2012 年 3 月接受立法會質詢時，曾蔭權沉痛地說："我來的目的不是想換回個人聲譽，而是（挽回）公眾對港府廉潔奉公的信心"；"無論你們是否仍信任我，但千萬不要對香港制度失去信心"。

打擊貪腐、捍衛廉潔政府乃廉政公署第一要務，《廉政公署條例》、《防止賄賂條例》及《選舉（舞弊及非法行為）條例》直接賦予廉署有關權力。第三任行政長官梁振英上任不到兩週，發展局局長麥齊光經由傳媒揭露涉嫌觸犯防賄條例就被廉署請去 "喝咖啡"，後被捕被控串謀詐騙香港政府罪名和代理人使用文件意圖欺騙主事人罪名，旨在詐騙租屋津貼。經法庭審理判決，麥齊光被判處監禁八個月緩刑兩年。

前政務司司長許仕仁與香港新鴻基地產郭氏兄弟涉嫌觸犯防賄條例等罪名也被廉政公署調查，後被落案檢控，具體控罪為：藉公職作不當行為、串謀藉公職作不當行為、提供虛假資料、串謀向公職人員提供利益等。該案正由法庭審理中。許仕仁涉貪案可以從兩方面解讀：第一，有其一必有其二，特區政府存在官員貪腐現象，只是還未發掘出來；第二，"在政治混沌中"，廉署秉公能夠辦理大案，"顯示廉政體制已經成為香港的基因（DNA），捍衛著廉潔的核心價值"。（《明報》社論）

權力與腐敗如影隨形，即使最廉潔的政府似乎也難以逃出阿克頓勳爵提出的"權力導致腐敗，絕對權力導致絕對腐敗"（power tends to corrupt, and absolute power corrupts absolutely）這一鐵律。如上所見，世界上最廉潔的政府之一香港政府也不時陷入官員貪腐、官商勾結的醜聞之中。可見，約束與限制權力之濫用一方面需要打造制度的籠子，另一方面也需要有相應機制將權力關進籠子。當然，一個完善的制度都可能百密一疏，制度的籠子有可能因年久失修而致掌權者有機可乘。湯顯明事件就是一例，事發之後，廉署立即著手修補在公務酬酢、饋贈及外訪制度上存在制度性漏洞和相關規定的灰色地帶，意圖杜絕類似情形再次發生。據說，廉署官員在接待內地代表團時堅決不收受任何紀念品和禮物。

## 三、ICAC 之獨立品格

香港存在一套反貪制度，且行之有效。回到湯顯明事件：從審計署揭發湯顯明涉嫌違法違紀，到媒體輿論窮追猛打、立法會議員連環追擊，再到律政司跟進，要求廉政公署獨立跟進調查，可見香港社會對政府及其官員的監察機制並未缺失，並且依然高效，這也是法治與社會監督體制的映照。由廉署而非警方調查前首長既是制度的要求，又是對制度的信任。

廉政公署的獨立性是其獲得成功的重要原因之一（其他還有法律框架以及輿論監督等）。1974 年 2 月 15 日，立法局通過《總督特派廉政專員公署條例》，公署當日掛牌成立。廉署的英文是 The Independent Commission against Corruption，意思就是"獨立反貪公署"。廉署過去直屬總督，今日直屬行政長官，獨立性自始就是它的身份密碼。反貪機構獨立運作也是一些民主國家的慣例，如澳大利亞。在香港，廉署享有特殊的地位，擁有廣泛的實質性權力，包括調查、逮捕、扣留和批准保釋等，但是起訴權仍然保留給政府律政司。獨立性是指，第一，廉署勿需政府任何其他機關包括警方參與介入調查，從而保證調查過程專業有效、結果客觀公正；第二，廉政機制非政治化，免於捲入政治爭鬥，只認（犯罪違規）事實、法律不認當事人；第三，調查者與被調查者不存在任何利益關聯，如現任廉政專員白韞六並未涉及關於湯顯明的任何投訴所指控的不當行為。現實中，還沒揭發出有政治組織或政治領袖或權貴干預廉署調查之事實。若反貪調查機關直接或間接受制於制度中人或者富豪巨賈，可以想像，那今日之"許仕仁案"就不太可能對準新鴻基地產這種商業帝國，也不可能輕易地將郭氏兄弟帶上法庭受審的。事實上，行政長官也多番指出，一旦調查啟動，他本人也不方便干預運作。

正如西諺云：魔鬼就在細節上（the devil is in the details）。獨立性應該體現在各個環節，以保證反貪的品質，最終能將貪腐者繩之以法。在決定由廉政公署調查前首長湯顯明一案中，律政司為公署選拔負責這次刑事調查的人員提出四點準則，包括調查人員從未有出席或涉及由湯顯明個人安排的任何活動或事項；除了正常廉署人員的公務外，調查人員並沒有直接或間接與湯顯明有任何聯繫或關係；調查人員對湯顯明進行的調查，並沒有實際或觀感上的利益衝突或專業困難；刑事調查的工作和進展，須定時交由負責內部監察與制衡的"審查貪污舉報諮詢委員會"審議。（律政司聲明）

## 四、成功反貪有賴於獨立自由媒體之監督

民眾對政府的信任不能代替監督與制約。監督政府則有賴於法治精神的確立和各種具體法律制度的在位。權力既是天使，也是魔鬼。根據憲政民主制度分配權力，設定權力運作機制和監督體系，完善立法規範權力運作程序和遊戲規則，這一切只是反腐倡廉的制度性基礎。然而，將權力真正置於陽關照耀之下，讓政府行為規範和作為透明化，才能做到有效立體反腐。

香港是一個相對成熟的公民社會，除了成熟定型的普通法體制和法治傳統，透明的政府組織和運作程序，還有代表不同

利益和群體的民間社會和非政府組織（NGO）群體，特別是還有認同不同政治取態和價值觀的傳媒（包括新媒體）。實踐證明，獨立自由之媒體和新聞自由不可或缺，它們是監督政府、公共機構及其公職人員、揭露貪腐、官商勾結的最直接最有效的力量。當然，輿論監督的效果今日還得益於互聯網的推波助瀾。

翻開廉政公署反貪事件簿，若干重大貪腐案件都是由傳媒揭發（另一部分源自舉報），或者由傳媒深耕細作爆發出來的。在當今社會，官員權貴涉嫌犯法無日無之，且犯罪手段和技術越來越高端專業，只靠警方和政府不可能全部發現並追查。而無孔不入的傳媒包括新媒體和獨立自由的傳媒人才可以起到政府起不到的"看門狗"作用（Watch Dog Role）。反之，若沒有媒體的提醒和關注，相信很多案件是不至於引起廉署的密切注意的。

在一個正常的民主的社會，民眾有權懷疑公僕出錯，民眾有權知道公僕是否出錯。"懷疑有傳媒，判斷歸司法"（秦暉語）。立體的媒體覆蓋的確能形成一個監督的天羅地網，它不僅僅可以揭露腐敗，更可以給官員和利益攸關者帶來無形的強大的心理壓力（由此我想到了內地媒體不時報導的個別官員因為"憂鬱症"自殺的事件）。官員和媒體的關係應該是一個願打一個願挨的關係，你既然選擇做官從政就不要怕被注視（Being Watched），這也就是杜魯門總統那句名言的意思："怕熱就不要進廚房"（if you can not stand the heat, stay out of the kitchen）。

善治（Good Governance）是國家治理現代化的目標，廉潔政府是善治的重要指標之一。基於香港的經驗，廉潔政府的建設是有條件的：第一，完善的法治框架，政府架構分權制衡；第二，民眾有知情權，且權利得到法律和司法制度的充分保障；第三，媒體獨立於公權力；第四，獨立的調查機構。廉政公署調查處理的一系列重大案件（如佳寧集團詐騙案、海外信託銀行事件、二十六座問題公屋醜聞、香港聯合交易所新股上市案、律政高官受賄案、程介南以權謀私案、謝霆鋒頂包案、圓洲角短樁案、麥當勞貪污案、陳志雲案，以及上述曾蔭權疑似瀆職事件、麥齊光涉貪案、湯顯明涉貪案和審理中的許仕仁以權謀私案）意義重大，影響深遠。

## 五、相關的題外話

其一，荷馬史詩《奧德賽》裏有"尤利西斯自縛"的故事。故事告訴我們，即使是大英雄，也無法完全依賴於內心的信仰和個人操守。英雄也需要借助外力——尤利西斯自縛的那根繩子——來約束自己免於自己在強大的誘惑面前把持不住。廉政公署就是這樣一根繩子。權力是有巨大誘惑力的，權力本身就是誘惑，掌權者往往頂不住這種海妖式的誘惑，甚至還會毒癮上身。馴服權力僅依靠人性善、依賴個人修養和道德力量肯定是不充分的，憲政和法治才是縛住權力的那根繩子。

其二，習近平曾經指示："要加強對權力運行的制約和監督，把權力關進制度的籠子裏，形成不敢腐的懲戒機制、不能腐的防範機制、不易腐的保障機制"（"三不"機制）。他還在十八大報告中提出"幹部清正、政府清廉、政治清明"的"三清"目標。客觀觀察，中國廉政建設"三不"機制和"三清"目標任重道遠。先不論中國政府近期或中期如何應對，若能夠建立一個香港模式的廉政公署（位高、獨立、依法、專業）也還不失為一個重大舉措。廉政公署的使命宣言是："廉政公署致力維護本港公平正義，安定繁榮，務必與全體市民齊心協力，堅定不移，以執法、教育、預防三管齊下，肅貪倡廉。"對個別字詞稍作修改，這也符合中國政府打造廉潔政府和建設社會主義強國的宏偉願景。

# 政制改革與民主進程

# 白皮書著眼香港和國家未來

原載《大公報》2014 年 7 月 25 日，A12 版

————— • —————

　　發表《"一國兩制"在香港特別行政區的實踐》白皮書，是中央政府管治香港特別行政區的重大舉措。白皮書關注的是大事——我們的大事、香港的大事和國家的大事。香港不是孤島，不是獨立於國家主體之外的地方行政單位，它的存在、繁榮與發展同國家利益、安全與命運息息相關。為此，我們應該關注白皮書，領會白皮書深意，切實落實基本法、踐行"一國兩制"。

　　政府的白皮書是政府就某一重要政策或議題而正式發表的官方報告書；政府通常借此形式表達立場，作出宣示，提出政策導向。由此觀之，白皮書：（1）是一份政策性、觀點宣示文件，代表中央人民政府觀點立場，具有充分權威性；（2）回顧了香港回歸的歷程，總結了"一國兩制"下香港特別行政區取得的進步，列舉了中央政府對香港的支持；（3）系統宣示了中央政府的治港思路，並提出了對特別行政區的期許。

　　儘管白皮書大部分內容都可以從香港基本法條文中找到淵

源，但是它也吸納了近幾年來中央政府關於香港的一些新認識和提法。比如，它突出強調了愛國者治港，治港者要“承擔維護國家主權、安全、發展利益，保持香港長期繁榮穩定的職責”；要求治港者遵循“基本政治倫理”和滿足“基本政治要求”；“循序漸進推進民主，包容共濟促進和諧”，“循序漸進發展符合香港實際情況的民主政制”；和“對於香港特別行政區的高度自治權，中央具有監督權力”等。

白皮書的出台不是空穴來風，自有其道理。我認為：（1）白皮書總結了回歸以來中央治港的經驗和教訓；（2）白皮書旨在應對治港問題上出現的一些似是而非、以偏概全的看法、提法和觀點，包括對“一國兩制”的認識；（3）它要澄清一些理論誤區，如認為“一國兩制”就是高度自治；（4）中央政府調整對港政策和治港思路後，有必要系統地闡釋一下中央政府治港的思路；（5）在政改討論論證階段，藉白皮書提出中央政府的基本立場或底綫；（6）因應國際國內形勢變化，白皮書發出警示，提醒香港特別行政區履行“維護國家安全”這一憲法義務。

白皮書之所以在社會上鬧得沸沸揚揚，主要源於第五部分“全面準確理解和貫徹‘一國兩制’方針政策”提出的一些概念和思路，如全面管治權、均衡參與，還有監督權等。我理解，中央治港思路變化之後，話語系統必須作出相應調整。現在看來，香港社會也有自己的話語系統。兩個系統發生矛盾和衝突，於是社會就激動，就有了激烈反應。以下，我提綱挈領地梳理一下白皮書的治港“新”意和“新”思路。

## 一、提出全面管治權和監督權

白皮書提出："憲法和香港基本法規定的特別行政區制度是國家對某些區域採取的特殊管理制度。在這一制度下，中央擁有對香港特別行政區的全面管治權，既包括中央直接行使的權力，也包括授權香港特別行政區依法實行高度自治。對於香港特別行政區的高度自治權，中央具有監督權力。"以及"中央依法直接行使管治權"。(第二部分)

本段包含如下含義：(1) 白皮書承認兩部分權力劃分：中央政府權力和特區政府權力；(2) 中央的全面管治權派生、包含監督權力；(3) 明示中央權力具有全面性，暗示中央權力具有凌駕性。

香港基本法已經明文列舉了中央各項權力，即除國防、外交之外，還有行政長官任命權、基本法之修改權解釋權、香港立法審查權、全國性法律增刪權、緊急狀態下中央人民政府介入權、國家行為證明權。在"一國兩制"之下，香港特別行政區享有立法權、行政管理權、獨立司法權（包括終審權）、對外事務權，以及根據需要有中央政府授予的"其他權力"。

這次提出"全面管治權"直接將"香港特別行政區依法實行高度自治"置於其下，對香港的高度自治權"中央具有監督權力"。這種提法直接源自中聯辦主任張曉明（編註：時任）〈豐富"一國兩制"實踐〉一文[1]，它有強化中央之於香港管治權力的考慮。這次鄭重地提出全面管治權和監督權主要基於現實政治需要，是對基本法的政治學解讀。作為法律人，我理解，"中央直接行使的權力"和"香港特別行政區的高度自治權"均源於並直接置於憲法和基本法之下。對此,我們要真切把握"一國兩制"之立法原意,同時中央與香港進一步加強溝通和解釋。

### 二、對治港者的政治要求

白皮書堅持以愛國者為主體的"港人治港",要求治港者遵循"基本政治倫理"和滿足"基本政治要求"。原文是:"對國家效忠是從政者必須遵循的基本政治倫理","愛國是對治港者主體的基本政治要求"。"港人治港"是有界限和標準的,這就是鄧小平所強調的必須由以愛國者為主體的港人來治理香港。

對憲法和國家效忠是從政者必須遵循的基本政治倫理。在"一國兩制"之下,治港者"肩負正確理解和貫徹執行香港基本法的重任,承擔維護國家主權、安全、發展利益,保持香港長期繁榮穩定的職責"。愛國是對治港主體的基本政治要求。(第五部分第三點)憲法和政治倫理對國家治理者都提出基本要求,這就是為甚麼各國刑法保留有投敵叛國、分裂國家等罪。今天要求治港者遵循基本政治倫理是不應該受到質疑和反抗的。

白皮書引起尖銳爭論的地方是,它將"各級法院法官和其他司法人員"都列為"治港者",並相應地肩負重任,承擔職責。

從廣義政府角度觀之,司法官作為執法者是政府之一部分,立法、行政、司法共組政府,各享權力,各司其職。如何理解法官愛國這一基本政治要求,以及愛國與司法獨立必然矛盾嗎?這的確需要進一步解釋,以消除疑惑。竊以為,目前社會輿論有意無意混淆了制度安排（法院作為執法者）和價值秩序（如司法獨立與法治）。在目前狀況下，我認為，要求法官宣誓就職，忠實遵循執行基本法、依法決獄斷案、公正廉明就是愛國愛港。就此，我們沒必要繼續文字官司。

### 三、要全面理解"一國兩制"，二者不可偏廢

"一國兩制"是一個完整的概念，對"一國兩制"的理解應該回歸到政治偉人鄧小平那裏。

白皮書指出："兩制"是指在"一國"之內，國家主體實行社會主義制度，香港等某些區域實行資本主義制度。"一國"是實行"兩制"的前提和基礎，"兩制"從屬和派生於"一國"，並統一於"一國"之內。"一國"之內的"兩制"並非等量齊觀，國家的主體必須實行社會主義制度，是不會改變的。（第五部分第一點）

過分，甚至片面強調"兩制"當然不妥，大失偏頗，因為只講"兩制"不講"一國"不僅背離了制度設計的初衷和根本，同樣背叛了"一國兩制"之本義（鄧小平：社會主義中國主體下，允許資本主義的香港存在、繼續繁榮發展）。同樣，我必須指出，一味地突出"一國"也會消蝕掉"一國兩制"之價值和意義。這種傾向現階段發展很明顯，這可以從內地學者和一些高級官員的文章和講話看到讀到。

我們說，資本主義的香港從憲制上屬於中華人民共和國、社會主義中國，這很好理解並必須堅持；如果把它簡單理解為從屬於社會主義具體的（政治、法律和經濟）制度，那兩制就

不是原來意義的「兩制」了。

當然，我們要警惕當今香港社會發展中的、旨在排斥「一國」原則的本土主義和民粹主義思潮。好在，這些思潮還停留在激進思潮階段。只要還是停留在思想和言論階段，我們只需觀察分析預測、分解引導消除負面影響。若激進思潮發展成為激進行動勢力，並且展開有組織的行動，特區政府當依法採取行動制止之。

與對「一國兩制」的理解認識相關，白皮書提出理解香港基本法不能只見樹木、不見森林。

白皮書的觀點是有針對性的。它說：「基本法條文之間不是孤立的，而是相互聯繫的，必須把香港基本法的每個條文放在整體規定中來理解，放在香港特別行政區制度體系中來把握。」針對性在於，因為香港社會有些組織和人物喜歡挑出若干有利條文片面主張權力（Power）和權利（Rights），並無限放大。「一國兩制」作為制度，它是個整體，不能打碎，化整為零，各取所需。

### 四、祭出憲法，提出「憲法和香港基本法共同構成香港特別行政區的憲制基礎」

白皮書提出：「憲法和香港基本法共同構成香港特別行政區的憲制基礎。憲法作為國家的根本法，在包括香港特別行政區在內的中華人民共和國領土範圍內具有最高法律地位和最高法律效力。香港基本法是根據憲法制定的、規定香港特別行政區制度的基本法律，在香港特別行政區具有憲制性法律地位。」

這種提法是有積極和現實意義的。"一國兩制"之下的香港特別行政區是中華人民共和國之一部分,當然需置於中國憲法統率之下。這在政治上名正言順,具有充分正當性,在法理上也順理成章。

當然,人們常問,憲法哪些條文直接適用特區?憲法與基本法如何相適應?這是一個老問題,基本法起草時就已經提出過。基本法草委王叔文教授就提出這樣一個觀點:憲法作為整體適用於香港;判斷憲法條文直接適用香港特區與否當視條文與"一國兩制"二者之間是否直接衝突、抵觸;判斷標準應以"一國兩制"為基礎。

還有另一重要意義,那就是香港特別行政區有維護國家憲法的義務。比如,白皮書數次提出"維護國家主權、安全與發展利益",特區政府和治港者必須對此心領神會。我們在享受憲法權利的同時,也要承擔憲法義務。在此要強調的是,這種提法既申明了香港應該履行憲法義務,也表明了中央對香港的期待。

## 五、在國家安全與國際政治背景之下思考香港的角色定位

白皮書在結語部分特別要求,"還要始終警惕外部勢力利用香港干預中國內政的圖謀,防範和遏制極少數人勾結外部勢力干擾破壞'一國兩制'在香港的實施。"

如果我們記憶不錯的話,前半句話是第一次在中央關於香港的正式文件中提出,有針對性,表明中央政府特別關注"外

部勢力利用香港干預中國內政的圖謀"。2012年張曉明也在他那篇文章中提出過類似思想（"防範和遏制外部勢力干預港澳事務"）。

問題是，哪些勢力是"外部勢力"呢？陳建強認為，"外部勢力"本身有三種意義："第一是中國以及香港特區以外的政治及經濟力量；第二是這些力量以直接競奪香港特區在內的中國的利益為目標，或者在發揮間接影響力為目的；第三是有具體行動。"[2]《亞洲週刊》還配合刊登了兩張照片：美國駐港領事夏千福和英國駐港總領事吳若蘭。其意不言自明。

白皮書事實上表達了一種擔憂，擔心香港和某些香港人自覺或不自覺地成為顛覆中央人民政府和"和平演變"中國的工具了。理論上講，外部勢力利用香港為橋頭堡，進而將影響輻射到內地這不是不可能的，儘管我們普通人沒見到直接證據。國家主權和領土完整涉及到國家的核心利益，觸及到國家的神經，特區政府確有憲法義務參與保障。

白皮書與其說是解決了問題（但是的確澄清了不少觀點），不如說是提出了新問題。比如，我們仍然有必要進一步討論研究落實如下問題：（1）如何全面理解和真切落實中央的全面管治權？（2）"各級法院法官和其他司法人員"究竟如何"對國家效忠"和"愛國"？在如此政治要求的情況下，如何保證司法獨立？（3）在中央改變治港思路之後，如何進一步落實"高度自治"？（4）最近的將來，如何實事求是地、循序漸進地落實"雙普選"？（5）如何認識並維護香港的"核心價值"：自由、法治（包括司法獨立）？

大家，特別是香港人，還應該思考：香港特別行政區之於國家的憲法義務是甚麼？特區如何履行憲法義務？特區在國家建設與發展中扮演何種積極角色？

白皮書是中央政府有感而發。看似突然，實為必然。如果以為白皮書僅僅是針對"6·22 網上公投"、"七一遊行"和可能的"佔中"運動，那麼可以說這種解讀的格局太小了。我以為，白皮書著眼的是香港的未來和中國的未來。

## | 註釋 |

1. 張曉明：〈豐富“一國兩制”實踐〉，載十八大報告文件起草組著：《十八大報告輔導讀本》，人民出版社 2012 年版。

2. 江迅、孫雷：〈專訪：香港專業人士協會主席陳建強　白皮書正本清源對症下藥〉，《亞洲週刊》2014 年第 25 期。

第二章　政制改革與民主進程

# 基本法與特首候選人條件

原載《大公報》2013 年 11 月 21 日，A13 版

—————— • ——————

　　全國人大法律委員會主任委員喬曉陽在 3 月 24 日一次講話中提出，"行政長官必須由愛國愛港的人擔任"；如果未來行政長官候選人 "堅持與中央對抗，就不能當選為行政長官。這是最後的退無可退的底綫"。"三月講話" 實際上提出了中央對 2017 年香港行政長官候選人的政治要求。那麼，怎樣來全面理解行政長官候選人的條件呢？

　　我理解，條件包括兩方面：形式條件和實質條件。基本法第 44 條列舉了行政長官候選人必須滿足的形式條件，或必要條件："香港特別行政區行政長官由年滿四十周歲，在香港通常居住連續滿二十年並在外國無居留權的香港特別行政區永久性居民中的中國公民擔任。" 具體細節可參見《行政長官選舉條例》第 13 條。該條例第 14 條規定了 "喪失獲提名為候選人的資格" 的條件。政界和輿論界對此無爭議。市民最多只會問一下候選人是否已經放棄外國國籍或居留權。

　　而 "三月講話" 提出的兩點，我認為是候選人必須滿足的實質條件，即：候選人不僅必須是 "香港特別行政區永久性居

民中的中國公民”，而且還必須是“愛國愛港”特區居民，不“與中央對抗”的特區居民。

“三月講話”之所以引起軒然大波，那是因為：第一、這兩個標準實踐中不好量度檢測；第二、講話給人政治掛帥的印象；第三、講話有中央為選舉定調的味道。

就如何理解“愛國愛港”而言，我同意他所說，“行政長官必須由愛國愛港的人擔任，是一個關係到‘一國兩制’和基本法能否順利實施的重大問題，講得重些，是一個關係‘一國兩制’成敗的重大問題。”然而，我們首先得承認中央和部分港人對“愛國愛港”認識上存在差異，然後在此基礎上縮小差異、建立某種互信，而忽視這種差異只會讓兩方漸行漸遠。鄧小平在 1984 年曾談到過愛國者的界限和標準，即：“愛國者的標準是，尊重自己民族，誠心誠意擁護祖國恢復行使對香港的主權，不損害香港的繁榮和穩定。只要具備這些條件，不管他們相信資本主義，……都是愛國者。我們不要求他們都贊成中國的社會主義制度，只要求他們愛祖國，愛香港。”我確信，絕大多數港人接受這種定義。

## 一、愛國愛港是特首候選人實質條件

相對而言，“三月講話”卻對“愛國愛港”提出了更多的限定條件。喬曉陽說，愛國愛港“最主要的內涵就是管理香港的人不能是與中央對抗的人，再說得直接一點，就是不能是企圖推翻中國共產黨領導、改變國家主體實行社會主義制度的人”。他還說，“香港回歸以來，中央一直強調行政長官人選要符合三個標準，也可以說是三個基本條件：愛國愛港、中央信任、港人擁護。……講得直白一點，就是不能接受與中央對抗的人擔任行政長官。"實際上，相對於鄧小平講話，似乎縮小了"愛國者"的範圍。

第二，"愛國愛港"主要屬於政治的和政治道德範疇的要求，直接用政治的話語討論容易引起誤讀或誤解。討論"愛國愛港"條件必須回歸到基本法。我們可以從基本法條文中讀出"愛國愛港"這一前提條件的。比如：行政長官必須尊重國家憲制，忠實地落實"一國兩制"；承認香港是中華人民共和國不可分離的部分（第 1 條）；接受中央人民政府的管轄（第 12 條）；反對並制止任何叛國、分裂國家、煽動叛亂和顛覆中央人民政府的行為（第 23 條）；保持香港原有的資本主義制度和生活方式五十年不變（第 5 條）。以上才是行政長官任職的必要和充分條件。

故此，"愛國愛港"就體現為堅持並落實"一國兩制"；反之，該候選人不符合當選條件。

基本法第 43 條規定了行政長官的"雙重責任制"："香港特別行政區行政長官是香港特別行政區的首長，代表香港特別行政區。香港特別行政區行政長官依照本法的規定對中央人民政府和香港特別行政區負責。"也就是說，行政長官必須兼顧中央與特區利益。

"不與中央對抗"條件理解和執行均比較複雜。從政治層面上講，行政長官公然與中央對抗，比如動輒對中央人民政府說"不"或者對國家元首說"你下台吧！"這是行不通的，也是不合憲的。從經濟上來講，不與中央對抗需要具體分析的，這是因為行政長官"是香港特別行政區的首長,代表香港特別行政區",他／她必須出面爭取更多的利益,並為本地利益發聲,只要這種對抗不發展為政治對抗或上升至政治層面就是可以被接受的。也就是說,經濟上的所謂"對抗"可以理解,實際操作中可以有靈活性。

## 二、"不與中央對抗"需作具體分析

在一個民主社會,個人自由(包括言論、信仰自由)得到了法律和制度的充分保證。現實中存在一個理論上的悖論:我們說,普通公民都享有充分的言論與表達自由。那麼,行政長官是否享有同樣程度和範圍的自由?

比較各國憲法實踐,法律可以對公職人員的任職條件施加明文限制。比如,大多數國家總統都要宣誓維護憲法,維護共和體制;很多國家憲法如意大利、法國規定議會立法不得更改憲法共和體制,等等。所以,當候選人決定出選行政長官時,他／她就應該意識到他／她不再是一個普通公民,其行為要受到更多更高層次的制約。從相反的角度看,一旦總統違反憲法和法律(如法國維希政府時執政的貝當元帥)甚至公共道德(如克林頓),憲法都規定了相應的懲治或彈劾程序。

我認為,法律(包括判例法)可以逐步確立事前預防、事中監督和事後懲治的機制。

就事前預防措施而言,法律應該得以進一步完善,如任職宣誓制,賦予宣誓以憲法程序的意義。也就是說,一旦違背誓言,法律就可以啟動某種程序對行政長官予以彈劾並懲戒之。

可惜，現行法律規定不足。

就事中監督而言，必須參照基本法條文執行之。基本法第47條對行政長官的任職提出了如下要求："香港特別行政區行政長官必須廉潔奉公、盡忠職守。行政長官就任時應向香港特別行政區終審法院首席法官申報財產，記錄在案。"此外，第52條舉出了行政長官必須辭職的若干情形。基本法設計時體現了分權制衡的原則，除司法機關之外，立法機關也有權提出彈劾行政長官。如第73條第9款："如立法會全體議員的四分之一聯合動議，指控行政長官有嚴重違法或瀆職行為而不辭職，經立法會通過進行調查，立法會可委託終審法院首席法官負責組成獨立的調查委員會，並擔任主席。調查委員會負責進行調查，並向立法會提出報告。如該調查委員會認為有足夠證據構成上述指控，立法會以全體議員三分之二多數通過，可提出彈劾案，報請中央人民政府決定。"

就事後懲治而言，法律缺位。基本法沒有規定專門針對行政長官的司法程序，如成立最高法庭、特別法庭或共和國法庭，針對行政長官的出賣國家利益等叛國行為予以審判懲戒。就此，國外的經驗可以借鑒。

總之，討論行政長官候選人條件、任職要求等必須從基本法來，回到基本法中去。為了全面落實行政長官的任職條件和要求，基本法或相應法律如《行政長官選舉條例》應該適時修正補充，以最終保證行政長官能夠真正地"愛國愛港"。

# 完善政黨制度　提升管治能力

原載《大公報》2013 年 2 月 14 日，A9 版

———————— • ————————

　　話說 2010 年 10 月初，時年 93 歲的政壇元老鍾士元先生，在接受一電台時事節目採訪時，驟然火滾，罕有地批評政事，認為新設的副局長、政治助理制度無助管治，甚至直指政治新貴是“烏合之眾”，由政府拉雜成軍組成。鍾老先生在節目中表示，新的問責制度不能從根本上改善管治，他認為最重要的是需有政黨政治，尤其是在“特首上場時，可依靠所屬政黨、班子協助執政”。他點評下任特首人選條件時，指出“最重要是有政黨在背後支持”。他舉例，“港珠澳大橋即使意念有多好，但如果沒有政黨支援，都會糾纏多年不能成事。因此未來特首上場時，應儘早公佈未來五年想推銷的政策，讓政黨早日知悉”。

　　無獨有偶。此等言論早在 2002 年亦有所聞，那時正好是行政長官董建華為改善管治困境而推出高官問責制之時。高官問責制，即主要官員問責制，是一種政治委任制度，是董建華於連任第二屆任期（2002 年 7 月 1 日）時推行的改革。據悉，推出該制度的直接考慮是改善由於董建華跟當時的政務司司長陳方安生不睦而致使政策執行受阻的狀態，確立行政長官擁有統

領政策局局長的權力。從制度建設角度觀之,高官問責制是一種政治制度改革,以期在特區建立行政長官組閣制和主要官員政治問責制。它不僅改變了老闆指揮不動資深夥計的局面,客觀上也為推行政黨制度創造了條件。

根據第二任行政長官曾蔭權於 2008 年推出的《進一步發展政治委任制度報告書》,政府架構增設兩層政治委任官員,此即"副局長"及"政治助理"兩個職級。其主要目的是吸納及培育足夠的政治人才,為有志參政的人士提供一個參政發展途徑。比較而言,它只是擴大了政治任命制的基礎。

## 一、特首班底應來自執政黨團

根據基本法,行政長官在香港通過選舉產生,由中央人民政府任命。回歸十五年歷史表明,行政長官在組織政府時擁有實際的組閣權,當然,閣員的任命需要中央政府的首肯。歷任行政長官的班底很多人都是專業人員(如律師、會計師、醫生)出身,儘管他們專業文憑層層疊疊、專業知識豐富、個人形象上西裝革履,但是他們駕馭險惡複雜的政治社會局勢、議會上響應挑釁質疑和為政策打拼的功底、執政時隨機應變的執行能力仍顯不足,主要是因為他們被任命之前沒有經過政治風浪的洗刷和政治烘爐的鍛造。結果是,行政長官的政策制定得再好,所用之人個人能力再精專,政策執行也達不到預期中的目的。

設想一下,行政長官組閣時,除吸納少數專業精英之外,直接邀請來自支持自己當選和與自己理念一致的政黨領袖和政治精英入閣，我想執政和施政效果定然不同。我們知道，政黨制度是伴隨現代民主制度產生的，與代議制和憲政主義的發展息息相關。不管主觀上是否認可，政黨已經成為現代生活的一部分，包括在香港。

政黨是這樣一群人結合形成的有組織的團體，這群人是因為具有共同的信念或者是目標而結合的；這種團體在組織上具有某種程度的持久性。依據薩托利的說法，政黨主要是一種代表仲介和表達工具，即政黨具有代表和表達功能。政黨的代表功能體現為組織選舉並贏得選舉；表達功能體現為形塑民意並代表民意發聲。說政黨代表民意，那是因為它能匯集民意並加以凝聚，縮小個人意見之間的差距，最終達至共識，形成總體目標和政策。除此之外，政黨還有另一項重要功能——精英的形成與吸納，即精英甄別的作用，或者說儲備後備人才的功能。未來的精英如果想被納入高層管治隊伍，往往必須先在政黨中接受一段時間的磨練與考驗。

政黨還可以發揮一項重要作用，那就是公關危機處理。這是因為，政黨能夠動員各種力量，製造或消滅話題，協助政府度過各種管治或公關危機。如果有建制派的傾力協助，今天梁振英的"僭建"危機可能會處理得更快更好。

政府施政效率與政黨的參與程度是分不開的。以香港為例，民建聯和工聯會屬於建制派，類似西方的執政黨，二者的組織架構都是政黨形式的。行政長官施政必須依賴——實際上也依賴於——這兩大政治團體的傾力支持。然而，現行法律卻人為地割裂了二者的政治與組織聯繫，這很難讓外人理解。即使中央政府有這樣那樣的考慮，如擔心行政長官依附於某一政黨或黨團從而間或偏離整體利益或中央利益，或出於防範非建制派（如今日之泛民陣營）取得執政機會，我們必須承認現今制度的實際效果很不理想。

## 二、理順政黨與行政長官關係

香港的政黨制度設計確實別具一格。一方面，香港法例承認政黨存在。在《行政長官選舉條例》中，政黨是指："（a）宣稱是政黨的政治性團體或組織（不論是在香港或其他地方運作者）；或（b）其主要功能或宗旨是為參加選舉的候選人宣傳或作準備的團體或組織，而候選人所參加的選舉須是選出立法會的議員或任何區議會的議員的選舉。" 可見，香港的政黨是為選舉目的而組成的政治性團體或組織；這符合政黨的第一功能。另一方面，行政長官當選後須脫離與所在政黨的關係，或者不能再與任何政黨發生新的（合作與聯盟）關係。《條例》還規定："根據第 28 條獲宣佈在選舉中當選的人，須在該項宣佈作出後的 7 個工作日內：（a）公開作出一項法定聲明，表明他不是任何政黨的成員；及（b）向選舉主任提交一份書面承諾，表明他如獲任命為行政長官，則在他擔任行政長官的任期內——（i）他不會成為任何政黨的成員；或（ii）他不會作出具有使他受到任何政黨的黨紀約束的效果的任何作為。"

《條例》的上述這種規定固然是希望能夠維護行政長官超然獨立中立的地位，鞏固他／她的權威。現在來看，目的並未完全達到，甚至可以說不可能達到。這種法律設計能夠保證行政長官作為特區首長不受政黨利益的約束，對中央政府負責。但是，它不符合一般的政府運作規律和政治現實，因為它沒有考慮到作為政府首長，行政長官必須有自己的政黨或具有相同管治理念的政黨聯盟的傾力支持和庇護。也就是說，行政長官身後必須有執政黨。理論上，支持行政長官施政的民建聯和工聯會還不能算完整意義的執政黨，因為二者的利益並沒有完全重疊。事實上，民建聯和行政長官在個別政策議題上也有角力的時候。

今時今日，與其看行政長官跛腳執政，為何不可以思考如何改善政黨制度，理順政黨與行政長官的關係呢？該是時候了。

---

## "獨立" 絕非香港的選項

原載《大公報》2016 年 10 月 18 日、19 日。本文乃與田飛龍合

著，收入本書時，已取得另一作者授權

●

　　2016 香港立法會選舉落幕，青年本土派異軍突起成為香港政治版圖之新興力量。同時，校園 "港獨" 滲透花樣翻新，大有愈演愈烈之勢。"獨立" 似乎不再是香港公共輿論和政治文化的絕對禁區。

　　建制內外，"港獨" 所依賴的本土主義、民粹主義在港均已走向極端。從陳雲的 "香港城邦論"、"城邦主權論"，到香港大學學生會 "香港民族論"，以及公民黨《十年宣言》、"香港革新論"，再到 2016 年立法會若干本土派候選人明目張膽地將尋求香港 "獨立建國" 作為其政治綱領，這一切使得香港政治生態改觀，政治光譜變得更加錯綜複雜。

　　"獨立建國" 主張將香港民主議題導向統獨議題，將體制內革新進步導向憲制結構競爭，將管治權之爭上升為主權之爭，直接挑戰了中國之於香港的主權權威。"獨立建國" 是違憲的，突破了言論自由的合理界限，與中國悠久的大一統政治文化背道而馳，也與世界憲制演變的整合性趨勢相反，並且缺乏香港

建構「一國兩制」憲制：在動態中達至平衡

主流社會的廣泛支持。"獨立"不是香港的選項，這應是香港民主化與優良管治的基本共識。

## 一、主權不可分離是憲法原則

基本法第 1 條規定香港特區為中華人民共和國不可分離的部分，這是對中國擁有香港主權的法律確認，也是"一國兩制"與基本法體系的憲制前提。如何維護這一前提呢？基本法第 23 條授權香港特區立法維護國家安全，禁止分裂國家等危害國家安全的行為，明示香港特區有維護國家安全的憲法義務。該授權是委託給香港特區的憲制性義務（Duty），而不構成自治權的一部分（Option）。

迄今為止，香港特區尚未能完成第 23 條立法。因而有人認為，只要沒有第 23 條立法，推行"港獨"就不算違法。但這種認識是根本錯誤的，因為主權條款具有根本法地位和直接拘束力，且香港本地法律中《刑事罪行條例》等亦提供了可予援引的條文及判例以反擊煽動、叛逆等與"港獨"具體行為相關的罪狀，只是香港法院習慣於其普通法傳統和人權法理學而迴避適用。

現代主權觀念的創始人讓·博丹（Jean Bodin）提出，"主權是一個共和國所擁有的絕對和永恆的權利。"[1] 在博丹看來，主權是最高的、絕對的和不可分割的。其後，霍布斯、盧梭、黑格爾、施米特等對主權也有論述和擴展。經過幾個世紀的發展，關於主權的理論不斷豐富。通說認為，主權是國家"獨立"自主地處理對內對外事務的最高權力。[2] 主權是現代國家最基本的要素之一，因而世界各國對主權十分重視，對內以憲法確定國家主權，對外互相承認和尊重主權。主權是現代憲政構造的邏輯前提，儘管受到社會契約理論與自然權利觀的限定，但社會契約的首要目的是建構主權基礎，而自然權利之保護需要依賴於主權所提供的理性政府與公權力架構。

中國近現代多災多難的歷史讓中華民族認識到捍衛國家主權和領土完整的重要性。由於憲法的多數條文不適用於香港特區，中國對香港的主權更多地體現在基本法中。基本法以三種方式明確了中國對香港的主權：其一，明文規定香港的主權歸屬中國。基本法序言載明，香港自古以來就是中國的領土，中華人民共和國政府於 1997 年 7 月 1 日恢復對香港行使主權。基本法第 1 條規定："香港特別行政區是中華人民共和國不可分離的部分。" 第 12 條規定："香港特別行政區是中華人民共和國的一個享有高度自治權的地方行政區域，直轄於中央人民政府。" 前述規定明確了香港主權的歸屬，也釐清了中央和香港特區的憲制關係。

其二，將具有主權象徵的外交權和防務權交由中央行使。基本法第 13 條第 1 款規定："中央人民政府負責管理與香港特別行政區有關的外交事務。" 第 14 條第 1 款規定："中央人民政府負責管理香港特別行政區的防務。" 此外，第 10 條還規定，香港特區懸掛中華人民共和國國旗和國徽，從符號上明確了中國對香港的主權，以國旗和國徽為國家的直接象徵。

其三，將部分行政權、立法權和司法權保留給中央行使。"一國兩制" 是 "一國" 下的 "兩制"。基於 "主權與治權不可分割" 的立場，基本法在賦予香港特區 "港人治港"、高度自治的自治管理權的同時，也為中央人民政府保留了必要的監控權。就行政權而言，行政長官由中央任命（第45條第1款）、對中央負責（第43條第2款）且執行中央的指令（第48條第8款）。就立法權而言，全國人大和全國人大常委會分別享有對基本法的修改權（第159條第1款）和解釋權（第158條第1款），全國人大常委會享有對香港特區立法的備案權和發回權（第17條第3款和第4款，這事實上是賦予國家權力機關和立法機關一種廣義上的違憲審查權），以及全國性法律在香港特區實施的決定權（第18條第3款和第4款）。就司法權而言，基本法一方面賦予香港特區獨立的司法權和終審權，授權終審法院解釋本法條款，但同時也規定（第158條第3款），當有需要就關於中央管理的事務或中央和香港關係的條款進行解釋時，終審法院應該提請全國人大常委會對有關條款作出解釋。

可以說，上述條款充分體現了中國對香港的主權，沒有給"港獨"留下任何闡釋的法律空間。有論者認為，只要修改基本法第1條，鼓吹甚至推動"港獨"仍然有理，但這種看法混淆視聽，十分荒謬。基本法雖然並非不可修改，但是主權作為香港憲制的根基，是一種不可動搖的基本原則，修改基本法第1條等同於顛覆憲政、肢解國家。

此外，基本法的任何修改將受制於法律的實體性限制。基本法第159條第2款規定，"本法的任何修改，均不得同中華人民共和國對香港既定的基本方針政策相抵觸。""一國兩制"即中國對香港既定的基本方針政策，構成基本法憲制中的根本法或絕對憲法（施米特憲法概念），普通的修法程序不具有憲制正當性來對抗和改變這一政治決斷性要素。

而從立法原意來看，"一國"是"兩制"的前提和目的。在現行的憲政框架下，香港的主權屬於中國，主權不可分割亦不可轉讓。而"港獨"主張是對主權的直接挑戰，明顯違反了憲法和基本法。明乎此，香港司法亦有責任適當反思其既往的司法哲學，而自覺地窮盡本地法律資源以遏制"港獨"對基本法秩序的挑戰和破壞，維護香港法治的根本權威。

## 二、"港獨"逾越言論自由底綫

香港"獨立建國"之提出極大地刺激了香港與內地的敏感神經。"港獨"話語不僅突破傳統禁忌，也挑戰了人們對激進言論的容忍程度。但"港獨"主張者卻宣揚這是行使他們的言論自由權，其支持者也以為屬言論自由範疇，不應受任何壓制。然而，常識表明，權利的範圍是有界限的，其行使往往也會受到一定的法律制約。不論從成文法或判例法、比較法或普通法來看，言論自由都是有限度的。事實上，當前的"港獨"言論已經逾越了言論自由的底綫，且可能已違反基本法、《公安條例》和《刑事罪行條例》中的相關規定。

"言論自由"經常作為"表達自由"的同義詞來使用，包括（狹義的）言論自由、新聞出版自由、集會遊行示威自由、藝術自由、網絡表達自由。言論自由是自由社會享有的一項帶有普遍性、根本性的權利，它的存在為其他權利和民主自由的保障提供了可能性。作為權利，它包含三層意思：應有權利、法定權利和現實權利。

關於言論自由的限度存在兩種立場或主張，即絕對主義和相對主義立場。前者認為所有言論自由不可限制，而後者認為言論自由可以克減。事實上，各國際性或地區性人權公約和主要民主國家的立法與司法實踐都支持相對主義立場。最為權威的《公民權利和政治權利國際公約》（或稱 1966 年《人權公約》）第 19 條規定人人有發表自由之權利，同時也載明需依法對言論自由予以某種限制。概而言之，言論自由的範圍不是無限的，權利的行使受制於公共利益和私人利益。前者是指國家安全、國內秩序、善良風俗和司法權威等，後者包括個人的名譽權、隱私權、財產權以及受到公平審判的權利。

與此同時，各國成文憲法也多對言論自由作了規定，呈現出以下幾個共性：第一，幾乎全部憲法都莊嚴宣示公民享有言論自由權或表達自由權。第二，絕大部分憲法都堅持任何對表達自由權的限制必須遵從法定原則。第三，納入"不得"條款，即行使憲法權利時"不得"違反或損害國家利益和 / 或他人合法正當權益。第四，規定"禁止"條款，即出於國家和公共利益，禁止發表某些性質和內容的言論。第五，從文本來看，二十世紀後期的憲法大多參照了《歐洲人權公約》第 10 條或《人權公約》第 19 條的表達結構和方式：即條文首先都宣示表達自由權利及其不可侵犯性；之後，條文提出，出於合法、正當目的，公民行使相關權利不得侵犯或損害國家、社會利益或他人合法正當權益；最後，條文可能還會特別提出禁止性規範內容。

有論者認為，對言論自由的限制，僅存在於大陸法系或共產主義國家，但這也是一種誤解。其實，在普通法下，言論自由也是有界限的。《表達、結社和集會自由：最佳實踐指南》的編纂出版，旨在為英聯邦成員國（基本上都屬於普通法法域）

提供實踐指南。

《指南》提出"所有經檢閱的文獻都允許依法對表達自由施加限制。除《非洲人權和人民權利憲章》外，所有其他文獻都只允許在規定的理據之上施加限制，這些理據包括：保護他人的名譽和權利，國家安全，公共秩序，公共衛生和道德"。[3]《指南》還指出："儘管可以依照上述條件施加限制，《公民權利和政治權利國際公約》第 20 條和《美洲人權公約》第 13 條第 5 款也強制要求國家禁止任何煽動戰爭的宣傳，和構成煽動暴力、敵意和歧視的，旨在懲處國家、種族、宗教仇恨的言論。"

作為普通法系的一員，香港也概不例外。就表達／言論自由權而言，基本法第 27 條一般性地規定："香港居民享有言論、新聞、出版的自由，結社、集會、遊行、示威的自由，組織和參加工會、罷工的權利和自由。"基本法第 39 條將國際人權公約引入香港人權法，規定：（1）"《公民權利和政治權利國際公約》、《經濟、社會與文化權利的國際公約》和國際勞工公約適用於香港的有關規定繼續有效，通過香港特別行政區的法律予以實施。"（2）"香港居民享有的權利和自由，除依法規定外不得限制，此種限制不得與本條第一款規定抵觸。"由此觀之，國際人權公約要透過本地法來落實，而最關鍵的本地法就是《香港人權法案條例》。

從立法條文來看，《香港人權法案》關於表達自由權的規定是符合現行國際標準的。《香港人權法案》基本照抄 1966 年《人權公約》。《香港人權法案》第 16 條規定："本條第（二）項所載權利之行使，附有特別責任及義務，故得予以某種限制"。從限制的合法性出發，前香港大學憲法學家佳日思（Yash Ghai）

總結認為，任何限制必須滿足三項標準：第一，目的標準，即出於尊重他人的權利和聲譽，保障國家安全，維護公共秩序、公共衛生和道德的目的可以限制言論／表達自由；第二，"必需" 標準，即限制必須為達到上述目的所必需；第三，"法定" 標準，即限制必須為法律所允許。應該說，關於限制的 "三個標準" 是具有普遍性意義的基本原則。[4]

《香港人權法案》實施後，香港法院決定了一批重要的基本法和人權法案例。法院確認／確立了如下一些基本原則：第一，表達自由是一項根本的憲法權利；第二，任何對表達自由的限制都要置於法院的審查之下；第三，限制表達自由的憲法性原則，包括法定原則、必要性原則／要求（或 "必需" 原則）和比例原則。就此而言，香港司法實踐與歐洲人權法法院實踐之間具有很多共通性。

除抽象的基本原則外，香港特區現行法例也對言論自由作出了限制。此外，現行《刑事罪行條例》第 9 條和第 10 條規定：引起憎恨或藐視香港政府，或激起對其離叛，或煽惑他人使用暴力即屬煽動意圖，任何人作出或企圖作出具煽動意圖的行為，或發表煽動文字，刊印、發佈、分發或展示煽動刊物或載入煽動刊物即屬犯罪。

"港獨" 言論挑戰了國家安全，同時威脅社會安定。鼓吹 "港獨" 是對言論自由的濫用，實際上已經逾越了言論自由的底綫，是典型的公共秩序犯罪。

## 三、大一統倫理排除"港獨"

　　我們可以將"港獨"問題放在中國歷史與文化這種大背景、大視野下考察。香港政壇出現主張"獨立建國"的政治思潮與力量，是青年世代國民意識薄弱及對中國文明歷史中"大一統倫理"認知模糊的結果。與上述薄弱和模糊相對的是，香港青年世代接受了以西方基督教和民主政治為基本價值內核的體系化教育，在精神認同上自我識別為西方的價值觀同盟，而在政治實踐上則表現為對中國的排斥與抗拒。西方價值觀確立了權利本位與程序正義，且"公投"（Referendum）又被視為西方處理分離問題的正當性模式，而這些要點恰恰與中國歷史性的"大一統倫理"存在規範性衝突。

　　大一統倫理在中國文明歷史中的確立，及作為塑造與約束中國內部政治行為的歷史憲法規範，不僅嚴格制約著"港獨"、"台獨"、"藏獨"、"疆獨"等邊緣分離取向，而且嚴格制約著中國政治領導人與決策層的政策裁量與選擇。中共領導人深以民族國家統一與富強為己任，深以清政府的割地賣國為恥，有此政治意志及相關的國家實力，香港才得以回歸，"台獨"才不可能實現。香港青年世代不可誤判中國之大一統倫理的規範約束力，及中國政府維護國家主權與領土完整的政治意志力。

　　大一統倫理在中國歷史上的形成與鞏固，受到中國獨特的地理與政治條件的限定和塑造：第一，治水政治學及其憲制的內卷效應，即通過建立共同防治水患的部落聯盟而將主幹水系所及的政治區域及人口整合為一體，所謂母親河不僅僅是灌溉哺育之利，也是團結凝聚之源；第二，儒家文化的禮制憲制與天下理想，即儒家通過建立適合於不同層級的禮制，及界定"修身、齊家、治國、平天下"的人格秩序與"家—國—天下"的政治擴展秩序，成功地賦予治水共同體以文明共同體的價值內涵與政治框架，落實了中華文明的"仁政"內核及王道取向；第三，法家則從國家理性與國家治理能力維度，實現了政治憲法意義上的實質統一與制度構造；第四，中國近現代的苦難歷史與獨特建國經驗，反向刺激和加強了中國的大一統倫理，即近代以來的政府軟弱、軍閥割據和列強欺凌，刺激中國產生了更為強烈的民族危機感和自尊心，加快了中華民族的意識形成和國家建構，放大了大一統在精英責任倫理中的強度和實踐約束力。儘管近代以來革命與運動頻仍，但當代中國政治體制對大一統倫理及其核心制度支架的歷史繼承和延續性不可忽視。

中國歷史雖呈現出"合久必分，分久必合"的經驗面向，也反復驗證著黃炎培所謂的"歷史週期律"，但中國歷史上"分"的時期基本上是分裂、混亂和秩序崩潰的，是國家民族之悲劇與災難，而絕非民主自治之福，而"合"的時期則對應於王朝新建，萬象更新，天下承平。因此，中國在政治整體上的分與合，有著政治與文化精英對歷史經驗的批判和政治理想的追求之內涵，其取向即為不斷鞏固的大一統倫理。

放置於香港語境觀之，"一國兩制"之所以可能，固然有中英實力對比、中國改革開放借重香港特殊地位，以及中國期望維持香港的"繁榮穩定"等現實因素的考慮，更在於這種憲制安排符合中國歷史上的大一統倫理。大一統理念並不必然要求嚴格的中央集權，而是地方對中央的政治忠誠及其制度安排以及地方承擔維護整體利益的必要憲制責任。高度自治實踐由來已久，也因為符合大一統倫理及有利於整體利益而得以正當化、制度化。

但是，大一統倫理有其嚴格的政治邊界，即反對分離和分裂。香港青年世代如以"獨立建國"為香港前途之選項與方案，既與大一統政治倫理衝突，又破壞了"一國兩制"和基本法的基礎規範，更與維持香港繁榮穩定的根本利益相矛盾。青年世代想象的或寄望的國際干預，恰恰易於激發中國人百年來的集體傷痛記憶與受害者情結。青年世代也必須看清這一事實，儘管內地處於秩序轉型的變動期，但民眾與政府共用大一統倫理、對國家改革發展的預期以及民族復興的願景，這些都是香港所處的"一國兩制"框架內嚴格限制"港獨"議題及行動的壓倒性力量。

## 四、公投分離並非主流

"港獨"思潮在思想與理念上追溯民族自決權和公投正義，故有"香港民族論"提出在先，"公投"倡議配合在後。但是，香港從來不是一個民族。

自決權有著獨特的非殖民化背景和歷史階段性，而公投作為合法分離程序在加拿大魁北克獨立公投和西班牙加泰羅尼亞獨立公投之後，引起了中央權力的強力反彈（加拿大最高法院和西班牙憲法法院對此有裁決），在蘇格蘭脫英公投之後已引起關於正當性的反思，說它逐步式微也不為過。自決權與公投理論無法為"港獨"提供充分的法理與學理依據。

從歷史和法理來看，分離主義與國家憲制之間的衝突由來已久。1750 年代，熱那亞所屬殖民地科西嘉發生獨立運動並取得基本成功，獨立運動領導層邀請盧梭為科西嘉人制憲，遂有《科西嘉制憲擬議》面世，但獨立運動在 1769 年為新宗主國法國所鎮壓。科西嘉個案已開啟非殖民化和民族自決之歷史先河。值得提及的是，拿破崙即出生於科西嘉島，少年時代以獨立派領袖保利為偶像並立志追隨，但後來加入法軍建功立業之後，成功地以"法蘭西認同"取代了科西嘉身份及其分離意識。拿破崙個案也為治理分離主義提供了歷史經驗。在殖民主義上升期，非殖民化和民族自決權很難確立為一種國際法規範。即便在 1860 年代的美國，南方分離主義的治理也不可能引入自決權和公投模式，而是以戰爭形式解決，是為"林肯國家主義"，解決了 1787 年憲法中的雙重主權難題和奴隸制難題，鞏固了美國的自由民主憲政秩序。

自決權的國際法化發生於一戰後期，分別由威爾遜和列寧提出倡議並獲得認可。但自決權主要用於處理一戰崩潰的幾大帝國的政治遺產，隨後才逐步運用於非殖民化。在殖民體系崩潰和殖民地紛紛獨立之後，自決權理論有所式微，特別是世界多數列強皆為多民族國家，存在不同程度的地區分離問題，使得自決和公投受到普遍的警惕和抵制。儘管如此，某些發達國家在民主文化刺激下，還是在一定程度上接納公投程序作為分離主義治理的一種策略。從自決權與分離公投的當代實踐來看，這種成熟於盧梭民主哲學、實踐於非殖民化並沿用於地區分離問題的程序主義路徑的吸引力，在日漸下降，絕不是當代世界的主流趨勢。分離問題並非發展中國家或所謂威權主義國家獨有，而是普遍存在於世界政治秩序之中。即便在發達的自由民主國家，因一人一票的政治平等無法解決 "多數人暴政"
難題，而憲法審查也受到精英政治和整體主義倫理的限定，地
區分離問題依然存在。

從公投實踐來看，主要有：（1）加拿大的魁北克問題；（2）
西班牙的加泰羅尼亞問題；（3）英國的蘇格蘭問題及脫歐問題。

魁北克在 1995 年的公投贊成比例高達 49.4%，刺激加拿大
聯邦緊急引入限制法案，提高公投門檻至 2 / 3 並要求進行聯邦
層面的覆核審議與投票表決，使得魁北克公投分離在法律上基
本沒有成功機會。

西班牙的加泰羅尼亞公投分離與 1978 年的西班牙憲法及地
區自治憲章有關，但西班牙憲法法院拒絕確認地區公投的合憲
性，援引的是西班牙憲法中的國家統一原則，故該地區的數次
公投僅具有民調和請願的非正式意義，而不具有法律效力。

英國本是保守的普通法與代議制典範國家，但近些年在激
進的公投民主文化以及精英政治責任衰退的共同作用下頻繁啟
動公投，是英國政治文化的一次變異，而在蘇格蘭問題和脫歐
問題上的制度性實踐，則為英國的國家統一和經濟體系整合帶
來了嚴峻挑戰。英國脫歐公投之後，世界主流智庫和媒體均在
嚴肅檢討公投民主的非理性及在政治決策中濫用的嚴重後果。
事實上，公投僅僅能夠解決民主決策的形式責任問題，但無法
解決相關決策的實質理性問題。英國是代議制民主的典範，但
脫歐公投是對其政治傳統的自我背叛，此次事件應可引發英國
國內及世界檢討公投民主，重建理性而負責的代議民主。脫歐
公投的巨大負面影響可望為不斷高燒化的公投衝動適當降溫。

2016 年立法會選舉導致青年本土派強勢崛起並進入立法

會，港島區候任議員羅冠聰更是在媒體表示，將在任內推動"港獨"議題及探討香港公投法的可能性。"港獨"大體有三種路徑：一是文化"港獨"，二是軍事"港獨"，三是公投"港獨"。文化"港獨"是精神基礎，軍事"港獨"和公投"港獨"是實現路徑。

現在看來，經過一定時期的理念和輿論準備，以"香港城邦論"、"香港民族論"、"主權論"等為標誌的"港獨"或"準港獨"理論儘管粗糙且無系統論述，卻在青年世代中產生較大影響。軍事"港獨"決不可能，儘管《香港民族論》中有過沙盤推演。在諸多因素制約下，公投"港獨"可能是一種優選策略，屬於法理"港獨"的範疇（這不得不聯想到法理"台獨"舉措）。比如近期有香港人士提出基本法第 1 條可以修改，"港獨"可以合法化，但這些論者完全沒有考慮中國憲法的適用性，完全不顧基本法不是香港的最高"憲法"，而是中央制定的一部適用於香港的全國性法律，其修改權和最終解釋權在中央，香港只具有"諮詢參與權"。同樣，公投行為直接違背基本法，不屬於香港本地立法權範圍。我們清楚看到，香港民主化運動有模仿比照台灣的痕跡，但港台憲制地位和處境迥異，無法想像在"一國兩制"和基本法之下可能制定出一部與基本法相抵觸的香港"公投法"。

即便台灣的《公民投票法》亦存在"中華民國憲法"的高位約束和主權條款的根本法限制，而不可能純粹依據一種公投程序來反噬、篡改甚至顛覆根本憲政體制，更何況外部存在"九二共識"及大陸的嚴正制約和威懾。香港在既往實踐中也有"五區公投"、"佔中公投"等民主形式的實踐，但這些行為都不是法律意義上的公投，而只是對有關行為的牽強附會和扭曲解釋，實質上是民調或請願行為。"港獨"勢力意圖推動"公投"合法化和公投法理"港獨"，在基本法下沒有合法生存空間，根本不是可能選項。

為走出"獨立建國"、"公投分離"的憲制困境，我們可以從西方實踐、歷史經驗及維護基本法秩序出發，提出如下建議：

第一，在憲法理論上檢討過度的權利本位和程序主義，認真對待林肯的"憲法國家主義"，否定地方自治主體的單方分離權，以及基於純粹正當程序的公投法律化進程，維護國家憲法的權威性與秩序理性，設定地方自治權的底綫，恢復、加固和建構"正常國家"的憲法統一權力。

第二，基於上述"憲法國家主義"原理，確立獨立、公投法律的國家的治標之策，即明確公投、獨立程序必須由國家和地方共同合作完成，提高公投門檻，設置國家協商確認程序，將地方公投與人民主權及憲法相連接。而治本之策則在於尋求適當政治時機廢除公投法律，代之以更加完備穩健的自治法律。

第三，完善針對自治權的監督性與合作性憲制程序。這就要求中央檢討既往放任區域自治對分離主義客觀上的誘導效應，對憲法和自治法上明確規定的中央權力加以程序化、制度化和實體化，突出依法監督和依法合作，將自治權及其行使逐步融入到國家統一的管治體系之中。

第四，打通自治地區公民參與國家事務的制度通道，增強國家認同，制約地方認同，避免自治的封建化、隔離化和分離化。在合法保障高度自治權的同時，切不可以為放任自治就無分離之虞，而需要聚焦自治公民的"真正公民化"問題，尋求建立更多的國家法律與自治公民互動連通機制，相互確認合法性及提取忠誠認同資源。

第五，突出法治原則和司法擔當。無論是加拿大最高法院還是西班牙憲法法院，都以明確的憲法解釋與裁決抑制地方分離公投，以法治方式維護了主權統一。司法權是國家權力分支，在制衡其他權力的同時亦分享維護整體憲制秩序的責任。司法保障自由，但並不支持分離，否則就是自我背反。這對深陷"佔中判決"與"旺角判決"，及未來香港本土分離事件訴訟中的香港司法，是一個重大挑戰，但也是其職業更加成熟和更自覺維護基本法的契機。司法不作為甚至放任，必然引發更多的人大常委會釋法，這並非香港法治的理想處境。香港司法應通過自覺的立場認同其憲制責任，擔當起真正的基本法秩序守護者的重大責任。

## | 註釋 |

1. 讓・博丹著，李衛海、錢俊文譯：《主權論》，北京：北京大學出版社 2008 年版，第 26 頁。

2. 曾慶敏：《精編法學辭典》，上海：上海辭書出版社 2000 年版。

3. Commonwealth Secretariat, *Best Practice: Freedom of Expression, Association and Assembly* (Commonwealth Secretariat, 2003), pp. 10-11.

4. Yash Ghai, "Freedom of Expression", in Raymond Wacks (ed.), *Human Rights in Hong Kong* (Hong Kong, New York: Oxford University Press, 1992), pp. 386-387.

# 正本清源談《人權公約》的適用

原載《大公報》2013 年 5 月 24 日，A10 版

　　在圍繞 2017 年特首選舉應該如何組織的問題上，"泛民"陣營和建制派相互纏鬥，勝負還未見分曉。例如，"泛民"指中央如在特首選舉中設預選或篩選，有違普選原則，不符《公民權利和政治權利國際公約》（本文以下簡稱《人權公約》），但基本法委員會委員譚惠珠則提醒，公約有關選舉方法的條文不適用於香港，並指"公約內容也是指選舉權普及而平等，不是說提名權及被選舉權是普及而平等"。觀察香港今日政壇之發展態勢，對立雙方達成一致即使不是天方夜譚，也將會是千難萬險的。本文將依據歷史材料和立法會檔案展開，闡釋到底《人權公約》保留條款是否繼續適用，以及對香港雙普選是否具有法律的約束力。

## 一、《人權公約》問題歷史回顧

　　《人權公約》第 25 條規定："一、凡屬公民，無分第二條所列之任何區別，不受無理限制，均應有權利及機會：（子）直接

或經由自由選擇之代表參與政事；（丑）在真正、定期之選舉中投票及被選。選舉權必須普及而平等，選舉應以無記名投票法行之，以保證選民意志之自由表現；（寅）以一般平等之條件，服本國公職。"英國政府在 1976 年將《人權公約》引申適用至香港時特別加入了下列保留條文："聯合王國政府就第 25 條（丑）款可能要求在香港設立經選舉產生的行政局或立法局，保留不實施該條文的權利。"

1991 年，香港立法局制定了《香港人權法案條例》。也許讀者還記得，英國政府為此還特別修改了《英皇制誥》以配合《條例》的通過。《香港人權法案》第 21 條與《人權公約》第 25 條完全一致，但《條例》第 13 條特別就第 25 條（丑）款訂立的保留條文作出如下規定："人權法案第 21 條並不要求在香港設立由選舉產生的行政會議或立法會。"《條例》還註明該條於 1991 年制定，由 1999 年第 34 號第 3 條修訂。從邏輯上講，在 1999 年之前，關於第 25 條的保留仍然有效。那麼之後呢？

基本法第 39 條訂明，《人權公約》等國際公約"適用於香港的有關規定繼續有效，通過香港特別行政區的法律予以實施。"1997 年 6 月 20 日，中國政府在致聯合國秘書長的照會中稱："根據《聯合聲明》附件一第 11 節及基本法第 153 條的規定，中華人民共和國尚未參加但已適用於香港的國際協議仍可繼續適用。"為此，中國政府通知聯合國秘書長，由 1997 年 7 月 1 日起，《人權公約》適用於香港的有關規定繼續有效。

1997 年 11 月 22 日，中國外交部宣佈，為充分體現"一國兩制"的原則，關於《公民權利和政治權利國際公約》及《經濟、社會與文化權利的國際公約》在香港特區實施情況的報告，會分別呈交予聯合國相關公約的監察組織。三次報告分別於 1999 年、2005 年、2011 年提交，聯合國人權事務委員會剛於今年（編註：2013 年）3 月審議了第三份報告。

## 二、政府堅持保留條文仍然有效

早在人權事務委員會就由英國提交的第四次定期報告發表審議結論時（回歸前），已指出前立法局的選舉制度並不符合《公約》第 2 條第 1 段（平等無歧視享有公約權利）、第 25 條（見上引）及 26 條（禁止歧視）的規定。人權事務委員會於 1999 年在審議特區的第一次報告時重申對此事的關注。在香港特區提交的第二次報告中，特區政府認為，人權事務委員會忽略了《人權公約》引申適用於香港時就第 25 條所訂立的保留條文。當局仍然認為，選舉制度切合香港情況，且沒有抵觸該《公約》中任何適用於香港的條文。這代表了政府對基本法第 39 條的理解。

但該委員會在第二次報告的審議結論中，仍然認為不符規定。特區政府於是作出回應稱："（a）當《公約》於 1976 年被引申至香港時作出了保留條文，就第 25 條（丑）款可能要求在香港設立經選舉產生的行政局或立法局，保留不實施該項條文的權利。這保留條文迄今仍然有效；及（b）儘管這項保留條文繼續有效，全國人民代表大會在 1990 年頒佈《基本法》時，已清楚訂明普選是香港政制發展的最終目標。由此可見，香港民主進程的目的地實在是由《基本法》所確立，而並非《公約》所賦予。中央及特區政府均按照《基本法》的規定及全國人民代表大會常務委員會於 2004 年 4 月作出的有關《解釋》和《決定》，致力達至最終普選的目標。"

2010 年 4 月 28 日，何俊仁議員提出口頭質詢，詢問政府當局對下述事宜的立場：香港特區於 1999 年根據《人權公約》向聯合國提交的第一次報告第 461（b）段載明，功能界別制度只是一項過渡安排。政制及內地事務局局長表示，雖然在《人權公約》第 25 條（丑）款下訂有保留條文，但政府已明確表示，日後的普選模式應符合基本法及普及和平等的原則。

### 三、選舉必須兼顧現實與發展

對上述資料的文本分析有助於我們澄清如下這兩個問題：第一，1976 年提出的保留條款不是特別針對特首選舉。在 1976 年至 1997 年間，港英政府總督不是選舉產生，而是委任。故 2017 年特首選舉的組織應該按照基本法的規定以及全國人大常委會的相關決定進行。第二，人權事務委員會的建議對特區立法會的組成與選舉只有說服力（Persuasive），不應該有直接的約束力（Binding Effect），因為政府堅持認為《人權公約》第 25 條在回歸時並不適用於香港，並且《香港人權法案條例》第 13 條重申了保留。

儘管如此，第一，從長遠考慮，特別是根據基本法確立的特首和立法會最終要達至 "普選產生的目標"，我們不能因此永遠拒絕適用關於普選的一般原則，那就是：普及、平等、直接、秘密投票。也就是說，《人權公約》遲早應該適用於雙普選。第二，根據循序漸進、最終普選的原則和今日的政治現實，2017 年特首選舉只能是由提名委員會產生候選人，然後由香港居民一人一票選出。然而，這種選舉制度是一種特別安排，在提名委員會的代表性、委員會提名機制方面有進一步擴大民主化的改進空間。第三，2020 年立法會選舉如何安排，其實不是一個公約權利問題，而是如何落實基本法和《香港人權法案條例》的問題。若能就政治發展達成共識，可以撤銷《條例》第 13 條關於保留的條款。

第三章

# 人大釋法與香港司法

# 香港法院司法審查權的性質、內涵及其實踐

原載鄒平學等著：《香港基本法實踐問題研究》，北京：社會科學文

獻出版社 2014 年 11 月版，第 425-451 頁

———— • ————

香港基本法規定，香港特別行政區享有"獨立的司法權和終審權"（第 2 條、第 19 條第 1 款）；香港特區法院除繼續保持香港原有法律制度和原則對法院審判權所作的限制外，對香港特區所有的案件均有審判權（第 19 條第 2 款）。香港回歸後的司法實踐證實上述規定得以貫徹實行，但同時暴露了"一國兩制"之下兩制之間的激烈摩擦和衝突，這也突出表現在特區法院的司法審查權／管轄權方面。本文主要探討基本法下特區法院司法審查權的確立及其依據，揭示司法審查權的性質和內涵，最後透過成文法和判例法為司法審查權劃定權力邊界。本文特別評述了學術界目前的主流觀點。

## 一、香港法院司法審查權：基本法依據與判例法基礎

### （一）香港法院的憲制地位由香港基本法確認

1990 年 4 月 4 日，中華人民共和國第七屆全國人民代表大會第三次會議通過了《中華人民共和國香港特別行政區基本法》。香港基本法是根據中國憲法第 31 條制定的，是中華人民共和國為落實"一國兩制"原則，確立香港特別行政區的政治、經濟、文化等基本制度的規範性文件。它釐定了中央機關（The Central Authorities），包括中央人民政府，與香港特別行政區之間的政治與法律關係，規定了特別行政區政府各權力之間的關係及運作規則，設定了特別行政區居民的權利、自由和義務。從其法律性質上講，香港基本法是一部憲法性法律。[1] 許崇德教授也認為，"香港特別行政區基本法、澳門特別行政區基本法是由全國人民代表大會制定的基本法律。其地位僅僅次於憲法而高於其他的規範性文件。"[2]

作為香港特區最高位階的法律，香港基本法有其特殊性的一面。"《基本法》既是全國性法律，又是特區的憲法。"[3] 事實上，"當香港特別行政區於 1997 年 7 月 1 日成立，即中國恢復對香港行使主權時，《基本法》即成為特區的憲法。" 香港基本法在香港特區法律體系中具有最高的地位。這特別體現在基本法第 11 條。該條規定："根據中華人民共和國憲法第 31 條，香港特別行政區的制度和政策，包括社會、經濟制度，有關保障居民的基本權利和自由的制度，行政管理、立法和司法方面的制度，以及有關政策，均以本法的規定為依據。香港特別行政區立法機關制定的任何法律，均不得同本法相抵觸。"

作為香港特區的憲制性法律，基本法規定特區實行高度自治，兩次申明特區享有"獨立的司法權和終審權"（第2條、第19條第1款）。第80條明確了香港特別行政區法院的地位，即"香港特別行政區各級法院是香港特別行政區的司法機關，行使香港特別行政區的審判權。"

### （二）香港特區享有"獨立的司法權和終審權"

王振民教授這樣定義："司法權是指國家司法部門對於發生在公民與公民、公民與政府或者法人、法人與法人、政府與法人或者政府機構與政府機構之間的法律糾紛所行使的裁判權，終審權即最終裁判權。"[4] 香港基本法第2條及第19條第1款都規定香港特別行政區享有"獨立的司法權和終審權"，"這是說，香港特別行政區的司法權是獨立於中央的司法權，不受中央最高司法機關管轄，不隸屬於中華人民共和國最高人民法院。"[5] 就實體法而言，香港基本法清楚劃分了中央和香港特區的司法管轄權範圍（第19條第3款），即除涉及國防、外交等問題外，特區法院有權審理特區範圍內的一切案件。

有學者指出，"終審權是一國國家權力的集中體現，該權力不僅可以保障一國法律在本國範圍內得到切實施行，更可以有效保障民眾合法權益的現實實現。"[6] "終審權就是指在一個國家的司法系統中對案件的最終審判權，經過終審機關作出的判決不得再向上級機關或其他機關上訴。"[7] 享有終極性的判決由、並且只由法院來作出，本身就意味司法過程的獨立性。香港回歸祖國後，香港特區特別設立終審法院，享有並行使基本法賦予的終審權。眾所周知，香港回歸之前法院的終審權歸屬於英國倫敦樞密院司法委員會。

而今，香港特區透過基本法擁有了獨立的司法權和終審權。在一國司法體系架構下同時出現了至少三個相互獨立的司法系統，各自獨立享有司法權和終審權，是"一國兩制"的直接體現。這種制度設計安排突破了傳統憲法學的理論承受能力，必須由新的理論來闡釋。在實踐中，"一國多系"從它的第一天開始就蘊藏著造成政治的、憲法的或法律的衝突的可能；即便衝突未現，那也只是時候未到而已。實際上，衝突已經發生。正如程潔博士所說，"由基本法形成的雙軌制權力關係最直接的表現就是全國人大常委會與香港終審法院之間的釋法權衝突。"[8] 發生在香港與中央政府（The Central Authorities）間的第一次也是最重要的一次憲法衝突就是 1999 年因"吳嘉玲案"（通常稱之為"居留權案"）而產生的關於香港法院司法管轄權的範圍和程度的激烈爭議。

### （三）香港法院享有司法審查權

"司法審查"（Judicial Review；香港學者一般譯為"司法覆核"）與"司法管轄權"（Jurisdiction；很多時候被譯為"司法審查權"）是不同的兩個概念。司法審查（權）/ Judicial Review，在憲法的意義上說，是指由司法性質的機構對立法、行政決定（有時還包含某些政治行為和普通法院的判決）的合憲性審查，以美國普通法院對法律的合憲性審查和德國憲法法院的全面審查制為代表。[9]《布萊克法律辭典》這樣定義："法院審查其他政府部門或其他層次的政府的行為的一項權力（Power）；例如，法院使得立法或行政行為因為違憲而失去效力的權力。"[10]

　　無疑，這是對司法審查的一種寬泛的定義。在 1803 年 "馬伯里訴麥迪森案"（*Marbury v Madison*）中，最高法院首次行使司法審查權並使國會的一項法律無效。而在 1800 年 "弗萊徹訴佩克"（*Fletcher v Peck*）中，一項州法被認為與憲法抵觸。在美國，州立法的審理權力由於 1816 年 "馬丁訴亨特的承擔人"（*Martin v Hunter's Lessee*）和 1821 年 "科恩斯訴維吉尼亞"（*Cohens v Virginia*）兩案的判決擴大到州法院。[11] "馬伯里訴麥迪遜案" 及由其確立的司法審查權在美國憲政史（乃至世界憲政史）上具有劃時代的意義。在這個案件的審理中，聯邦最高法院首席大法官約翰·馬歇爾以極具說服力的言辭作了判斷：確定甚麼是法律，甚麼不是法律，斷然屬於司法部門的權限和職責，法院進行判斷的標準在於聯邦憲法，凡是與聯邦憲法相抵觸的法案必須歸於無效，立法機關、法院和其他政府部門均應受聯邦憲法的約束。[12]

　　"馬伯里訴麥迪森案" 確立了司法權及司法審查在分權制衡體制下的憲政地位，其影響是巨大而又深遠的。在全世界範圍而言，這個判例也擴大了司法審查的範圍，開違憲審查之先河。研究司法過程（Judicial Process）的美國學者亞伯拉罕（Henry J. Abraham）指出，司法審查權的定義，至少應陳述如下：司法審查係任何法院擁有終局的權力（Ultimate Power）來宣告（1）任何法律；（2）任何基於法律的公務行為（Official Action）；（3）任何其他由公務人員（Public Official）所為，而被認為與憲法有所抵觸的行為，皆因違憲而無法據以執行（Unenforceable）。[13] 從上述的定義之中，一位台灣學者歸納出

幾個能夠稱作司法審查的要件：首先，這種權力的行使必須是
出自於任何普通法院，並不僅止於最高法院；其次，司法審查
的對象包括了法律、命令及廣義的行政行為；再者，司法審查
涉及的爭議點必是有否抵觸憲法的問題；最後，被宣告違憲的
法律、命令或行政行為，其實並非是被法院宣告失效，只是法
院無法據以執行而拒絕適用之。[14]

　　由於政治體制之不同，司法審查的範圍和程度會有不同表
現，研究中應該加以區別。在實行議會制的英國，（司法審查）
"這個學說在聯合王國並沒有完全被承認，議會立法的有效性是
不能被質疑的，然而可以對授權立法的有效性進行審查。"因
而，英國法院司法審查的權力和管轄範圍比美國的窄，它基本
上是對授權立法（Delegated Legislation；有時也稱附屬立法，
Secondary Legislation）的合法性進行審查，而非對議會法律
的合憲性的審查。英國法院沒有違憲審查權，這是因為英國沒
有正式的成文憲法，她長期奉行"國會至上"的憲政體制，任
何由英皇會同國會（即英國的立法機關）制定的法律，法院必
須忠實地執行；由於並不存在著任何更高層次的憲法文件，所
以法院沒有審查國會立法的理論性和實質性的依據。[15] 不過，
1973 年 1 月 1 日，英國加入歐洲共同體（即今日的歐洲聯盟）
後，歐共體法律對英國的憲政體制產生了深遠的影響。變化明
顯的是英國法院有權宣佈議會法案作廢或無效，因為它們與
歐共體法律相抵觸。在引人注目的西班牙漁業公司案中，英國
高等法院宣佈《1998 年商船條例》違反歐共體法律而無效。[16]
1998 年，英國《人權法案》通過，直接引入《歐洲人權公約》，
從而使得歐洲聯盟法和歐洲人權法在英國具有一定的凌駕性，

因而確立了一種新型的違 "憲" （指歐盟法和歐洲人權公約）審查制度，部分地改變了傳統的司法體制。

在回歸前，香港法院是擁有司法審查權的，這特別體現在 1991 年《人權法案條例》通過之後判決的有關案件之中，而里程碑式的案件就是 1991 年的 "R v Sin Yau-ming 案"。[17] 此後，立法局的立法行為和政府的行政行為在一系列司法審查案件中經常受到挑戰。

回歸後，關於特區法院是否享有司法審查權及管轄權範圍的爭議最早是由 1997 年 7 月 29 日 "香港特別行政區訴馬維騉等案" 引發的。[18] 而香港法院司法審查權的明確及確立則是由 "吳嘉玲等訴入境事務處處長案" 完成的。[19]

### （四）香港判例法確認司法審查權

"馬維騉案" 本來處理的核心法律問題是：回歸後普通法是否繼續有效；回歸前的起訴書是否有效及其理據。根據香港基本法相關條文（參見第 8、18、19、81、87、160 條），上訴庭首席法官肯定地答覆了上述問題。接著，首席法官就法庭辯論過程中提出的關於基本法的性質、解釋方法、特區法院的管轄權（Jurisdiction）等問題提出了法庭的意見。首席法官接受了上訴方大律師的法律觀點，他認為：

> 區域法院無權質疑主權者通過的任何法律或行為的效力。因為根本不存在這樣做的法律依據。這將很難想像，香港仍由英國統治期間，法院可以質疑英國議會通過的一項法案的或英國女王的一項法令的有效性。不過，我也找

不到禁止香港法院至少研究是否確有此等立法或帝國行為的存在，其適用範圍是甚麼，其在香港的實施是否有遵照此等立法或帝國行為的任何理據。事實上，我認為，確保立法或帝國行為得以實施正是香港法院的責任；如果對此有任何疑問，法院應展開相應的調查。[20]

在承認中華人民共和國是香港特別行政區的主權者，全國人大是最高國家權力機關的前提下，首席法官特別就特區法院的司法管轄權提出了法律意見：

> 在本案中，我會接受特區法院不能質疑人大決定或決議，或成立籌委會的理由是否合理。這些決定和決議是主權行為，其有效性是不受區域法院挑戰的。因此，我無法接受資深大律師李女士的論點，即區域法院可以審查這些決定和決議，確知他們是否與基本法或其他政策保持一致。同樣在我看來，香港特區法院不可審查為甚麼籌委會在行使全國人民代表大會賦予的執行主權者的決定和決議的權威和權力時決定成立臨時立法會。[21]

簡言之，主權者行為的實質有效性是不能被挑戰的。不過，首席法官還是認為法院有權"審查"（應為查證）主權者行為是否事實存在。他說：

> 香港特區法院擁有審查主權者或其代表的行為的存在事實（而不是有效性）的管轄權。事實上，如果一如此案，

事情真的來臨，法院不這樣做就沒有履行他們的職責。換言之，在本案中，我認為，香港特區法院有權審查：（1）是否存在關於設立或授權成立籌備委員會的任何全國人大決定或決議；（2）是否存在關於設立臨時立法會的籌備委員會決定或決議；（3）籌備委員會是否事實上的確設立了臨時立法會成立的事實，以及臨時立法會是否的確是根據全國人大和籌備委員會的決定或決議成立的機構。一旦法院得到了滿意的答覆，我並不認為法院可以走得更遠。[22]

可以看到，上訴庭認為，法院對主權者行為不可以進行實體性的審查，但是保留有程序性審查的權力。同時表明，法院的審查與管轄範圍和程度是受到規限的。該判決無疑有助於我們深入對基本法相關條文的認識。根據普通法的遵循先例原則（*stare decisis*），判決有著指導司法實踐的意義。有意思的是，即使是這種謹慎的表達方式還是引來了批評。如在判決的次日，著名的憲法學教授佳日思（Yash Ghai）就說，這一天是"我們權利的黑暗的一天"。[23]

香港法院對法院司法審查權的全面陳述首次出現在 1999 年 1 月 29 日的"吳嘉玲案"中。該案是終審法院判決的最早的、最重大的、（積極的和消極的）影響深遠的憲法性案件。在該案中，終審法院本來只需要根據基本法第 24 條解決無證赴港兒童的居留權問題，但是，由於案件涉及到內地出入境管理制度，因而基本法第 22 條也被動地置身其中了（由此而引申出了全國人大常委會的釋法必要性問題）。但是，終審法院卻將大部分精力放在對基本法解釋方法和特區法院的司法審查和管轄權澄清方面。就後者而言，終審法院首席大法官在“憲法賦予法院的司法管轄權”一節特別宣告：

> 在行使《基本法》所賦予的司法權時，特區的法院有
> 責任執行及解釋《基本法》。毫無疑問，香港法院有權審核
> 特區立法機關所制定的法例或行政機關之行為是否符合《基
> 本法》，倘若發現有抵觸《基本法》的情況出現，則法院有
> 權裁定有關法例或行為無效。法院行使這方面的司法管轄
> 權乃責無旁貸，沒有酌情餘地。因此，若確實有抵觸之情
> 況，則法院最低限度必須就該抵觸部分，裁定某法例或某
> 行政行為無效。雖然這點未受質疑，但我等應藉此機會毫
> 不含糊地予以闡明。行使這方面的司法管轄權時，法院是
> 按《基本法》執行憲法上的職務，以憲法制衡政府的行政
> 及立法機構，確保它們依《基本法》行事。[24]

在上述“馬維騉案”中，上訴庭沒有特別說明香港法院對
特區立法機關所制定的法例或行政機關之行為是否享有審查
權。但是從判決書上下文可以看出，上訴庭應該已經承認並接
受了這一重大權力，因為法官一開始就引述了基本法第 2、19
條，突出特區法院享有“獨立的司法權和終審權”。也正因為如
此，終審法院才說“這點未受質疑”。上述判決宣示了香港法院
在特區內享有全面的司法審查權。儘管基本法沒有明確的條文
指引，但是根據基本法第 19 條第 2 款和第 81 條第 2 款以及權
力分立體制，上述結論是可以毫不困難地推導出來的。如果終
審法院停在這裏就萬事大吉了。

問題是，終審法院卻急切地向前邁進了一大步。判詞接著講：

> 一直引起爭議的問題是，特區法院是否具有司法管轄權去審核全國人民代表大會或其常務委員會的立法行為（以下簡稱為"行為"）是否符合《基本法》，以及倘若發現其抵觸《基本法》時，特區法院是否具有司法管轄權去宣佈此等行為無效。依我等之見，特區法院確實有此司法管轄權，而且有責任在發現有抵觸時，宣佈此等行為無效。關於這點，我等應藉此機會毫不含糊地予以闡明。[25]

不僅如此，終審法院還借此機會批駁上訴庭的法律意見，嚴肅地認為上訴庭的認識是"錯誤的"。首席大法官是這樣認定的：

> 香港特別行政區訴馬維騉一案是涉及普通法在新制度下的繼續存在以及臨時立法會的合法性問題。上訴法庭（由高等法院首席法官陳兆愷、上訴法庭副庭長黎守律及馬天敏組成）接納政府的陳詞，裁定由於全國人民代表大會的行為是主權行為，因此特區法院並不擁有司法管轄權去質疑這些行為的合法性。上訴法庭並裁定特區法院的司法管轄權只局限於審核是否存在主權國或其代表的行為（而非行為的合法性）。我等認為上訴法庭就特區法院的司法管轄權所作出的這項結論是錯誤的，上文所述的立場才是正確的。[26]（著重號為引者所加）

終審法院這樣判決是基於它對基本法的理解，特別是基於對特別行政區政治體制機械式的類比和解讀。我們以後還有機會批判性地討論終審法院的理據。不難看出，終審法院這一判決有"馬伯里訴麥迪森案"的影子，其（未宣示的）目的是據此為特別行政區內部的權力分配和特區與中央的關係劃定界限和行為準則。同樣不難看出，這一判決是以三權分立理論為指導的。無疑，判決對中國現行政治體制和特區與中央的關係格局提出了嚴肅的理論的與法律的挑戰。

## （五）香港法院司法審查（管轄）權質疑

　　"吳嘉玲案"像一枚炸彈，攪動了香港的政界和法律界，起到了極大的正反兩面轟動效應。在內地，該案同樣引起了法律界的關注和不安，批評之聲不絕於耳。說到底，案件引發了人們對香港法院是否享有司法審查權、享有多大的權力的爭議。

　　1999 年 2 月 6 日，《人民日報》發表文章，轉述了數位內地法律專家對終審法院 "居留權案" 判決的反對意見。他們認為："該判決中有關特區法院可審查並宣佈全國人大及其常委會的立法行為無效的內容，違反基本法的規定，是對全國人大及其常委會的地位、對 '一國兩制' 的嚴重挑戰"。[27] 國務院新聞辦公室主任趙啟正也向新聞媒體表示，終審法院的判決是 一個錯誤，必須要糾正。[28] 這些學者（包括香港媒體所謂的 "四大護法"）主要關注的是判決對全國人大及其常委會權威的挑戰，誤解中國政體，曲解中央與特區的關係等方面。他們的批評主要基於現行憲法和對香港基本法的解讀之上。就現實政治和憲政體制而言，批評是可以理解的，並且也有助於釐清中央與特區的憲政關係。

　　但是，有學者卻藉此全盤否定香港法院擁有司法審查權，認為，香港法院不僅無權審查和宣佈人大及其常務委員會的立法行為無效，甚至也無權審查香港立法機關通過的法律是否符合基本法。其理由是香港在回歸前沒有質疑英國議會立法的權力，而全國人民代表大會及其常務委員會的立法行為是主權行為；基本法規定審查香港立法機關通過的法律是否符合基本法的權力在全國人大常委會，並沒有任何地方規定終審法院有這種權力。[29]

　　支持香港終審法院應該享有司法審查權的學者也公開發表意見。香港陳弘毅教授認為，"雖然《基本法》沒有明文賦予香港特別行政區法院'違憲審查權'（這裏所說的違憲審查權是指特區法院就特區立法機關的立法的審查權，如裁定特區立法是否因與《基本法》相抵觸而無效），但《基本法》保留了香港法院原有的審判權和管轄權（第19條），也保留了香港原有的普通法（第8、18條），又賦予特區法院對《基本法》的解釋權（第158條），並規定特區立法機關制定的任何法律均不得抵觸《基本法》（第11條）。這些規定都可理解為特區法院的違憲審查權的法理依據。"[30] 對此，本文也持相同意見。

　　胡錦光教授也認為，"雖然香港基本法未明確規定香港法院的司法審查權，或者說未明確授權香港法院保障基本法地位的職責，但根據以下兩點，香港法院應當是具有司法審查權的：第一，香港法院對基本法的解釋權。根據香港基本法的規定，香港法院對基本法具有解釋權；而根據香港屬於英美法系的特點，香港法院所享有的司法權中當然地包含了對法律的解釋權。"[31]

可見，香港特區法院享有司法審查權是不爭的法律事實。問題是，這一審查權／管轄權的外延邊界應該畫在哪裏。上訴庭的法律意見和終審法院的前半部分法律意見應該結合看待，加在一起就可以描繪出法院審查權／管轄權的範圍。

## 二、香港法院司法審查權的性質、內涵及其實踐

### （一）司法（審查）權的基礎是法治與分權

杜強強博士提出從比較憲法學的立場觀察，司法審查制是以權力分立原理作為基礎的，其出發點與核心在於對立法權的制約，以求達至立法、行政、司法三權之間的分立與制衡。他認為，三權既然平等，因此立法機關不能強迫法院適用違憲之法律；而司法機關對於違反憲法之法律，在具體的訴訟案件中拒絕適用，這在理論上是當然的結論。否則，則不足以維持三權的分立和制衡。[32] 法國憲法學家狄驥也從權力分立原理出發，強調司法審查制之正當性。他認為，立法權與司法權既然都在憲法之下，相互處於同等地位，成為同位的存在，那麼，當立法權之行為違反憲法時，殊無強迫司法權同意其行為之義務。司法權在其範圍內完全獨立，依照其獨立見解審查法律是否違憲。他宣稱，"宣示權力分立制度本身既可說已蘊涵司法審查制度的認諾。余更附言，諸凡否認法院有此審查權之國家，實仍難謂為真正之法治國家。"[33]

而香港司法審查制度的核心理念，也同樣建基於英國憲法理論的兩大原則——"法治"和"分權"。從法律與政治理念角

度觀之，為避免權力的過分集中，限制權力被濫用的可能性，必須將權力配給具有不同功能的機構。立法機關負責法律的制定與修改，行政機關負責法律的執行，司法機關負責法律的適用。三權分立的目的是分散權力，防止權力的濫用。正是這種思想，使司法審查成為法院的天然、固有的職能，毋須制定法的授權。[34]

但是，香港回歸前施行的政治體制根本不是基於三權分立模式，而是總督集權制。香港基本法的立法原意的確有繼承過往制度的意思，並希望把它演化為"行政主導制"。但是基本法的規定還是模棱兩可的。例如，基本法兩次宣示，香港特區享有"獨立的司法權和終審權"。這裏所講的"獨立"應該指的是獨立於中華人民共和國國內的另外兩個法域（不考慮台灣），特別是內地法域。在特區內部，司法權又是獨立於行政權和立法權的。出於法制傳統和對法治的尊重，加之回歸十七年來（編註：本文原發表於 2014 年）的實踐，今日香港特區的體制更具有三權分立的格局和外形。

### （二）區分若干概念：司法審查、司法覆核與違憲審查

在香港，"司法審查"、"司法覆核"與"違憲審查"這三個概念經常被交叉使用。學術界對上述概念的定義並不一致。徐靜琳教授等認為，一般而言，普通法上的司法審查是指法院在審判中依據憲法或法律對有關立法行為和行政行為進行合法性裁決的審查，或者指依據上位法審查下位法是否合法而作出司法審查的行為。違憲審查屬於司法審查的範圍，但又不等同於司法審查，它不及於全部合法性審查，所強調的是合憲性審

查，是指司法機關可以通過司法手段，對違憲的立法和行政行為作出中立的裁決，宣佈該違憲行為為無效的行為。[35]

而湛中樂教授等則指出，在香港，人們習慣於將對行政行為不服提請法院審查稱為司法覆核，將司法覆核中涉及到的相關法律、法令等是否違反憲法或憲法性文件的審查稱為違憲審查。[36] 香港學者戴耀廷教授認為，很多時候，司法覆核是指對行政行為有影響力的裁決。而司法覆核還包括違憲審查的部分，他認為兩者它們的處理程序一樣，但所牽涉的問題、焦點則有區別。在香港，司法覆核包含這兩個不同的部分，是由於司法程序只包括刑事、民事和行政訴訟，並無一套獨立機制處理違憲審查。[37] 專長行政法和人權法的潘熙大律師則提出，司法覆核是一個容許公民和法人就行政部門或行使公法職能的機關所作的越權的決定或行為向法院提出覆核要求的程序，目的是為了規定及確保行政部門或者行使公法職能的機關所作的決定或行為的合法性。[38]

### （三）繼承與發展

按照普通法的傳統，解釋法律和裁決相互衝突的法律在案件審理中的適用與否是法院固有的權力。[39] 1991 年以前，香港法院根據《英皇制誥》的授權，有權審查香港立法機關制定的法律違反或者超越《英皇制誥》時越權或無效。但由於《英皇制誥》賦予香港立法機關的權力過於寬泛和抽象，因此，"在1991 年以前，香港法院根據《英皇制誥》對香港立法機關的立法進行審查的案例幾乎是絕無僅有的。"[40] 1991 年，香港透過修改《英皇制誥》引入《公民權利和政治權利國際公約》，並通過《香港人權法案條例》，使得香港法院有權對香港立法機關制定的任何與《公民權利和政治權利國際公約》和《香港人權法案條例》相抵觸的法律進行司法審查。相關判例法由此形成。

隨著香港回歸和香港基本法的公佈，司法審查翻開了新的一頁。基本法第 18 條第 1 款規定："在香港特別行政區實行的法律為本法以及本法第 8 條規定的香港原有法律和香港特別行政區立法機關制定的法律。" 第 84 條規定："香港特別行政區法院依照本法第 18 條所規定的適用於香港特別行政區的法律審判案件，其他普通法適用地區的司法判例可作參考。" 第 11 條第 2 款規定："香港特別行政區立法機關制定的任何法律，均不得同本法相抵觸。" 此外，基本法保留了香港法院原有的審判權和管轄權（第 19 條第 2 款），也保留了香港原有的普通法（第 8、18 條），又賦予特區法院對基本法的解釋權（第 158 條）。"這些規定都可理解為特區法院的違憲審查權的法理依據。"[41]香港特區法院在一系列案例中也闡明了回歸後在香港新法律秩序之下權利保障體系的架構，並予以鞏固。[42]

就三權配置而言，回歸後情況發生了較大變化。程潔博士觀察到，特區成立之後，由於政治生態和政府管治的實際狀況，出現了立法會擴權的情況；特別是，"終審法院對基本法的授權採取能動主義的理解，積極採取司法行動，對特區的立法和行政權力進行合憲性審查，從而導致司法權力的擴張。"[43]

### （四）再次檢視 "吳嘉玲案"

在香港法院行使司法審查權的實踐中，最引人注目的無疑是 "吳嘉玲案"，本案的核心問題是關於香港（永久性）居民在內地所生的中國籍子女在基本法實施以後的法律地位問題。如前所述，由於終審法院提出對全國人大及其常委會立法行為的審查權而在香港和內地掀起了軒然大波。此後，終審法院罕有地發出一個"澄清"聲明，指出"我等在 1999 年 1 月 29 日的判詞中，並沒有質疑人大常委會根據第 158 條所具有解釋《基本法》的權力，及如果人大常委會對《基本法》作出解釋時，特區法院必須要以此為依歸。我等接受這個解釋權是不能質疑的。我等在判詞中，也沒有質疑全國人大及人大常委會依據《基本法》的條文和《基本法》所規定的程序行使任何權力。我等亦接受這個權力是不能質疑的。"[44] 若仔細研究，終審法院並沒有回答核心問題，即特區法院對全國人大及其常委會立法行為的實體和程序的審查權，反而重申一個不直接受到挑戰的問題，即人大常委會的基本法解釋權及解釋的效力。而我認為前者才是要予以澄清的問題，因為它涉及到中國憲政體制的運作和中央與特區關係。

1999 年 5 月 21 日，特區政府向國務院提交報告，請求全國人大常委會對基本法有關條文作出解釋。人大常委會於 6 月 26 日頒佈解釋，指出特區法院在審理有關案件引用基本法中相關條款時，應以全國人大常委會的解釋為準。程潔認為，"通過全國人大常委會釋憲，澄清了全國人大常委會和特區司法機構之間的關係，從而避免了特區司法機構過度擴權的結果。"[45] 從此後的一系列憲法性案件的判決來看，終審法院審視基本法條文的態度似乎多了一分克制，少了一點張揚。

但是，不少香港法律界和政界人士傾向認為，這次人大釋法對香港的法治和司法獨立造成了嚴重的打擊。而陳弘毅教授則對此表示了不同看法，認為：“根據《基本法》第158條，人大常委會確實有權在任何它認為適當的情況下頒佈關於《基本法》的個別條文的解釋，亦即是說，其解釋權不限於香港終審法院在訴訟過程中根據第158條第3款提請人大常委會釋法的情況。”而且，人大此次釋法並不影響本案已判決的法律效力，只是在香港特區法院在審理有關案件引用基本法中該項條款時，應以全國人大常委會的解釋為準。他因此認為，“這次人大釋法只是‘一國兩制’下香港的新法律秩序的產物，不應視為對香港法制的破壞。當然，這並不是說人大可隨意釋法，過多釋法必然會蠶食香港法院的司法權。總括來說，1999年的終審法院‘澄清’判詞事件和‘人大釋法’事件可以理解為回歸初期初試《基本法》的實施時，香港和內地兩地法制的相互碰撞並開始相互適應的表現。”[46]

在以後的憲法性案件中，香港法院沒有再就司法審查權問題提出法律意見或作出宣示（Declaratory Statement）。“吳嘉玲案”提出的問題依然存在。

### （五）法官制度與“獨立的司法權”的行使

司法審查制度目的在於通過對立法權的制約，以求達至立法、行政、司法三權之間的分立與制衡。但司法審查制度本身因此也產生了與司法機構和法官制度相關的問題。首先，程潔從比較法的角度提出，由司法機構主導的違憲審查體制源自美國十九世紀中，二次世界大戰以來世界範圍內的實踐將之推至前所未有的重要地位。雖然司法獨立的觀念在普通法上更加久遠，但是即使是今日，英國司法機構仍然缺乏違憲審查權。[47]

而在司法審查範圍最為廣泛的美國，司法機構享有違憲審查權的一個關鍵性的理由則是司法機構屬於“最不具威脅的機構”。美國對司法機構的低危屬性這一判斷源於司法機構在三權中的弱勢[48]及其“消極性”[49]。事實上，美國的司法機構確實也“在某種程度上受到政治性的控制”。[50]

英國管治香港期間，司法制度承襲英國的司法原則實行司法獨立。這主要體現在，法官在行使司法權力時享有本地至高無上的權力代表地位，他在法庭內代表英國女皇行使審判權，法庭經審判依法作出的判決就如同最高統治者的命令。司法人員在行使審判權時受到法律上免被起訴的保護。法官獨立審判案件，只服從法律，香港總督和其他行政官員及高級法官都不得對個案的判決問題向主審該案的法官下達指示。總督對判定犯罪的案犯有權赦免或減刑，但總督不能影響或更改法庭的判決。

香港回歸之後，依據基本法第 81 條第 2 款，原有的司法體系，除因設立香港特別行政區終審法院外，均予以保留。其次，從法官的遴選來看，香港法官的選任依據是基本法第 92 條與第 88 條所規定的專業資格要求與司法人員推薦委員會體制。除終審法院法官和高等法院首席法官的任命，需由行政長官徵得立法會同意，並報全國人大常委會備案外，其他法官的遴選基本上由委員會決定。這就使得香港的司法機構缺少美國式的政治制約與行政主導特點。[51]再次，除終審法院與高等法院首席大法官之外，香港司法機構也不受任何其他民意機構制約，包括中國內地的人民代表大會或香港選民。

獨立程度高固然有助於法官的獨立判斷，但是程潔博士認為，當司法機構全然缺乏政治控制的情況下，其"消極的美德"（The Passive Virtues）為司法能動（Judicial Activism）所取代，與之相應的就是遠高於美國的"危險度"。[52]"香港回歸後，司法權獨樹一幟，另外兩個權力機構在政治上與法律上對司法機構基本沒有影響力。這種情況表面上符合法治的司法獨立要求，但是也為司法機構脫軌或錯位埋下了伏筆。"[53]

此外，在普通法院或者憲法法院掌握違憲審查權的制度下，存在著憲法解釋與民主價值之間的緊張關係。這是因為，一方面，憲法宣稱國家的主權屬於人民，人民通過選舉產生代議機關與行政機關來代替其行使權力；而另一方面，法院這一非民選的機關卻可以對政治過程做最終的判斷，因為它可以通過解釋憲法來宣告議會與總統的行為違憲，而且這種解釋並非純粹的"憲法判斷"，反而必然是一種帶有法官主觀意志的判斷。也就是說，法官可能通過對憲法的任意解釋來對民主選舉產生的機關的行為做出否定評價。"許多判決雖然看似維護了法條，但是卻留給政府和社會一系列棘手的社會問題。例如，在"莊豐源案"中，法院裁定凡在香港所生的中國籍子女都擁有永久居留權。這一裁決結果'鼓勵'了內地孕婦赴香港生育，甚至擠佔本地孕婦的生產資源，引發香港孕婦的抗議。"[54]

張翔博士觀察到，近年來，司法機關也開始反思其處理政治問題的正當性及限度，[55]提高了司法審查的受理標準。[56]畢竟行政機構的主導性與其需要承擔的政治責任是聯繫在一起的，而司法機構的任期使之實際上不承擔政治責任。[57]正因為如此，終審法院首席法官李國能在 2007 年法律年度開啟典禮演辭中指出：

許多司法覆核案件的法庭判決，對我們的社會所面對的政治、經濟及社會問題引發重大影響。然而，本人必須重申：司法覆核的程序，並非解決這些問題的萬應良方。法庭的憲法職能，只是以相關的憲法、法例條文及適用的普通法原則，就某一決定的合法性劃定界限。法庭唯一的關注，是根據法律規範和原則來考慮甚麼是在法律上有效和甚麼是無效的。[58]

經驗表明，法庭不是、也不應該是解決"我們的社會所面對的政治、經濟及社會問題"的唯一場所。當首席法官再次界定"法庭的憲法職能"時，可能預示著香港法院從憲法領域的司法積極主義回歸到法院的本來角色，即"只是以相關的憲法、法例條文及適用的普通法原則，就某一決定的合法性劃定界限"。當然，這一呼籲的實際效果還有待繼續觀察。

### 三、劃定香港法院司法審查權的權力邊界

#### （一）終審法院的一般性意見

在"吳嘉玲案"中，終審法院其實也意識到法院的審查權或管轄權是有邊界的，或者說有"限制"（Limitations）的。在終審法院看來，這種限制主要表現在兩方面：一是基於第19條第3款法院對"國家行為"並無管轄權；二是基於第158條第3款，終審法院有義務請求人大常委會釋法。

終審法院判詞如下：第一，

對法院的司法管轄權所作出的任何限制必須以《基本法》為依據。如上文所述，《基本法》第19（2）條提及繼續保持香港原有法律制度和原則對法院審判權所作的限制。第19（3）條便提供了一個例子。第19（3）條規定：香港特別行政區法院對國防、外交等國家行為無管轄權。

這等於首先將國家行為排除在審查範圍之外。第二，

　　　《基本法》第158條亦規限終審法院不得在該條款所指的情況下，對《基本法》"關於中央人民政府管理的事務或中央和香港特別行政區關係" 的條款進行解釋，且終審法院有責任請全國人民代表大會常務委員會對有關條款作出解釋。[59]

### （二）如何理解基本法第 19 條第 2 款

　　　但是，基本法第19條第2款規定，"香港特別行政區法院除繼續保持香港原有法律制度和原則對法院審判權所作的限制外，對香港特別行政區所有的案件均有審判權。" 問題是，哪些內容是 "原有法律制度和原則對法院審判權所作的限制"？這個問題不好回答。

　　　關於香港原有法律制度和原則中對法院審判權的限制，吳建璠教授認為，這種限制包括了法院只執行法律而不能對法律提出質疑，也包括了作為地方行政區域的法院不能對中央立法提出質疑。在香港回歸祖國前是如此，在香港回歸後也仍然應

該是如此。說特區終審法院有權審查法律以至全國人大及其常委會的立法行為，是直接抵觸基本法第 19 條的規定的。[60] 吳教授其實排除了香港法院的任何違憲審查權，其學理根基是中國的人民代表大會制度。這種論斷完全削弱甚至剝奪了香港法院原有的司法審查權，我認為是不可取的。

而湛中樂則認為這其中就包括了對 "議會至上" 原則的遵守。"香港終審法院的法官們卻認為對司法審查權的限制只能來自《基本法》以列舉的方式明確規定，這是受 '剩餘權力' 理念的影響，認為《基本法》第 19 條所指的 '香港原有法律制度和原則對法院審判權的限制' 就是指同條第 3 款所稱的 '對國防、外交等國家行為無管轄權' 和基本法的其他條文所作的限制，除了法律規定之外，法院的司法審查權就不受限制。終審法院的法官們沒有理解第 19 條第 2 款的立法原意是概括性規定，香港原有的法律原則有許多並沒有成文法依據，也不可能在一個條文中全部列舉，所以才有此規定。'議會至上' 原則作為香港司法審查制度的基石，它對法院審判權的限制只要不與國家主權相抵觸，理所當然地會被保留下來。"[61]

這種說法看似有道理，但是實用起來有複雜性，那就是香港特區有兩個 "議會"，一是特區立法會，一是全國人大（包括人大常委會）。我認為，對特區立法會，"議會至上" 原則基本不適用，法院的司法管轄權是全面的，即可以對立法會的立法行為和行政機關的行政行為行使違憲審查權，正如 "馬維騉案" 和 "吳嘉玲案"（前半部分）闡明的那樣。在特區之內，立法權、行政權、司法權在憲制法律地位上基本上是平等的。對於全國人大，特區法院基本沒有任何權威，更談不上對其立法行為行使實質性的審查權。我傾向於同意，特區法院是可以查證（而非"審查"）全國人大立法行為的事實存在。但是，提出這一觀點還是有些底氣不足，那就是全國人大首先是國家權力機關，一個區域法院對上一級的權力機關行使查證權力欠缺國家憲法的支持。

如果說香港終審法院就管轄權問題的判決是錯誤的話，為甚麼全國人大常委會在 1999 年 6 月 26 日作出的《關於〈中華人民共和國香港特別行政區基本法〉第二十二條第四款和第二十四條第二款第（三）項的解釋》中卻對此保持沉默呢？這的確令人大惑不解。是疏忽，是失誤，還是其他原因？我們不得而知。

但是終審法院對第 19 條第 2 款的理解也是有些勉強。首先，終審法院認為，"上訴法庭基於基本法第 19（2）條作出其結論"是錯誤的，"上訴法庭接納了政府的論據"。那又錯在哪裏？首席法官指出：

政府在該案所陳述的論據為 1997 年 7 月 1 日前，香港法院也不能質疑英國國會通過的法例是否違憲，即是否違反英國的不成文憲法或香港作為殖民地的憲法文件《英皇制誥》。因此，這是《基本法》第 19（2）條所設想的"原有法律制度和原則"對香港法院審判權所作的一種限制。所以政府辯稱在 1997 年 7 月 1 日後，這限制同樣適用於全國人民代表大會的行為。

把舊制度與此相提並論是對問題有所誤解。1997 年 7 月 1 日前，香港是英國殖民地。根據普通法，英國國會擁有最高權力為香港立法而香港法院不能質疑這項權力。

基於已申述的理由，在新制度下，情況截然不同。《基本法》第 19（2）條規定"原有法律制度和原則"對憲法賦予法院的司法管轄權有所限制。但這條款不能把在舊制度下純粹與英國國會法例有關的限制引進新的制度內。[62]

我等亦應指出高院首席法官陳兆愷在本案就臨時立法會問題作出判決時表示，他在香港特別行政區訴馬維騉一案就特區法院司法管轄權所發表的意見只是針對該案的情況而言，不可理解為全國人民代表大會通過的法律及其行為凌駕《基本法》。

在這裏，我始終讀不懂、跟不上終審法院的邏輯。我認為，第 19 條"原有法律制度和原則"中的"原有"指的應該是回歸前實行的、行之有效的，而今又不違反基本法的那些制度和做法。總之，終審法院的邏輯是勉強的、不具有說服力的，甚至是沒有任何理論基礎的。

## （三）香港基本法中"國家行為"的界定

"國家行為"這一概念正式進入中國法相對較晚，第一次正式出現在 1989 年通過的《行政訴訟法》中。國家行為，通常指的是國防、外交行為，因其具有高度政治性而被排除在司法審查之外，這在世界上已經成為普遍做法和慣例。關於國家行為排除司法審查的原因，姜明安教授認為主要理由有：（1）國家行為具有緊急性，訴諸法院可能造成時間耽誤，喪失重要時機，導致國家利益的重大損失；（2）國家行為需要保密，而司法程序要求公開，這樣就可能造成洩密，導致國家利益的重大損失；（3）國家行為往往處於政治和策略上的考慮，而非單純依據法律所為；（4）國家行為影響的往往不是某一個或某幾個相對人的利益，而是一定地區、一定領域、一定行業多數相對人的利益。[63] 而我覺得，國家行為排除在司法管轄之外的根本原因是，國家行為是主權行為，如宣戰、媾和、建交和斷交等，代表國家最高利益，具有高度的政治性，司法權不便於、也不應該介入。從這一點來看，國家行為並不包括主權者的全部行為。

基本法的寫法給我們留下了辯論的空間。基本法第 19 條第 3 款規定"香港特別行政區法院對國防、外交等國家行為無管轄權"。而這個 "等" 字，屬於等內 "等"，還是屬於等外 "等"？胡錦光教授觀察到，"從內地學者發表的觀點看，一般都將該 '等' 理解為等外 '等'，即除國防和外交外，還可能有其他類別的國家行為。"

他接著提出：按照香港基本法的規定，除國防、外交外的其他國家行為，至少有以下幾種：第一，中央人民政府任命香港特別行政區行政長官和行政機關的主要官員；第二，全國人大常委會對香港基本法附件三的法律作出增刪；第三，全國人大常委會宣佈香港原有法律同香港基本法抵觸。這些內容雖然不屬於國防、外交，但非常明顯，這些都是國家行為，都是中央的權力，香港特別行政區法院對此當然無管轄權。

胡教授也看到了問題和制度的複雜性。他指出：

但根據普通法的理解，法律條文中的 "等" 只能為等

234

內"等"，即國家行為僅限於國防和外交兩類，而不能有其他類別的國家行為。香港回歸後不久發生的圍繞臨時立法會是否符合基本法的糾紛，內地學者認為該糾紛屬於國家行為範疇，法院應當運用國家行為理論作出裁決。但是，香港高等法院在判決中並未運用國家行為理論，而是認為成立臨時立法會是中央政府的決定，作為地方法院對此無權作出判斷。香港高等法院的這一做法顯然是等內"等"理解的表現。[64]

如果胡教授所說的"中央的權力"的行使只是上述那三項的話，我們還好理解和接受。如果說"中央的權力"的行使都被視作國家行為的作出，其範圍則太寬泛，具體內容也不易把握。此外，上訴庭以"成立臨時立法會是中央政府的決定"為由從而決定該問題是不可訴的，其實隱含著對"議會至上"原則的承認，客觀上也認同中央對特區的憲法權威。

爭論還在繼續。陳弘毅教授認為，依普通法傳統，在案件審理過程中，判斷某一行為是否國家行為以及案件是否涉及中央人民政府管理的事務或中央和香港特別行政區關係，是法院的權力。[65]而胡錦光教授則認為，"香港終審法院在'無證兒童案'中認為，香港基本法第24條的規定屬於自治範圍內的條款，而直接解釋了該條款，這是對自治條款和非自治條款沒有從本質上進行認識的結果。"[66]兩位教授對司法審查權的權屬、許可權方面不同的觀點，恰好體現出兩地的法治觀點和法律傳統差異。

最後，有學者希望以美國憲法的"政治問題排除原則"來解釋某些行為的不可訴性，這首先得回答"國家行為"是否就等同於"政治問題"這一問題。

大法官鮑威爾曾說："審慎的考慮促使我作出判斷：在國會與總統之間的衝突是不適合進行司法審查的，除非雙方都應該採取行動來主張其憲法權力。在國會和總統之間發生不一致在我們這一體制中是很正常的。這些不一致幾乎常常是基於政治的考慮而不是基於法律上的考慮。司法機關不應該參與這些涉及到權力分配的衝突之中，除非雙方已經進入了一個僵局。"[67]美國聯邦最高法院在"政治問題排除原則"上作出決定性的判決是"貝克爾訴卡爾案"（*Baker v Carr*, 1962）。"在判決書中，聯邦最高法院認為，政治問題之所以不受司法審查主要是因為從根本上來說是基於權力分立機能之考慮。從一定意義上講，這一學說要求聯邦法院確定某一問題是否根據憲法已經交付聯邦政府的另一個部門來進行處理。"[68]根據"貝克爾公式"的解釋，具備下列因素之一者可定為政治問題："（1）爭訟雙方都持有憲法文本所表現出的對各自的（但卻是平等的）政治機構的承諾；（2）不存在顯而易見可操作的解決爭訟的司法標準；（3）由於對於非司法的裁量權（Nonjudicial Discretion）存在先行的政策決定，因而沒有裁決的可能性；（4）法院獨立判斷，必會造成對其他同等機關的不尊重；（5）對已作出的政治決定，法院有無條件順從的特殊必要；（6）就同一問題，各部門因有不同的聲明，有可能產生混亂的情況。"[69]這些根據法律而排除司法審查的政治問題，體現了立法、司法、行政三權分立的界限。

如何正確釐定政治問題和司法管轄二者之介面和界限是一項重大的憲法課題。"如果司法機構行使了不屬於自己的權力一定會招致其他政治機構的反對；如果司法機關因為顧慮重重而不願意承擔評判的責任，也必然會積累社會矛盾，增加社會的交易成本。”所以，對於政治問題，一方面需要司法機關的審慎判斷，另一方面也需要其他政治機構充分開放對話管道。我相信我們都會同意程潔博士的意見，“政治問題政治解決”，“法律問題法律解決”；[70] 但是，知易行難。例如，首先要回答的問題是如何在解決這兩類問題之前確立一種區分準則和行為規範。

### （四）作為對法院司法審查權的限制的人大釋法制度

香港基本法第 158 條確立了基本法的解釋體制，被認為是中國法與普通法法律解釋體制的混合體。因為法律解釋問題涉及香港的司法獨立，並最終與保障香港地區的高度自治產生聯繫，所以在堅持“一國兩制”的前提下，第 158 條所提出的是一個折衷的解決方案，參考了歐共體的法律解釋體制，該體制處理的是對法律的解釋權和對案件的終審權不在一起時的情形。[71]

如前所述，終審法院也承認基本法要求終審法院向人大常委會提出釋法要求是對法院管轄權的一種限制（Limitation），可見，人大釋法制度構成對特區法院司法權的限制。一方面，為了保障香港特區的司法獨立，基本法對司法解釋權在範圍上和程序上做出了特別的規定。基本法第 158 條規定，香港特區法院在審理案件時可以有條件地解釋基本法全部條文。另一方面，當法院需要對基本法關於中央人民政府管理的事務或中央和香港特區關係的條款進行解釋，而該條款的解釋又影響到案件的判決，在對該案件作出不可上訴的終局判決前，應由終審法院提請全國人大常委會對有關條款作出解釋。一旦全國人大常委會對基本法作出解釋，香港特區法院在引用相關條款時應以全國人大常委會的解釋為準，但在此以前作出的判決不受影響。對此，終審法院的"澄清"和人大常委會的釋法都分別予以重申過。

若將基本法放到中國憲法維度上考察，"請求制度"有其合理性和必然性。[72] 但是，人大常委會於 1999 年的第一次釋法是不幸的事件。正如胡錦光教授所說，"全國人大常委會雖可以通過重新解釋基本法的方式——否定香港法院對基本法的解釋，但在行使基本法解釋權時，也必須慎重行事：（1）首先必須承認香港法院實際存在的司法審查權。（2）必須尊重香港法院對基本法的解釋。……（3）香港社會屬於法治社會，同時，香港又屬於英美法系的傳統，在英美法系，由法院解釋法律是其傳統，因此傳統而形成了固有的思維模式，即只有司法機關才能解釋法律，並依據居於最高地位的法律進行司法審查。""基於此，全國人大常委會對基本法的解釋只能在迫不得已的情況下而為之，特別是改變香港終審法院裁判的解釋應當慎之又慎。"[73] 我理解，維護香港特區的司法獨立，保證特區法院享有"獨立的司法權和終審權"也是基本法的立法原意，應該得到尊重。

"請求制度"不適用於特區法院在審理案件時對自治事務條款的自行解釋；在審理案件時，終審法院既無須請示人大常委會，人大常委會也無權進行干涉。

## 四、結論

　　香港基本法明確規定，香港特區享有 "獨立的司法權和終審權"。透過本文，我們看到，上述條文的落實不是一個一帆風順的旅程。問題出在基本法創設的制度本身。在 "一國兩制" 之下，兩制必須得到平等尊重，不能以一制壓制另一制；若然如此，國家創立特別行政區的意義就會蕩然無存了。既然制度性的衝突已經存在，那麼國家政策制定者和立法者須得尋求一個能平衡兩制利益的衝突解決機制。這種機制可以從憲法和基本法中尋找，也可以基於現行法律提出新的制度，比如成立一個利益中立於各成員方的衝突法院，以解決 "一國兩制" 甚至 "一國多制"（有待統一台灣之日）架構下的憲法性法律衝突。不論採用哪種制度或方法，香港回歸十二年來積累的豐富經驗肯定會是有利用價值的。

# | 註釋 |

1. 劉茂林：〈香港基本法是憲法性法律〉,《法學家》2007 年第 3 期。

2. 許崇德：《港澳基本法教程》,北京：中國人民大學出版社 1994 年版,第 16 頁。

3. 吳嘉玲訴入境事務處處長（經法官審閱之中譯本）FACV 14/1998, pp. 5, 29, http://legalref.judiciary.gov.hk/lrs/common/ju/ju_frame.jsp?DIS=29377. Also see *Ng Ka Ling and Another v the Director of Immigration* [1999] 1 HKLRD 315; (1999) 2 HKCFAR 4.

4. 王振民：《中央與特別行政區關係》,北京：清華大學出版社 2002 版,第 188 頁。

5. 蕭蔚雲：〈九七後香港與中央及內地的司法關係〉,《中外法學》1996 年第 2 期。

6. 張劍平：〈香港特別行政區終審權的憲法學思辯〉,《湖南工業大學學報（社會科學版）》2008 年 2 月第 1 期。

7. 湛中樂、陳聰：〈論香港的司法審查制度——香港 "居留權" 案件透視〉,《比較法研究》2001 年第 2 期。

8. 程潔：〈論雙軌政治下的香港司法權——憲政維度下的再思考〉,《中國法學》2006 年第 5 期。

9. De Smith, Woolf & Jowell, *Judicial Review of Administrative Action* (London: Sweet & Maxwell, 1995); 轉引自包萬超：〈憲政轉型與中國司法審查制度〉,《中外法學》2008 年第 6 期。

10. *Black's Law Dictionary* (St. Paul: Thomson West, 2004), 8th edition, p. 864.

11. 參見《牛津法律大辭典》,北京：法律出版社 2003 年版,第 615 頁。

12. 徐靜琳、張華：〈關於香港特區違憲審查權的思考〉,《上海大學學報（社會科學版）》2008 年第 2 期。

13. Henry J. Abraham, *The Judiciary: The Supreme Court in the Government Process* (Dubuque, Iowa: W. C. Brown Publishers, 1991), p.55; 轉引自桂宏誠：〈美國司法審查權之探討〉,《國政研究報告》2003 年內政（研）092-015 號, http://old.npf.org.tw/PUBLICATION/IA/092/IA-R-092-015.htm。

14. 桂宏誠,同上註。

15. 陳弘毅：〈香港特別行政區法院的違憲審查權〉,載《法制現代化研究》（四）,

240

南京：南京師範大學出版社 1998 年版，第 425 頁。

16. 傅思明：〈香港法院的司法審查權〉，《法學雜誌》2001 年第 1 期。

17. *R v Sin Yau-ming* (1991) 1 HKPLR 88.

18. *HKSAR v Ma Wai Kwan David & Others* [1997] 2 HKC 315.

19. *Ng Ka Ling and Another v the Director of Immigration* [1999] 1 HKLRD 315; (1999) 2 HKCFAR 4.

20. *HKSAR v Ma Wai Kwan David & Others* [1997] 2 HKC 315, p. 334.

21. *HKSAR v Ma Wai Kwan David & Others* [1997] 2 HKC 315, p. 335.

22. Ibid.

23. Yash Ghai, "Dark Day for Our Rights", *South China Morning Post*, 30 July 1997.

24. 吳嘉玲訴入境事務處處長 FACV 14/1998, p. 28.

25. Ibid.

26. Ibid, p. 30.

27. 〈就香港特別行政區終審法院的有關判決內地法律界人士發表意見〉，《人民日報》1999 年 2 月 8 日，4 版。

28. "China Challenges Hong Kong Court", *BBC World Service*, 8 Feb. 1999.

29. 〈對香港特區終審法院就港人在內地所生子女居留權案件所作判決內地法律界人士發表意見〉，《人民日報（海外版）》1999 年 2 月 8 日，1 版，http://web.peopledaily.com.cn/zdxw/6/19990208/99020861.html。

30. 陳弘毅：〈香港特別行政區法院的違憲審查權〉，第 428 頁。

31. 胡錦光：〈關於香港法院的司法審查權〉，《法學家》2007 年第 3 期。

32. 杜強強：〈憲法修改與司法審查以美國的憲政實踐為中心〉，《中外法學》2007 年第 4 期。

33. 李鴻禧：《違憲審查論》，台北：元照出版公司 1999 年版，第 54 頁。

34. 湛中樂、陳聰：〈論香港的司法審查制度——香港“居留權”案件透視〉。

35. 徐靜琳、張華：〈關於香港特區違憲審查權的思考〉。

36. 湛中樂、陳聰：〈論香港的司法審查制度——香港“居留權”案件透視〉。

37. 戴耀廷：〈司法覆核與香港政府的行政權力〉，香港、內地、美國司法制度比較研究講座（香港新聞工作者聯會主辦），2006 年 10 月 21 日。

38. 潘熙大律師：〈香港司法覆核制度〉，http://www.hkba.org/whatsnew/chairman-corner/speeches/2007/judicial_review_hectarpun.pdf。

39. 陳欣新博士意見。詳見〈對香港特區終審法院就港人在內地所生子女居留權案件所作判決內地法律界人士發表意見〉。

40. 陳弘毅：〈香港特別行政區法院的違憲審查權〉，第 425 頁。

41. 同上，第 428 頁。

42. 陳弘毅：〈一國兩制的法治實踐：十年的回顧與反思〉，http://www.ccwhu.com/html/lilunqianyan/zhongguoxianfa/20090614/428.html。

43. 程潔：〈香港憲制發展與行政主導體制〉，《法學》，2009 年第 1 期。

44. 吳嘉玲訴入境事務處處長 FACV 14/1998, p. 4, http://legalref.judiciary.gov.hk/lrs/common/ju/ju_frame.jsp?DIS=29104.

45. 程潔：〈香港憲制發展與行政主導體制〉。

46. 陳弘毅：〈一國兩制的法治實踐：十年的回顧與反思〉。

47. 歐洲人權法院與人權條約部分改變了此種境遇。但是其所審查依然是有限的。A. W. Bradley & K. D. Ewing, *Constitutional and Administrative Law* (London: Longman, 1997), 12th edition, p. 58; 轉引自程潔，〈論雙軌政治下的香港司法權──憲政維度下的再思考〉。

48. Cf. Alexander M. Bickel, *The Least Dangerous Branch: the Supreme Court at the Bar of Politics* (Indianapolis: Bobbs-Merrill Educational Publishing, 1980). 北京大學出版社於 2007 年翻譯出版了該書（《最小危險部門──政治法庭上的最高法院》）的第二版。

49. Cf. Alexander M. Bickel, *The Least Dangerous Branch: the Supreme Court at the Bar of Politics,* chap. 4.（《最小危險部門──政治法庭上的最高法院》第四章 "消極的美德"）

50. 參見程潔：〈論雙軌政治下的香港司法權──憲政維度下的再思考〉。

51. 同上。

52. 同上。

53. 同上。

54. 程潔：〈香港憲制發展與行政主導體制〉。

55. 張翔：〈分權制衡原則與憲法解釋──司法審查以及憲法法院制度下的經驗與理論〉，《法商研究》2002 年第 6 期。

56. 將司法審查的標準由存在潛在的爭議性（Potential Arguability）提高到存在爭議性（Arguability）。Cf. *Peter Po Fun Chan v Winnie C W Cheung Chief Executive & Registrar of Hong Kong Institute of Certified Public Accountants (The "Society" or "Institute") and Mark Fong Chairman of the Registration and Practicing Committee of the Society* FACV 10/2007. 轉引自程潔：〈香港憲制發展與行政主導體制〉。

57. 程潔：〈香港憲制發展與行政主導體制〉。

58. http://sc.info.gov.hk/gb/www.info.gov.hk/gia/general/200701/08/P200701080121.htm.

59. 吳嘉玲訴入境事務處處長 FACV 14/1998, p. 32.

60. 〈就香港特別行政區終審法院的有關判決內地法律界人士發表意見〉。

61. 湛中樂、陳聰：〈論香港的司法審查制度——香港 "居留權" 案件透視〉。

62. 吳嘉玲訴入境事務處處長 FACV 14/1998, pp. 30-31.

63. 姜明安：《行政訴訟法學》，北京：北京大學出版社 1993 年版，第 127 頁。

64. 胡錦光、劉飛宇：〈論國家行為的判斷標準及範圍〉，《中國人民大學學報》2000 年第 1 期。

65. 陳弘毅：《法治、啟蒙與現代法的精神》，北京：中國政法大學出版社 1998 年版，第 276 頁。

66. 胡錦光：〈關於香港法院的司法審查權〉，《法學家》2007 年第 3 期。

67. *Goldwater v Carter* 444 U. S. 996, 1979. Cf. Ronald D. Rotunda, *Modern Constitutional Law — Cases and Notes* (St. Paul: West Publishing Co., 1985), p. 236. 轉引自李曉兵：〈論違憲審查實踐中的 "政治問題排除原則"〉，《河南省政法管理幹部學院學報》2007 年第 3 期。

68. 李曉兵：〈論違憲審查實踐中的 "政治問題排除原則"〉。

69. 李毅：〈美國聯邦最高法院的司法審查權〉，《法學雜誌》1999 年第 1 期。

70. 程潔：〈論雙軌政治下的香港司法權——憲政維度下的再思考〉。

71. 湛中樂、陳聰：〈論香港的司法審查制度——香港 "居留權" 案件透視〉。

72. 我在另一篇文章中有展開充分的論述。參見朱國斌：〈香港基本法第 158 條與立法解釋〉，《法學研究》2008 年第 2 期。

73. 胡錦光：〈關於香港法院的司法審查權〉，《法學家》2007 年第 3 期。

# 香港基本法第 158 條與立法解釋

原載《法學研究》2008 年 3 月第 2 期（總第 175 期）

由於香港基本法地位的特殊性，其修改與解釋的機制與程序亦與其他法律不同。根據香港基本法第 158 條的規定，基本法的解釋權屬於全國人大常委會；同時，人大常委會授權香港特區法院在審理案件時對基本法的條款自行解釋。本文專門研討人大常委會立法解釋制度之理論與法律問題。首先，本文將討論香港回歸後源於香港普通法和內地社會主義性質的大陸法的法律解釋制度的混合性。本文認為，關於基本法解釋權的所有爭議均源於基本法的混合（Hybrid）特性。基本法第 158 條設計的制度安排不僅能夠區分 "一國" 之下大陸法和普通法之特質，而且可以保留了兩種法律／司法制度的基石。香港基本法，特別是第 158 條，就是這種混合體制的 "結婚證"。然後，本文將分析解釋權的配置和架構，特別討論解釋權的來源和特點，並從比較憲法角度揭示人大常委會釋法的正當性。本文進而將比較人大常委會和香港法院解釋基本法的異同。本文認為，二者的解釋權無論在性質上，還是在程序上或是在具體行使方面上都具有實質的不同。最後，本文將分門別類地指出基本法第 158 條起草上的制度性漏洞，以及“一國兩法”之下解釋權的內在衝突和解釋制度程序設計上的缺陷。本文認為，由於基本法第 158 條“是兩種法律制度妥協的產物”，因而它是導致基本法解釋混亂和衝突的根源。第 158 條是一種有待鞏固確立的憲法秩序。

## 一、導言

中華人民共和國於 1997 年 7 月 1 日對香港恢復行使主權後，新的憲制秩序隨之產生。全國人民代表大會根據憲法和按照中英聯合聲明中中國政府承諾的關於香港的方針政策制定了《香港特別行政區基本法》（1990 年 4 月 4 日通過），因此訂明了香港新的憲制秩序。香港基本法是一部貫徹“一國兩制”這一憲政原則的國家基本法律。[1] 在基本法統率之下，“一國兩法（大陸法和普通法）”成為既成事實，香港的原有法制和法律除與香港基本法相抵觸的部分之外得以保留。[2]

由於香港特別行政區法律地位的特殊性和基本法制定的特殊環境與過程，[3] 國家立法機關對基本法的修改與解釋機制及程序作出了與其他法律不同的安排。根據香港基本法第 158 條的規定，基本法的解釋權屬於全國人大常務委員會；同時，人大常委會“授權”香港特區法院在審理案件時對基本法的條款進行自行解釋。香港回歸十年以來，人大常委會一共對香港基本法作出過三次解釋（編註：本文原發表於 2008 年，到本書出版日期為止共有五次），分別發生在 1999 年、2004 年和 2005 年，每次旨在解決不同性質的基本法問題。常委會這三次法律解釋在香港特區引發了激烈的討論和爭議，反射出兩制的不協調之處和法律條文的內部張力和衝突。同時，這已引起了學者們極大的興趣，各種爭論和正反意見紛紛見諸文字，其最主要關注點在於：人大常委會釋法是否會破壞香港悠久的法治傳統，常委會解釋基本法的權力是否為必不可少，或者會被用來干預香港自治事務或政府政治運作，香港法院是否享有違憲審查權，等等。

本文擬專門研究討論香港基本法第 158 條。文章將會具體研討基本法立法解釋權的一般原理，解釋制度的混合特性，解釋權在人大常委會與香港法院之間的分配，以及因解釋權配置引出的理論與法律問題，並提出作者自己的理解和學術意見。

## 二、香港基本法解釋權條款的形成過程及問題的提出

香港基本法的解釋權及其配置問題在基本法起草過程中一直備受關注和爭議。其焦點主要涉及中央與特區之間的關係，簡言之，就是在"一國兩制"前提下，如何能夠一方面保持國家對作為地方行政區域的特別行政區行使主權，另一方面又能夠靈活地使得兩種不同的法律制度共存並繼續發展，且不因為對方作用而喪失原有特點和原則。除了政治性考慮外，基本法解釋權問題的最終解決對香港司法制度亦產生直接而深遠的影響。這種影響事關重大，它將關係到特區法院的運作、司法管轄權及終審權、司法獨立和"一國兩制"方針政策的落實。在起草過程中，社會各界人士發表的意見主要集中在幾方面：有人從中國內地這種兼備歐洲大陸法和社會主義法特徵的法制出

發，認為既然基本法是中國法律之一部分，其解釋權理應歸屬於全國人大常委會；有些人從港英時代傳承下來的英國普通法制度角度觀察，認為基本法解釋權應自然屬於特區法院；香港還有部分人純粹從政治角度考慮，認為將基本法解釋權歸屬到人大常委會將會影響香港的司法獨立傳統和港人治港的信心。[4]

基本法解釋權爭議源於基本法出生時身份的混合（Hybrid）特性，或曰混血兒特性。無論基本法解釋權最終如何解決都不可否認如下事實：基本法是中國法律的一重要組成部分，也是香港法的主幹，甚至是香港普通法系得以長期保留和發展的保證書。[5] 為此，《基本法（草案）徵求意見稿諮詢報告》前言部分對立法指導原則做出了如下清晰的說明：在 "一國兩制" 的前提下，要使兩種原來不同的法律制度能夠和諧運作，便需要從實際出發解決問題，不能單從一個角度提出解決辦法，應既做到符合 "一國兩制" 的精神，也維持香港原有的司法制度。因此，基本法解釋權的問題若能順利解決的話，就是 "一國兩制" 能夠真正落實的最好證明。[6]

### （一）從中英聯合聲明到香港基本法

1984 年中英兩國政府達成的中英聯合聲明就未來香港特別行政區享有的獨立司法權和終審權作出如下的承諾：

> （附件 1 第 1 節）香港特別行政區直轄於中華人民共和國中央人民政府，並享有高度自治權。除外交和國防事務屬中央人民政府管理外，香港特別行政區享有行政管理權、立法權、獨立的司法權和終審權。

（附件 1 第 3 節）香港特別行政區成立後，除因香港特別行政區法院享有終審權而產生的變化外，原在香港實行的司法體制予以保留。

（附件 1 第 3 節）香港特別行政區的審判權屬於香港特別行政區法院。法院獨立進行審判，不受任何干涉。

中英聯合聲明是兩國政府解決香港問題達成的共識，它構成基本法的法律淵源，並為起草基本法提出了基本框架和基準。對於聯合聲明之於基本法的淵源關係，香港基本法起草委員會政治體制專題小組負責人、憲法學權威蕭蔚雲教授作出了如下說明：[7]

只要認真讀一讀《基本法》，就可以看到，《基本法》全面體現和貫徹了中英聯合聲明的精神。……在《基本法》序言中首先明確規定"中英兩國政府簽署了關於香港問題的聯合聲明"，"國家對香港的基本方針政策，已由中國政府在中英聯合聲明中予以闡明"，在短短三百多字的序言中，兩次提到聯合聲明，說明《基本法》對聯合聲明的充分重視；在《基本法》的條文中寫入了上述基本方針政策和聯合聲明附件 1 的全部內容，例如總則的每個條文幾乎都是聯合聲明的內容，第七章內容全部來自聯合聲明，僅將其變為法律條文，《基本法》其他許多章節的大部分內容也來自聯合聲明；有些具體條文雖然在聯合聲明中沒有規定，但這些條文都是（以）聯合聲明的精神為依據，與聯合聲明是完全一致的……

在基本法有關條文起草過程中，香港各界人士還是對於中英聯合聲明在法律上的具體條文化，特別是解釋權歸屬問題的爭議很大。歸納起來，主要有三種意見：[8]

### 1. 主張基本法的解釋權全部授予香港特區法院

《基本法（草案）徵求意見稿諮詢報告》（第二冊）第 8 點提到，全國人大常委會不應擁有對基本法的解釋權，解釋權應當屬於特區終審法院，或是基本法委員會下成立的法律小組，或是成立獨立的憲法法庭。對於終審法院享有基本法解釋權的理由是，既然在 1997 年後特區將享有終審權，那麼所有與基本法條文有關的案件都應可以上訴至終審法院解決。終審法院在判決案件時可以解釋基本法，其司法解釋亦為最高的、最有法律效力的。有意見提議在基本法委員會之下成立一個法律小組，專門就與基本法有關的法律問題進行研究。法律小組由內地及香港司法界代表組成，擁有最終的基本法解釋權。還有意見提議在香港特區設立憲法法庭，專門就涉及基本法的案件進行聆訊，憲法法庭須由內地及香港法官（包括英國法官）所組成，負責就具體案件以普通法原則進行審訊。在審訊案件時，憲法法庭可以與案件有關的基本法條款進行解釋，其解釋為最終解釋，並具法律效力。對於憲法法庭的組成，有下列意見：由香港與內地同等數目的法官組成；香港法官佔多數；由香港與內地同等數目的法官組成，由普通法系國家的外籍法官出任首席法官。[9]

## 2. 主張人大常委會與香港特區共同擁有基本法的解釋權

持這種意見者認為，基本法解釋許可權可以按中央與香港特區的職權劃分來劃分，其中有關國防、外交以及中央與特區關係事務的條款由人大常委會解釋，有關香港特區自治範圍的事務的條款由香港特區法院解釋。雖然人大常委會擁有對整部基本法的解釋權，但應在基本法中規定，特區法院可在審訊案件時解釋基本法。此外，人大常委會可用自我約制的方法，不解釋純粹涉及特別行政區內部事務的條款，或把解釋此類條款的權力授權給特區法院。人大常委會亦可在解釋基本法前，諮詢基本法委員會的意見，藉此建立完全接受基本法委員會所提出的意見的 "慣例"。[10]

## 3. 香港特區法院審理的終審案件涉及基本法中不屬於自治範圍的條款，應提請人大常委會作出解釋後判決

此項觀點參照了歐洲共同體的法律解釋做法，主張人大常委會擁有對基本法的解釋權，但特區法院在審理案件時可以解釋基本法。只是當案件涉及對基本法關於國防、外交及其他屬於中央人民政府管理事務的條款的解釋，特區法院在對案件作出終局判決前，應提請全國人大常委會對有關條款作出解釋。有建議認為，人大常委會應自我約束，儘量不去解釋基本法內與特區內部事務有關的條款。有意見主張把這種 "自律" 的指導原則在基本法裏予以明文規定；有意見認為，人大常委會應正式下放權力，讓特區法院擁有全權解釋基本法中有關內部事務的條款，並且這種權力的下放是 "沒有還回性"，一經下放，人大常委會便不能再收回此權力。但亦有意見提出主權問題的

考慮，認為下放的權力應該可以隨時被主權者收回。[11]

## （二）香港基本法的最終設計與妥協

對於第一種意見，從人民代表大會制度這一政治體制上講，它行不通，因為中國不實行三權分立。基本法是由全國人大通過的全國性法律，香港回歸後，作為中華人民共和國的一個特別行政區，其司法機關若對全國性法律享有完全的、排他的和壟斷性的解釋權，顯然不符合中國憲法精神。這不僅不符合法律邏輯，在中國法理上說不通，同時也有違主權原則和"一國兩制"精神。

第二種意見要把香港法院和全國人大常委會對於基本法的解釋許可權絕對劃分為對自治範圍內事務條款的解釋和對涉及中央與特區關係事務條款的解釋，這看上去是一種簡單直接的做法，以達至解釋過程中互不干預。但是，要落實它，首先在起草過程中具有困難性。香港司法制度繼承了普通法系的傳統，法官在具體案件審理過程中行使解釋法律的職能時，必須研究全部法律條文（Contextualism）方可得出正確結論，對於基本法也不例外。當具體案件可能會既涉及到中央管理事務又涉及自治範圍的條款，或是基本法條款本身很難分清到底是屬於中央與特區關係事務還是自治範圍內事務，在這種情況下，這種意見在司法實踐中並不可行，或者說不具有可操作性。

較之於上述兩種意見，第三種意見比較可行，它不僅首先能夠區分中國大陸法和香港普通法法律制度之特質，而且還能夠保留了兩種法律／司法制度的基石，被認為是"表現了高度原則性和靈活性的結合"。[12] 若採納第三種意見，香港法院事實上行使對基本法的全面解釋權。只在少數情況下，如在訴訟過程中，香港法院認定案件明顯涉及中央管理的事務，或控辯雙方或一方涉及這類條款並且經香港法院認定理由充足時，方才提請人大常委會作出最終解釋。人大常委會主動行使最終解釋權機會存在，但實際情況應該不會太多，除非香港法院作出的解釋出現重大錯誤，或顯然應當提請而未提請人大常委會作出解釋等。[13]

在起草基本法過程中，起草委員會收集了大量意見，經過反覆推敲琢磨，最終於 1988 年 4 月通過了《基本法（草案）徵求意見稿》，其中第 169 條是關於基本法解釋權的配置的規定。該條規定基本法的解釋權屬於全國人大常委會，人大常委會再授權香港法院在審理案件時解釋基本法條款。但終審案件涉及到國防、外交及其他由中央管理的事務的條款的解釋時，特區通過行政長官提請人大常委會屬下的基本法委員會對有關條款作出說明。[14] 對於此條款（後來得到了進一步修正），有香港學者質疑行政長官通過國務院向全國人大常委會尋求解釋基本法條文的權力缺乏法理基礎。在徵求意見稿報告中，也有各種各樣的意見，包括政治性影響的意見如主權、人權、高度自治，司法制度影響的意見如管轄權、司法獨立與終審權、普通法制度運作，經濟方面影響的意見如香港國際地位、投資市場等。

在充分考慮各種意見的基礎上，《基本法（草案）徵求意見稿》經過修訂，形成了 1989 年 2 月《基本法（草案）》第157 條。[15] 在徵詢意見過程中，人們對該條文仍提出很多不同意見。例如，有人認為"徵詢"一詞沒有法律效力，因為"徵詢＂不等於＂接納＂。有反對意見仍然不支持或不認同人大常委會享有基本法解釋權，認為這與中英聯合聲明相抵觸，因為中英聯合聲明指出＂香港享有行政管轄權、立法權、獨立司法權和終審權＂，若解釋權單方面屬於中方（央），從根本上說整部基本法都是空的，基本法的解釋會變得面目全非，而香港人卻無權異議，削減了香港法院的司法獨立性，有損於＂高度自治權＂。也有人認為，按照普通法精神，解釋基本法應屬司法機構職責，而人大常委會並非一個司法機構，它沒有權能來解釋。[16]

1990 年 2 月公佈的《基本法（草案）》第 158 條沿用了 1989 年 2 月發佈的《基本法（草案）》第 157 條的規定。之後，它於 1990 年 4 月 4 日被七屆全國人大三次會議最終通過，成為現行香港基本法的第 158 條。《基本法（草案）》第 158 條與基本法最終文本之間沒有文字的分別。

基本法解釋權歸屬的最終解決，儘管是兩制相互妥協的結果，也是目前憲政格局下的較合理結局。它能夠在＂一國兩制＂的前提下，使兩種原來不同的法律制度有秩序地運作，既肯定了基本法是中國法律系統的一部分，又維持了香港原有的法律／司法制度，＂既……堅持了國家統一和主權；又……維護了香港特別行政區的高度自治＂。[17]

### 三、香港基本法解釋權的配置及架構分析

基本法第 158 條對解釋權的歸屬和行使作了明確的規定。該條共分四款，也就是四個層次，主要內容可以解析為：[18]

## （一）基本法解釋權屬於全國人大常委會

按照中國憲法的規定，法律的解釋權屬於全國人大常委會（第 67 條第 4 項），地方一級的國家權力機關不享受該解釋權。香港基本法是全國性的基本法律，其 "解釋權屬於全國人民代表大會常務委員會"（基本法第 158 條第 1 款），這符合了中國單一制國家的立法集中和法制統一原則，也保證基本法在全國的統一理解和實施。[19] 一直有人認為，由人大常委會來行使基本法的解釋權，會妨礙和限制香港法院的有效運作、司法獨立和終審權。[20] 這種推論的邏輯前提是在香港，只有法院釋法才能保證司法獨立，任何其他安排都會導致走向對立面。但也有人認為，人大常委會是按照 1981 年人大常委會《關於加強法律解釋工作的決議》的規定在需要明確法律條文界限和內容的時候來行使法律解釋權，而毋需有具體案件牽涉有關法律才可行使此解釋權，故此並不涉及司法機關如何具體處理案件的問題。[21]

在中國，廣義上的法律解釋存在著兩個範疇和層次：一個是以憲法性法律為解釋對象的解釋，即所謂的 "憲法解釋"；另一個則是以法律、法規為解釋對象的解釋，一般被稱為 "法律解釋"。根據現行憲法第 67 條第 2 款第 1 項以及第 4 項的規定，憲法以及法律的解釋權均歸屬於全國人大常委會。從解釋主體的角度來看，上述的 "憲法解釋" 和 "法律解釋" 均可視為 "立法解釋"，即立法者作出的、具有法律意義的解釋。其他解釋主體，如最高人民法院、最高人民檢察院和國務院及相關主管部門也有權作出解釋，所做出的解釋被稱之為具體應用解釋。

自 1949 年以來，中國憲法和法律先後多次就法律解釋問題作出過規定，其中最重要的法律文件是上述 1981 年人大常委會通過的《決議》[22] 和 2000 年第九屆全國人大三次會議通過的《立法法》第 42 條（本文第三部分將有機會討論該條）。上述《決議》與《立法法》就是人大常委會對憲法中有關全國人大常委會解釋條款（即第 67 條第 2 款第 4 項）的法律明細化。基於此，人大常委會將自身的部分法律解釋權授權給其他國家機關，從而建構了一個新的法律解釋體制。這一體制的一個重要突破，就是在很大程度上也承認了 "司法機關"，尤其是最高法院對法律的解釋權，這與現代民法國家在法律解釋體制上的發展動向是一致的。上述《決議》和《立法法》同時為香港基本法確立有關基本法解釋體制提供了一個為現行憲制所接納的、可行的框架。

### （二）特區法院經授權解釋基本法

基本法第 158 條第 2 款確立了釋法授權機制，規定："全國人民代表大會常務委員會授權香港特別行政區法院在審理案件時對本法關於香港特別行政區自治範圍內的條款自行解釋。"

按照中國的法律解釋制度，只有最高人民法院才能對具體法律的適應行使司法解釋權，地方各級人民法院並不具有這項權力。由於其他省、自治區和直轄市和特區無隸屬關係，是完全平等的關係，"同樣，各省、自治區和直轄市的高級人民法院與香港特別行政區終審法院也完全是平等的關係。因此，在 '一國兩制' 下的完全平等的關係是香港特別行政區法院與內地各地區法院的基礎關係……。"[23] 如此看來，香港法院被基本法賦予解釋權的安排是在"一國兩制"前提下的"特事特辦"。第158條第2款這一"授權條款"表面上看是對香港司法機構的特殊待遇,它實際上是對實施了一百五十多年的普通法制的尊重,接受了該制度不宜、也不應該輕易改變的事實,體現了維持香港原有制度"五十年不變"的深遠考慮,還蘊藏著保證香港高度自治、港人治港這種更深層次的立法意圖。

於是,香港法院對有關自治範圍內的基本法條款可以自行解釋,提請人大常委會作出立法解釋的必要性不存在了。案件當事人同樣也不能將解釋爭議徑直提交人大常委會要求解釋,這會違反基本法。上述有關香港特區"自治範圍的條款",是指香港特區按照基本法規定有權行使管理權的條款。但是對哪些條款屬於範圍之內,案件當事人、特區法院、特區政府和中央(主要指人大常委會和國務院)可能有不同理解,而這種不同理解將會導致法律和政治的紛爭(回歸以來的這三次基本法立法解釋都和各自對基本法所謂"自治條款"的理解有直接和間接的關係)。

### (三)特區法院有條件地全面解釋基本法

基本法第158條第3款進一步授權釋法,規定:"香港特別行政區法院在審理案件時對本法的其他條款也可解釋。"根據對基本法第158條第2款和第3款的聯合理解,"其他條款"是指除基本法關於香港特區自治範圍的條款之外的條款。如此一來,特區法院在審理案件時對基本法的全部條款都有權自行解釋,實際上回歸到了普通法法院釋法的司法實踐。

但唯一的限制是,"但如香港特別行政區法院在審理案件時需要對本法關於中央人民政府管理的事務或中央和香港特別行政區關係的條款進行解釋，而該條款的解釋又影響到案件的判決，在對該案件作出不可上訴的終局判決前，應由香港特別行政區終審法院請全國人民代表大會常務委員會對有關條款作出解釋。"（第 3 款第 2 句）那為甚麼要加上這一層限制呢？基本法起草委員會委員許崇德教授以為，因為香港特區法院享有終審權，它們對基本法條文所作出的解釋，將隨判決的生效而成為具有約束力的判例法，為了避免香港特區法院在對涉及中央利益的條款的解釋同全國人大常委會不一致，故此採取了終局判決前提請全國人大常委會解釋的辦法。[24] 這一解釋與香港文匯報記者的記載基本一致。[25]

對基本法關於香港法院有條件地全面釋法這一規定的全面認識和深入理解，一定要參考起草小組負責人蕭蔚雲教授的講話。蕭教授在 1987 年 4 月 13 日至 17 日召開的基本法起草委員會第四次會議上作了如下重要發言：[26]

我認為要作一點限制的理由是：

（1）《基本法》是一個非常重要的法律，不是一個純粹地方法律，……而且它規定了許多的中央與香港特別行政區關係的內容，如果完全由一個地方法院在審理案件中對它進行無限制的解釋，這種解釋不但影響香港特別行政區，而且可能影響到全國，所以無限制的解釋似乎是欠妥的。

（2）如果涉及到國防、外交與中央直接管轄範圍內的事務的案件，完全由香港特別行政區法院來解釋，這和中英聯合申明的精神似乎也不完全一致，即使法院能審理這類案件，在實際工作中也可能會遇到困難。而且⋯⋯，1997年後香港特別行政區終審法院的法官又並不限於香港居民，這也是應當考慮的。

（3）在1997年後香港特別行政區終審法院有終審權，它的判決即最終判決，不能再上訴到北京，如果涉及國防外交及中央直接管轄的事務的案件，香港特別行政區法院又審判得不正確，這種錯判的案件將無法得到糾正。

（4）現在香港法院並無終審權，即當事人不服香港最高法院判決的，還可以依法向倫敦樞密院司法委員會上訴。從這個意義上講，香港法院現在並不能無限制的解釋法律，倫敦的樞密院司法委員會每年都要改判由香港法院判決的幾宗案件。

（5）這樣規定並不妨礙香港特別行政區法院的終審權。所謂終審權是指香港特別行政區終審法院的判決即為最終判決，不能再上訴。

（6）如果認為全國人大常委會對法律解釋不多，香港特別行政區法院就可以無限制解釋法律，這可能是混淆了全國人大常委會對法律的解釋權和香港特別行政區法院在審理（案件）中對法律的適用、解釋問題，這兩者並不是一回事，不能就全國人大常委會解釋法律少，就可以由法院解釋⋯⋯如果全國人大（常委會）將來對《基本法》的解釋真的不多，只能說明基本法訂得比較好，比較明確，而不能說明因此應當給法院有無限制解釋法律的權力。

此外，同條第 3 款第 3 句還規定："如全國人民代表大會常務委員會作出解釋，香港特別行政區法院在引用該條款時，應以全國人民代表大會常務委員會的解釋為準。但在此以前作出的判決不受影響。"這種規定有它的必要性，也符合普遍的立法和法治原則。同時，它直接解決了部分民眾對"人大釋法具有溯及力"的疑惑和擔憂。如起草委員李柱銘的意見就有代表性："……在自治範圍外的問題，人大常委會可以行使其最終解釋權，避免同樣的判決再出現，甚至必要時動議修改《基本法》，但已經作出了判決的案件不能更改。如果人大常委會的解釋有溯及力，可以改變在此之前作出的判決，則在香港終身法庭敗訴的一方便必然會千方百計地上訴至人大常委會，這樣，香港終審法庭的權威將會失去，也就不再是'終審'法庭。同時，人大常委會也要面對很大的困難。"[27]從普通法理學上講，當時的這種考慮是有理據的。

從第 158 條設計和起草的立法意圖到該條的結構，我們看出，基本法解釋體制具有如下特徵：一、這是一種法律解釋的雙軌制，一法兩釋（指釋法主體，即人大常委會和香港法院）；二、人大常委會釋法從理論上講是無條件的，並且其解釋結果具有凌駕性；三、香港法院釋法範圍從事實上講具有全面性，它可以自行解釋基本法全部條文；四、人大常委會釋法具有個案針對性，是一種具體解釋行為；五、香港法院釋法是有條件性的，這主要表現在對法律的理解可能發生衝突時，至少從立法意圖上講，它必須啟動提請程序尋求人大常委會釋法；六、人大常委會的法律解釋必將是兩法兩制之下法律衝突的準據法。

儘管要求香港法院必要時提請人大常委會釋法是一種"預

防措施"，但是條文的起草仍然是百密而一疏，預防不到位（以1999 年 6 月 28 日的釋法為例）。可見，立法意圖這種主觀良好願望還需要嚴密的法律邏輯和推理以及疏而不漏的條文板塊來保證。對此，下面還有機會論述到。

### （四）基本法委員會介入解釋程序

第 158 條第 4 款最後規定："全國人民代表大會常務委員會在對本法進行解釋前，徵詢其所屬的香港特別行政區基本法委員會的意見。"有意思的是，"徵詢"之前並無"得"或"應"這種字眼（相當於英語的 Shall），這有別於一般立法習慣。這是否意味著徵詢意見與否要留待人大常委會酌情而定？條文關於對於"徵詢"意見過程是否是一個必不可少的立法解釋程序的模糊的規定，為我們留下了質疑的空間。然而，從立法者的意圖推測，"徵詢"意見應該是立法解釋的一個必不可少的環節。

1990 年 4 月 4 日，第七屆全國人大第三次會議通過香港基本法時，還通過了《全國人大常委會關於批准香港特區基本法委員會的建議的決定》，基本法委員會的組成、地位及職責由全國人大常委會決定。根據該決定，基本法委員會是設立在全國人大常委會之下的一個工作委員會。它由十二人組成，由內地人士及香港人士 —— 其中包括法律界人士 —— 各六人組成；其中香港委員須由在外國無居留權的香港特區永久性居民中的中國公民擔任，並經香港特區行政長官、立法會主席和終審法院首席法官聯合提名，報全國人大常委會任命。基本法委員會的任務是就有關基本法第 17 條、第 18 條、第 158 條及第 159 條實施中的問題進行研究，並向全國人大常委會提供意見。上述條款涉及的內容包括：特區立法是否符合基本法及法定程序，少數全國性法律在香港的實施，有關基本法的解釋及修改問題。

我們還可以有一個疑問：基本法委員會的許可權只限於對上述四個條款提出"諮詢意見"嗎？換句話說，未來可能出現的爭議性案件只會涉及到上述四個條款嗎？如果案件涉及到對除上述條款之外條款文字或含義的理解，香港特區終審法院是否也要提請全國人大常委會對相關條款作出解釋？是否可以認為，基本法第158條第3款事實上擴大了基本法委員會的"諮詢"範圍，因為終審法院提請解釋的案件只會涉及"本法關於中央人民政府管理的事務或中央和香港特別行政區關係的條款"。假定認為上述四條就是中央管理的事務，但是中央和香港特區關係的事務似乎不可以直接劃入上述四條中的任何一條，而基本法又要求基本法委員會就該類事務的條款提出諮詢意見。由此可見，基本法和關於成立基本法委員會的法律之間並不協調，可能產生內在衝突。

從立法者主觀願望來看，基本法委員會實際上被設計為中央與香港特區之間的一座橋樑。由於基本法委員會有香港人士參加，[28] 該機構的工作有助於客觀全面地反映香港的實際情況和各界意見，也有利於中央指示的下達，可以在中央與地方之間發揮緩衝的作用。因此，基本法上述第158條第4款的規定，便於使中央立法機關在進行基本法解釋時儘可能顧及到香港民意。條文設計也希望賦予人大常委會在釋法時有更多的主動性、主動權，和更強的主導性。從可以見到的資料來分析，這也是所謂的立法原意。

基本法第158條對基本法解釋權的分解和配置，從主觀上講，是希望從香港的具體情況出發，解決一國和兩制的內在張力問題，為衝突的解決提供一種安全閥門／出口。在客觀上，它體現了中央政權對地方政權的主權原則、香港特區的高度自治原則；在法制建設方面看，它凸顯出基本法既是中國法律體系的重要組成部分，它又在相當程度上保留了普通法系的司法傳統。[29]

## 四、人大常委會立法解釋權的正當性、理據與特徵

社會科學家 —— 特別是政治學家 —— 關於正當性理論（Legitimacy Theory）的主要構成內容的意見基本一致。比如，他們認為正當性是一個規範性概念，它多少與決策的（道德和法律）權力／利有關。"權威"經常被認作是正當性的同義詞。正當的制度／機構（Institutions）就是那些享有權威性的授權為一個政體做出判斷的制度／機構。[30] 不言而喻，當我們說人大常委會有解釋基本法的權力／利時，我們事實上就斷定它／這一制度不僅享有憲法授權，而且它還是得到了人民的同意／認可。就此而言，如果能證明人大常委會釋法是正當的行為，那麼任何對它的挑戰本身就沒有正當性，更談不上它成立的法律的和制度的基礎了。

### （一）立法解釋權的制度與理論來源：比較憲法的透視

從憲法學角度觀之，法律的立法解釋體制的確立源自人民代表大會制度及其所體現的"議會至上"原則。儘管立法解釋實踐逐步讓位於普通法院的司法解釋（在英美法傳統國家）和

憲法法院的抽象解釋（在大陸法國家，普通法院也解釋法律；這與普通法傳統國家的司法實踐趨同），它的存在，特別是在中國的實踐有著深刻的理論基礎和牢固的現實根基。從比較憲法史來看，法國大革命後實施立法與行政嚴格分立，旨在杜絕舊制度時期的司法干政現象，從而造就了立法（機關）至上、法院低人一等的制度格局。由此，立法解釋制度在法國得以確立。[31] 這一模式和實踐得到了很多國家的仿效，直至第二次世界大戰之後新的格局才出現。[32]

從理論上講，人民代表大會制度是盧梭式的人民主權理論的充分演示。人民代表大會體現的是議會至上或立法至上原則（Supremacy of Parliament or Parliamentary Supremacy）；人民代表代表人民立法，法律是 / 必須是眾意（*volonté générale*; the General Will）的體現。因而，人民的意志必須也只能由人民或人民的代表來決定和修正（如制訂新的法律或修改現行法律）。推而廣之，代表人民意志的法律只能由人民代表機關或曰議會解釋。這應該是立法解釋的直接理論解釋。

在當代憲法實踐與發展中，人們高度稱頌以司法權為中心的分權制衡，特別是以司法權制衡立法權和行政權，而這被認為是識別憲政主義的主要標誌。著名的法學家德沃金（R. Dworkin）曾主張，每一個歐盟成員國以及其他 "成熟的民主體"（Mature Democracies，為他的原話）必須透過憲政主義和司法審查制來反對多數人的專制（The Tyranny of Majority）從而保護自己。[33] 鼓吹這一思想的理論家和法學家大有其人。在二戰以後，隨著歐洲國家（如奧地利、德國、意大利，以及後來的法國）憲法法院（在法國為憲法委員會）的前後建立和憲法判例法（Constitutional Common Law）的確立，再加上新興民主國家（如南非、以色列、韓國）步其後塵，憲政主義走向一個"新憲政主義"的階段。上世紀 90 年代初，前蘇聯及中東歐共產國家紛紛向民主國家轉型，並以建立憲法法院為其標誌之一，這極大地鞏固了新憲政主義的發展勢頭。憲法法院的普遍建立、憲法判例法制度的確立並為各國憲政體制所接納，被認為是"新憲政主義"（New Constitutionalism）的標誌和勝利。[34]

以此為特徵的憲政主義的理論及實踐與以多數人的統治為特徵的傳統民主理論及民主自治（Democratic Self-Governance；我以為，此自治 Self-Governance 即人民民主自治有別於彼自治 Autonomy，後者往往是指憲法授權下的自我管理）實踐之間存在著一種內在的張力。在論述立法機關和法院的釋憲時，比較憲法學者 M. Tushnet 認為，"這種意義上的憲法剝奪了當代多數人為其所欲為的權力，因此，在這個意義上它是反民主的。由不受直接民主問責制約束的法官對自治（Self-Governance）施加憲法性的限制提出了同樣眾所周知的反多數人（Countermajoritarian）的困境。如果非司法機構或人（Actors）有解釋憲法的動力且他們至少可以和法官做得一樣好的話，憲政主義和民主自治的張力以及反多數人的困境將會得到極大地減低。如果憲法的主要解釋者是非司法機構或人員並且他們的解釋工作做得相當好的話，那麼我們會同時得益於憲政主義和民主自治。"[35] 在論述到立法機關如何解釋憲法以及怎樣評價立法機關釋憲時，Tushnet 認為以法院為基礎的釋憲標準是不適當的（Inappropriate），從而提出了以憲法為基礎建立標準。[36]

在西方國家，絕大多數憲法學者對立法機關解釋好憲法的

能力表達了深深的懷疑，他們基本的出發點還是司法至上／凌
駕性（Judicial Supremacy），政治理論基礎是分權制衡。他們
最基本的論據是，立法機關往往制定違憲的法律，而這些具有
明顯違憲性的法律則是由法院發現的。反對意見認為，那些法
律並不違憲，而是立法者和法院之間就憲法的意義不能達成一
致而已。因而，上述理由不足以說明立法者無能，只能說明他
們在鼓吹司法至上／凌駕性。在西方學術界，儘管鼓吹立法解
釋者屬於少數派，但反對法院過分的司法積極主義（Judicial
Activism）和司法憲政主義（Judicial Constitutionalism）、堅持
體現人民主權的立法憲政主義（Legislative Constitutionalism）
或人民憲政主義（Popular Constitutionalism）傾向者也不乏其
人。[37]

### （二）立法解釋權的制度與理論來源：立足中國憲法制度

西方憲法發展軌跡不能與中國共用，憲法學的語境絕然不
同。一般的情況是，西方國家立法機關現在沒有或不行使解釋
憲法和法律的職能。

中國人大常委會的法律解釋權具有充分的法理和憲法基
礎。從法律形式（Formalism）上講，憲法和法律解釋權來自
憲法。但是這一權力是全國人民代表大會這一國家機關的固
有權力，而不是被授予的權力，更不是所謂的“剩餘權力”；
權力的這種性質是由人民代表大會作為國家的最高權力機關
和立法機關的性質決定的。從五四憲法到八二憲法，憲法關於
人民代表大會的表述沒有性質上的變化。進而言之，全國人大
是承受人民的委託、代表民意的代議機關，是享有充分正當性

（Legitimacy）的制憲機關（當然，人民也可以以全民公決的方式制憲）；制憲權、修憲權、釋憲權有著一脈相承的關係，而釋法權乃是這種權力的延伸。

中國的人大制度是一種民主集權制，人民主權原則和"民主集中制"就是統帥這一體制的政治哲學。[38] 這種體制與盧梭的主權在民的啟蒙思想、[39] 為馬克思所稱道的短暫的巴黎公社實踐、列寧的國家理論也有精神上的傳承關係。在人大制度下，國家權力有分工（Division / Distribution of Work）但無分權（Separation of Powers），國家權力的源泉只有一個。其實，"議行合一"才是對這一制度的完美表達。在這裏，行政權來源於立法權，而立法權（即是主權的直接體現）則來自人民；也可以說，所有其他權力都是立法權的派生。在中國，這種體制表現為全國人大之下的"一府兩院"制（編註：2018 年修憲之後，變為"一府兩院一委"制）。按照"議行合一"，我們對法國大革命後憲法將司法機關置於國家機關中的從屬地位、法官在所有公職人員中地位最低這種狀況就見怪不怪了（這也部分因為在大革命前法官經常與代表中央權力的王權對抗這一歷史事實）。[40] 必須指出，今日法國司法機關和權力的地位與當時不可同日而語了。

從議行合一制度的實際運行來看，這又是一種代議或議會民主制。議會制的根本之處在於人民選舉產生代表（主權委託），代表組成國家權力機關即議會，由議會掌握權力並組織政府。議會立法，政府執行，因而，議會和政府是一體的。這就將該制度與美國式的分權制衡區別開來了。[41]

## （三）立法解釋制度及其論爭 [42]

憲法第 67 條規定了全國人大常委會的職權，其中第 1 項為"解釋憲法"；第 4 項為"解釋法律"。2000 年 7 月 1 日實施的《立法法》是全國人大制定的基本法律，是一件憲法性法律，因為它規定了國家的立法體制、立法程序等重大憲政問題。該法第 42 條規定：

> 法律解釋權屬於全國人民代表大會常務委員會。
>
> 法律有以下情況之一的，由全國人民代表大會常務委員會解釋：
>
> （一）法律的規定需要進一步明確具體含義的；
>
> （二）法律制定後出現新的情況，需要明確法律依據的。

中國現行的立法解釋體制有三個特別之處：一是，有權制定法律的機關也有權解釋法律。如全國人大常委會是立法機關，也是法律解釋機關。二是，有權解釋法律的機關不一定有權制定該法律。如人大常委會有權對人大制定的法律進行解釋，但無權制定該等法律，對該類法律進行部分補充和修改時不得與該法律的基本原則相抵觸。三是，有權制定法律的機關不一定親自解釋該法律。如憲法沒有明確賦予人大解釋法律的權力。而從全國人大的性質和地位來看，它有解釋法律的權威，但出於內部分工的需要和從大會制度會期考慮，它又可以不親自解釋法律。事實上，全國人大架構龐大，會期稀疏（一年一次），且會期較短（約兩個星期），它目前的精力主要在立法方面，根本無暇顧及法律解釋。從理論上講，人大常委會作出的法律解釋在法律位階和效力上並不低於法律。人大常委會的立法解釋從制度上將人大的釋法權從立法權中分離出來了。從現實需要來看，這是一種更可行和可取的選擇。

憲法規定，全國人大常委會有權解釋法律，這裏的“法律”有著確定的含義，其含義就是《立法法》第 7 條規定的全國人大制定修改的刑事、民事、國家機構的和其他的基本法律及人大常委會制定修改的其他法律。而且，《立法法》第 8 條一共規定了十項事項只能由法律加以規定，其中規定的第三項內容是“民族區域自治制度、特別行政區制度、基層群眾自治制度”，可見，關於規定特別行政區制度的基本法顯然是包括在這裏面。所以，從憲法和《立法法》的法條規定來看，全國人大常委會有權解釋的法律當然包括香港基本法在內。

不過，在法學界，對立法機關解釋法律的做法一直存在爭議。在反對者的聲音中，有論者認為，“常委會解釋法律的制度，是常委會重複行使立法權的誤稱”，甚至認為“……我國的所謂立法解釋制度……常委會解釋憲法的制度有違憲政的一般性原則”。設定全國人大解釋法律的權力沒有必要甚至違反法治精神。[43] 還有學者認為，立法機關不應作為法律解釋機關，即認為不應有立法解釋制度，包括不應由人大常委會解釋憲法。[44] 此外，有學者認為：“立法者未必比其他人更懂得法律，因此也未必更適合做其法律的解釋者。”[45]

一位在全國人大常委會機關工作的研究者也曾認為，立法機關沒有必要承擔解釋法律的職責。他在主張全國人大常委會解釋憲法符合制憲權和釋憲權分離的原則的同時，指出立法機關解釋法律存在諸多弊端，如立法解釋無法解決是否具有溯及力問題，立法解釋會使法律的客觀性和可預測性受到質疑，立法解釋將使法律的包容性、適應性受到破壞。但他也承認，在目前中國的法律解釋制度還不完備的情況下，仍有必要繼續保持立法解釋制度。在法制建設走上完全成熟的軌道後，該制度就是多餘的了。[46]

但贊成者李步雲教授認為："誰有權制定法律、法規，誰就有權給自己制定的法作出解釋。" 法的解釋完全由司法機關承擔，只是西方一部分國家的觀念和做法，並不符合中國現行的民主集中制。[47]而且，檢驗一個制度合理性的標準主要就是在於它對社會現實的適應性，從實證考察的結果來看，立法解釋顯然有存在的必要。眾所周知，理解立法者原意和闡釋過去曾是法律解釋的基本目標，現在仍然是重要目標。西方大陸法系的國家在剛剛完成其基本法典時，都曾經期待通過明確的法律規則減少判例的作用，非常審慎地禁止或限制法官的釋法，將法律解釋權集中於立法機關之手。當然，在今天來看禁止法官釋法已經成為歷史，但立法機關並不絕對地放棄了法律解釋權。根據鄒平學教授的統計，當今世界確認立法解釋的憲法大約有近三十個。[48]

在理論上，保持立法機關的法律解釋權，也可被視為維護人民主權原則的一種保障措施。全國人民代表大會在整個國家機構體制中具有至尊的憲法地位和崇高的政治與法律權威。在民主、法治建設並不成熟的階段，立法整體上還是比較粗放，尚有不少基本的法律沒有頒佈。在法律真空還比較多的情況下，在遵循成文法（制定法）而否定判例法的傳統下，法官較大的自由裁量權及解釋權容易導致法律適用的不統一和不確定性，而立法機關的法律解釋權有助於在各種解釋出現矛盾和分歧時作出決定性的決定（這符合 1981 年全國人大常委會的《決定》）。例如，2002 年全國人大常委會運用立法解釋權，對刑法第九章瀆職罪主體適用問題作了解釋，解決了此前最高法院和最高檢察院在這一問題上的各自司法解釋之間的衝突。[49]

人大常委會行使立法解釋權還有一個顯然的優勢是：隨著立法的規範化，立法的程序要求日益嚴格，而法律規定的進一步明確或適用根據的明確與法律規範的創制及修改相比，無疑是比較簡單的。因此，在行使立法權外，人大常委會通過專門的法律解釋權可以比較迅捷又權威地解決法律爭議問題。

總之，人大常委會享有立法解釋權是一個不爭的事實，它在中國法律解釋體制中享有主導性的地位也是不爭的事實。其權威性還在於，人大常委會不僅負責解釋憲法和法律，還表現在當最高人民法院和最高人民檢察院在法律解釋上出現原則分歧時，它必須應請求作出最後的解釋或決定。[50]

### （四）人大常委會與香港法院基本法解釋權的比較

比較人大常委會和香港法院對香港基本法的解釋權，可以發現二者在解釋權之性質地位、程序特點、解釋範圍等方面存在諸多不同之處：[51]

#### 1. 性質地位上的不同

人大常委會是最高國家權力機關的常設機關，它對香港基本法的解釋權既是固有權，又是憲法權力。這是一種主權者才享有的權力，其固有性、最高性和排他性毋庸質疑。香港法院解釋基本法的能力由香港基本法賦予，權力來源於全國人大常委會之授權。因而，基本法第 158 條乃是一個授權條款。

然而就基本法所堅持和體現的"一國兩制"的立法初衷和第 158 條的立法原意而言，具有普通法淵源的香港法院的基本法解釋權也具有制度上的傳承和固有性，法官釋法和判例法是普通法的基石。

我們又得認識到，香港回歸首先是對香港主權的回歸，故國家的根本政治制度人民代表大會制具有毋容置疑的凌駕性。根據香港基本法第 158 條第 2 款的規定，香港法院對基本法涉及中央人民政府管理的事務或中央和香港特區關係的條款進行解釋時，應當以全國人大常委會的解釋（具有法的性質）為準。就此而言，法院解釋權及其對基本法的相關具體解釋具有從屬性的特點。

### 2. 解釋權啟動機制的異同

在理論上講，人大常委會有權自行主動啟動解釋權，可以是抽象解釋，也可以是具體解釋，這是由它作為國家最高權力機關的常設機關的憲制地位所決定的。但是，基本法同時設計，人大常委會解釋機制同時又（應該）是被動式的（即應經提請）和具體解釋類型的（旨在解決案件中涉及到的基本法條款的理解問題）。事實上，香港回歸以來人大常委會的三次（編註：本文原發表於 2008 年，到本書出版日期為止共有五次）基本法解釋行為都不是根據基本法第 158 條第 3 款規定的機制經終審法院提請而啟動的，其中第一次解釋只解決具體問題（即對基本法第 22 條第 4 款和第 24 條第 2 款第 3 項的理解）而避開了抽象問題（香港法院是否可以挑戰人大及其常委會的行為並宣佈因為違憲而無效）。這就揭示了基本法起草中未能預見到的問題，即基本法缺乏對第158條的救濟措施（對此，以下有機會論述）。

接受普通法教育的法律學者一般都會認為，法官解釋法律 —— 在香港包括基本法，是法院內生／固有的功能，因而法院在接受審理案件時就可以看是否有必要解釋基本法，因而這種解釋具有主動性。在承認香港繼續是一個普通法域的前提下，這點不證自明。即使是在新的憲政秩序和經授權的前提下，香港法院仍然可以主動、全面解釋基本法（關於解釋範圍的全面性，本文前面已經有分析），行使"違憲（基本法）審查權"。現在爭議焦點應該在於，誰的解釋具有最大、最高權威性和終極性。當然，只有人大常委會的解釋才具有這種特性。

香港大眾輿論認為，人大常委會不能在司法機關介入前主動對基本法進行解釋。這個認識當然是模棱兩可的。的確，就特定的主題範圍或事項，或曰訴訟標的物（Subject Matter）而言，在香港基本法第158條第3款規定的事項和情形下，全國人大常委會的解釋似乎具有啟動上的"被動性"，這裏的"被動性"僅僅只能理解為該條款情況下的解釋是在終審法院提請之後才被啟動。"被動性"條款也是基本法的立法原意之一。問題的複雜性在於兩方面：第一，從宏觀上說，人大常委會依據憲法和法律行使權力具有主動性，比如它可以"主動"立法，也可以"主動"釋法。但從微觀上就它的工作程序而言，在一定意義上它的職權行使可能是"被動"的，即在有要求的情況下進行，這包括立法、釋法和答詢行為，也同樣包括基本法第158

條載明的提請解釋情況。第二，對那些不屬於法院管轄的事項的處理，如大陸法下的"國家行為"或"政府行為"和美國普通法下的"政治問題"或"憲法問題"，人大釋法可以是主動的（如人大常委會 2004 年第二次釋法），也可以是被動的（如人大常委會 2005 年經國務院提請第三次釋法）。對於第二點，我們的理論和實踐都欠成熟。

### 3. 解釋主題範圍上的不同

從理論上講，人大常委會解釋基本法在解釋主題範圍上具有全面性。根據基本法第 158 條第 1 款的規定，全國人大常委會有權解釋基本法的所有條款。然而，從實踐來看，對於香港特區自治範圍內的條款，人大常委會基於審慎和嚴格的立場，一般不作出解釋，而是授權香港法院解釋（第 158 條第 2 款）。

但人大常委會授權香港法院"自行解釋"，是否就意味著人大常委會放棄了解釋權，就再也無權對這類條款進行解釋？根據憲法和法理，顯然不能如此理解。香港法院對香港基本法的解釋是一種有限（Limited）解釋，即只能針對基本法關於特區自治範圍內的條款進行自行解釋。對超出自治範圍內這個界限的條款，比如涉及中央政府管理的事務或者涉及中央與香港特區關係的條款，法院經授權也可以解釋，但不能理解為"自行解釋"。並且，如果法院需要解釋相關條款，則法院必須遵循兩個附加條件：第一，在對案件作出終局判決前，終審法院須提請人大常委會就有關條款進行解釋；第二，人大常委會的解釋具有最高法律效力，換言之，即香港法院的進一步解釋和判案必須以人大常委會的是項解釋為準。

這種認識似乎也不能完全說服香港的法官和學者。凌兵教授認為，人大常委會的基本法解釋權應該限定於自治條款以外的那些主題範圍（Subject Matter）。他提出的主要理由有三：第一，第 158 條的立法史支持這一結論；第二，中國公法關於授權的理論也支持這點；第三，1997 年後的解釋實踐也確認這點。[52]

本文基本認同上述理據的第一點和第三點。從基本法立法史來看，儘可能多地授予香港特區以“高度自治”權是基本法的立法目的和出發點。這可以從目前能夠在公共圖書館見到的資料彙編（如香港特別行政區基本法起草委員會秘書處編輯的《基本法（草案）徵求意見稿諮詢報告》和《基本法（草案）諮詢報告》）、基本法起草委員會委員出版的著作，和相關人士的回憶錄中得到證明。蕭蔚雲曾經寫道：“為甚麼這裏在司法權之前加上‘獨立的’三字，這包括兩層意思，主要是指司法獨立於行政和立法，審判權不受行政和立法權或團體與個人的干涉，其次也有司法權交給了特別行政區，中央將依法不干預其司法權的意思。”[53] 香港回歸以來人大常委會三次解釋基本法（編註：本文原發表於 2008 年，到本書出版日期為止共有五次）的有限內容的確也支援凌兵關於有限解釋範圍的觀點，我們可以將它視之為對基本法的完善或理解為“憲法慣例”。因為憲法慣例具有憲法與法律的約束力，因而人大常委會有理由和義務遵循之，除非有新的“慣例”（須為憲法本身所包容且被多次應用的立法或司法實踐）取而代之。

然而，恰恰是目前中國公法不支援人大常委會有限解釋論。中國內地出版的憲法學著作均堅持主權是不可分割的理論。如目前的權威教科書之一《中國憲法》斷稱，"社會主義國家是新型的國家，人民是國家的主人，人民是真正的國家主權者，代表全體人民的最高人民代表機關的權力絕對不容分割。""全國人民代表大會是最高國家權力機關，它體現全國人民的意志，代表全國人民統一地行使國家主權。它高踞於其他中央機關之上，既不和它們平列，更不受它們制約；相反的，其他中央機關都由它組織產生，都要執行它制訂的法律和做出的決議，而且在執行法律和決議的過程中都要向它負責，受它監督。"[54] 關於國家結構和中央與地方關係，權威作者的觀點是："由於我國是單一制國家，它的各組成部分不具有像聯邦制的成員那樣所固有的權力……。而單一制國家的各組成部分的權力則是中央授予的，其權力來源於中央，不是來源於地方。我國的最高國家權力機關是全國人民代表大會，它行使最高國家權力……。香港特別行政區雖然享有高度自治權，其權力也是中央授予，屬中央人民政府直轄，其權力來源於中央。"[55] 該作者繼續論述道："從憲法理論講，判定地方享有的職權究竟是聯邦制下的成員國的權力還是單一制之下的地方自治權，關鍵是看該地區是否擁有國家主權，而不能以享有權力的大小為標準。從香港特別行政區的情況來看，它並不享有國家主權，它所擁有的高度自治權是在擁護中華人民共和國主權的前提下的自治權，而不能以它享有權力的大小為標準。因此，它只能屬於地方自治權的範疇。""香港特別行政區所享有的高度自治權是中央授予香港特別行政區的權力，而不是香港特別行政區本身所固有的權力。這就是說，從香港特別行政區的權力來源來看，它具有派生性和非本源性的特點。"[56]

上述觀點是對中國現行憲法內容和憲法規範的一種表達。而憲法規範具有最高性的特點。最高性體現為法律效力的最高性，即一切與憲法規範相抵觸的法律、行政法規等規範性文件不得同憲法相抵觸，否則會失去效力。"在有關法律的規範體系中，違憲審查制度、憲法訴訟等制度的建立與運作的根據也源於憲法規範最高性。"[57]

基於上述理論基礎，我們必須承認，人大常委會的基本法解釋權（見第 158 條第 1 款）是全面的和無限制的，這是基本法立法體現的所謂"原則性"。香港法院的解釋權應該且必須予以一定的限制。[58] 香港憲法學權威 Yash Ghai 教授實際上也接受了人大常委會解釋權"覆蓋《基本法》全部條款，因而是全面的；這一權力在無案件下也可以行使"。[59] 而第 2 款授權特區法院"在審理案件時"對"自治範圍內的條款""自行解釋"和第 3 款授權特區法院"在審理案件時"對其他非自治範圍內的"其他條款"也可解釋，這些規定被認為是"靈活性"的體現。這兩款事實上對法院解釋權作了如下限制：第一，法院只能"在審理案件時"才能有權解釋基本法。正如在"*Lau Kong Yung v Director of Immigration* 案"（1999 年 12 月 3 日）中，大法官 Sir Anthony Mason NPJ 認為，"在審理案件時"在普通法法域是多餘的語言，但是它"有著特殊的意義"。這種特殊意義只能在與人大常委會的解釋啟動機制和程序比較時才能顯現出來，即人大常委會可以在無法律案件發生時主動釋法（如 2004 年釋法），而香港法院無此等便宜行事權。"在此意義上，法院的釋法權因此是有限的，不同於常委會享有的全面的（General）和不受訴訟限制的（Free-Standing）權力。"[60]；第二，就是所謂

的 "司法提請"（Judicial Reference）問題，它反過來證明了人大常委會的解釋權力的全面性。

香港法院是逐步才接受人大常委會釋法權具有全面性和不受訴訟限制這一特徵的。終審法院法律觀點的轉變發生在從 "*Ng Ka Ling v Director of Immigration* 案" 到 "*Lau Kong Yung v Director of Immigration* 案"、"*Director of Immigration v Chong Fung Yuen* 案"[61] 和 "*Ng Siu Tung v Director of Immigration* 案"[62] 等一系列重大案件審判過程中。

### 4. 解釋的效力及其限制

根據香港基本法第 158 條第 3 款的規定，人大常委會在終審法院提請解釋的情形下的立法解釋不具有溯及力。在人大常委會 1999 年 6 月 29 日對香港基本法作出的第一次解釋中，常委會聲明："本解釋公佈之後，香港特別行政區法院在引用《中華人民共和國香港特別行政區基本法》有關條款時，應以本解釋為準。本解釋不影響香港特別行政區終審法院 1999 年 1 月 29 日對有關案件判決的有關訴訟當事人所獲得的香港特別行政區居留權。" 也就是說，解釋沒有溯及力。這種申明既符合基本法條文，又符合基本法的立法原意（本文在上面曾引述過相關意見）。在起草基本法過程中，仍然存在不同意見。[63] 在實踐中，是否可以以人權／公民權利作為決定解釋是否具有溯及力的檢測標準（Test）？我認為可以。凡是可能減損和剝奪人權／公民權利的解釋都不得具有溯及力，凡是可能伸張和擴大人權和公民權利的解釋得有溯及力。對此，可以在實踐中進一步總結並提升為理論。

### 5. 解釋的提請與啟動程序

根據《立法法》第 43 條的規定，只有國務院、中央軍事委員會、最高人民法院、最高人民檢察院和全國人大各專門委員會以及省、自治區、直轄市的人大常委會才有權向人大常委會提出法律解釋要求。人大常委會對基本法的前三次解釋分別是應國務院、委員長會議和國務院提出的請求做出的。常委會於1999 年第一次解釋基本法是經國務院提出請求解釋的議案才正式啟動的，而國務院提請行為又是應特別行政區政府的請求做出的。

全國人大常委會香港基本法委員會委員和澳門基本法委員會委員王振民教授是這樣總結前三次釋法的啟動模式的：[64]

> 香港特區政府不可以直接向全國人大常委會提出釋法要求。……根據《基本法》和有關法律的規定，可以啟動人大釋法的主體有三個，一是全國人大常委會自己主動釋法，二是國務院提請人大釋法，三是香港終審法院。其中國務院提請人大釋法，可以基於國務院自己的判斷，也可以基於特區政府的請求。過去十年人大三次釋法，一次是全國人大常委會主動釋法，另外兩次是由行政長官請求、經由國務院向全國人大常委會提案而啟動。回歸至今，還沒有來自特區終審法院的釋法申請。

這三次解釋使用了三種模式，填補了基本法在這一程序問題上的空白或曰 "立法真空"。鑒於三種模式的有效性和正當性，它們可以被認為是基本法解釋啟動模式的 "憲法慣例"。奇怪的是，基本法唯一預見並且規定的“司法提請”啟動程序至今未見使用過〔編註：本文原發表於 2008 年。2010 年的“剛果（金）案”首次啟動了“司法提請”程序〕。可見，基本法法條和規範上的確存在漏洞。

## 五、基本法解釋權規範和解釋程序：潛在問題和制度性缺失

### （一）解釋權配置存在的問題

作為兩個法律制度相互融合的橋樑，基本法第 158 條的重要意義毋庸置疑。但事實上，正如有學者指出，基本法第 158 條仍不可避免地存在著諸多的“灰色地帶”。[65]《基本法（草案）徵求意見稿諮詢報告》也列舉出一系列有爭議的問題，它們包括：（1）“本法的解釋權屬於全國人民代表大會常務委員會”是否意味著全國人大常委會有更高的權力可干涉任何已由香港法院作出的在自治範圍內自行解釋的條款？（2）在甚麼情況下，人大常委會必須接受基本法委員會的建議？（3）全國人大常委會授權香港法院在審理案件時對自治範圍內的條款自行解釋。那人大常委會是否可以對基本法任何條款作出案件以外的解釋？（4）人大常委會授權香港法院行使解釋權，人大常委會是否還有對同一主題的解釋權？若其又作出解釋，是否違憲？

胡錦光教授就曾在其著作《中國憲法問題研究》中指出了第 158 條存在的諸多問題。其中，值得引起重視的有：沒有明確規定全國人大常委會是否可以行使對特區自治範圍內的條款的解釋權；沒有明確規定特區法院是否擁有“違憲審查權”；

沒有設置解決特區法院應該提請或拒絕提請人大解釋的機制；沒有明確規定在終審法院以下的其他法院作出終局判決的情形下，應如何由終審法院提請人大常委會解釋的程序；沒有明確規定自治範圍內條款與非自治範圍內條款的認定標準、認定許可權歸屬以及認定許可權衝突的解決機制，等等。[66]

針對上述諸多問題，我們選擇幾個具有典型性的進行詳細討論。[67]

### 1. 人大常委會是否可以對特區自治範圍內條款行使解釋權

基本法第 158 條第 2 款規定，人大常委會授權特區法院在審理案件時對基本法關於特區自治範圍內的條款自行解釋。人大常委會能否就此類條款行使解釋權，學者對此問題意見不一。有學者認為，全國人大既已將此類條款的解釋權授權給特區法院，就不能再行使解釋權。[68] 其主要根據是：首先，1981年全國人大常委會通過的《關於加強法律解釋工作的決議》就把法律解釋權分為立法解釋權、司法解釋權和行政解釋權，分別由全國人大常委會、最高人民法院和國務院及其相關行政部門來行使。據此認為，基本法第 158 條規定人大常委會將其立法解釋權授予了香港特區法院。其次，香港傳承英國普通法的傳統和遵循先例的原則，法官在處理具體案件時會引用和解釋法律條文，並使之約束日後其他相關案件。法院的立法功能在普通法系是很常見的。香港法院基於傳統和基本法的規定，是享有人大常委會授予它的立法解釋權。這樣，既保證了國家主權原則和"一國兩制"的方針，又確認了香港特區的高度自治權。

這種觀點值得商榷。的確，人大常委會授權香港法院解釋基本法，香港法院因此有權 "在審理案件時""自行解釋" 基本法自治範圍以內的條款。該條文的立法原意在於，法院 "在審理案件時" 若有需要可以直接釋法，無須向人大常委會提出 "司法提請"。但是，法院的釋法權性質似乎不是代位行使人大常委會的立法解釋權，應該是經授權繼續像其他普通法法域的法院一樣行使司法性質的法律解釋權，儘管普通法法院的法律解釋具有 "造法" 的特徵。這猶如最高人民法院的法律解釋權同樣不能認定為立法解釋權一樣。一般來講，普通法法院的解釋權與審判權無法分開，這是司法權統一的體現。至於說有學者認為當代法院職能幾經演變，造成司法造法（Judicial Law-Making）的局面，那也不能因此認為法院行使立法權，因為在普通法法域，當立法機關制定的成文法與法院形成的判例法發生衝突時，成文法優於判例法。當法院經司法審查程序後宣佈某一成文法因為違憲而無效時，法院行使的仍然是司法審查權（包括司法解釋權）。這體現的是三權分立、相互制衡之機制。

結合前面的論述，我認為，雖然香港法院有被授予釋法權，但法院解釋權仍然不能排斥立法解釋權。我們可以回顧一下，1999 年人大常委會第一次釋法就是依據第 158 條第 1 款作出的。該解釋是這樣提出法律依據的："全國人民代表大會常務委員會決定，根據《中華人民共和國憲法》第六十七條第（四）項和《中華人民共和國香港特別行政區基本法》第一百五十八條第一款的規定，對《中華人民共和國香港特別行政區基本法》第二十二條第四款和第二十四條第二款第（三）項的規定，作如下解釋。"

但是另一方面，我也認為，人大常委會就自治範圍內的條款應該謹慎行使、甚至完全不行使立法解釋權。理由之一是，基本法的立法宗旨和意圖是維持兩種制度長期不變，這體現了國家利益和保障香港人民的權益。特別是，在高度自治之下，特區法院和特區政府之間實際上存在相互制衡關係，中央不應該直接或間接干預"自治範圍內的條款"執行，法律衝突應由法院自行解決之。理由之二是，透過對第158條蘊含的法律規範的整體考察，人大常委會不能隨意釋法，它和法院的釋法權之間具有某種相互排斥性。林來梵教授也認為，"就特區自治範圍的條款來說，第158條對全國人大常委會的解釋權具有一定的規限性"。[69] 當然，除非法院對自治範圍的條款的理解影響到香港與中央、或香港與內地其他地區的關係，否則我們看不到任何理由要求人大常委會就有關條款釋法。

### 2. 香港特區法院對非自治範圍內的條款進行解釋的問題

基本法第158條規定，香港特別行政區法院在審理案件時對本法的其他條款也可解釋。法院在審理案件時需要對本法關於中央人民政府管理的事務或中央和香港特別行政區關係的條款進行解釋，而該條款的解釋又影響到案件的判決，在對該案件作出不可上訴的終局判決前，應由香港特別行政區終審法院請人大常委會對有關條款作出解釋。基於上述條款，一些問題仍需要探討。

首先，允許特區法院對非自治範圍內的條款進行解釋，並且可以根據該解釋作出判決，而在作出不可上訴的終局判決前又必須經由終審法院提請人大常委會對此類條款作出解釋。若常委會作出的解釋與先前香港法院作出的解釋／理解相一致，那麼常委會的解釋具有確認之意義，當然不存在改判問題。有人擔心，若二者不相一致的話，香港法院先前的法律解釋活動就會變得毫無意義，其所享有的對基本法自治範圍外條款解釋權就形同虛設。這種擔心是理論假設的，也可以理解，但它是建立在將二者的解釋完全對立的角度來觀察的。人大常委會解釋權不等於就此否定法院解釋權，區別在於二者對法律條款的理解不一致。法院享有這種對非自治條款的解釋權，是經授權得來的；並且，任何法院都不能保障它的解釋結果百分之百正確。此時，常委會的解釋具有準據法的意義。

基本法已經考慮到司法過程中人大常委會釋法的負面意義，為此特別規定了釋法不具有溯及力／追溯力的條款，即"在此以前作出的判決不受影響"（第 158 條第 3 款）。例如，1999 年人大常委會第一次釋法就明確了人大的立法解釋"不影響香港特別行政區終審法院 1999 年 1 月 29 日對有關案件判決的有關訴訟當事人所獲得的香港特別行政區居留權"，由此認定解釋不具有追溯力，並且法制化了。

其次，如果終審法院排除提請（正如 1999 年"吳嘉玲案"，*Ng Ka Ling v Director of Immigration*）或拒絕提請全國人大常委會進行解釋，而堅持自己解釋，或以自己的解釋為準則來判案，全國人大常委會對這種"不作為"或"司法越權"行為將如何處理和救濟呢？香港基本法對此等情況沒有預測到並規定之。有學者認為，"比較恰當的做法是，由全國人大常委會作出解釋，並明確宣佈撤銷特別行政區法院的 '越權解釋'"。[70]

而在現實中，1999 年人大常委會第一次釋法確立了這樣一

種 "先例"（Precedent）或 "慣例"（Convention）：常委會事後應邀被動釋法，但是它並沒有宣佈撤銷特區法院的所謂 "越權解釋"。這種先例的確立在基本法沒有明文規定，而是人大常委會根據對基本法的全面（Holistic）理解和引用其他相關條款做出的。1999 年解釋是這樣寫的：

第九屆全國人民代表大會常務委員會第十次會議審議了國務院《關於提請解釋〈中華人民共和國香港特別行政區基本法〉第二十二條第四款和第二十四條第二款第（三）項的議案》。國務院的議案是應香港特別行政區行政長官根據《中華人民共和國香港特別行政區基本法》第四十三條和第四十八條第（二）項的有關規定提交的報告提出的。鑒於議案中提出的問題涉及香港特別行政區終審法院1999 年 1 月 29 日的判決對《中華人民共和國香港特別行政區基本法》有關條款的解釋，該有關條款涉及中央管理的事務和中央與香港特別行政區的關係，終審法院在判決前沒有依照《中華人民共和國香港特別行政區基本法》第一百五十八條第三款的規定請全國人民代表大會常務委員會作出解釋，而終審法院的解釋又不符合立法原意，經徵詢全國人民代表大會常務委員會香港特別行政區基本法委員會的意見，全國人民代表大會常務委員會決定，根據《中華人民共和國憲法》第六十七條第（四）項和《中華人民共和國香港特別行政區基本法》第一百五十八條第一款的規定，對《中華人民共和國香港特別行政區基本法》第二十二條第四款和第二十四條第二款第（三）項的規定，作如下解釋。

可以看出，這種先例的形成是由很多相關條件促成的。加上無追溯力條款，該解釋已經將負面影響減到了很小（作為第一次，它對香港社會和法制的衝擊力仍然非常強烈）。

第三，根據基本法規定，提請人大常委會對非自治範圍內的條款進行解釋的主體是香港特區的終審法院。在實踐中，並非每個案件都由終審法院作出終局判決，更多的案件則是由終審法院以下的其他法院來完成。這樣一來，就有一個其他法院在作出不可上訴的終局判決前是否應首先將需要解釋的問題提交給終審法院，再由終審法院提請全國人大常委進行解釋的問題。香港基本法對這個提交程序並沒有作出規定。在檢視相關歷史資料時，我們有理由相信，當時的立法起草者和社會人士已經注意到這種情形。但是，基本法最後也沒有就此明確表態。[71] 是否可以認為，與其說當時的立法者意圖缺失，毋寧說在維持香港基本法律制度不變的原則下，立法者似乎不想（還是沒有權威？）直接界定香港其他法院的司法管轄權（Jurisdiction）範圍。[72] 我傾向於這種立法出發點。

第四，關於 "國防、外交和中央人民政府管理的事務" 的界定問題。事實上，究竟甚麼可被劃歸在 "中央人民政府管理的事務" 的範圍內，基本法並沒有釐定很清楚的標準。在實踐中，就有可能出現特區法院認為某一條款屬於自治範圍內的條款，而人大常委會卻認為其屬於非自治範圍內條款的情形。或者出現終審法院和人大常委會爭奪案件管轄權的問題。大家也許還記得，終審法院在審理 "吳嘉玲案" 時就曾以排除法（即案件確立的"必要標準"和"分類標準")認定對基本法第22條內涵的界定不構成主要議題,因而毋需提交人大常委會解釋。當這一矛盾出現後,究竟如何解決或補救,基本法都沒有規定。

從法理上講,特區法院的解釋權來源於基本法授權的,相對於人民代表大會它具有從屬性;從法律體制上看,人大常委會的權力具有固有性,享有最高和最終解釋權。問題是,基本法中的很多條款既包含了自治範圍的事務,又涉及到中央人民政府管理的事務,並不能絕對地區分。為此,我們應借鑒普通法國家的司法實踐,適用"避免"學說,即法院應主動避免介入"政治性問題"(Political Questions)或"憲法性問題"(Constitutional Questions),以免出現對這種性質的問題非解釋不可的局面。有學說認為,即使法院非解釋不可,法院也應作出有利於主權者的解釋。[73] 這種學說和實踐建立在傳統的主權者豁免(Sovereign Immunity)理論之上。[74] 對於香港法院而言,法院應該主動地將案件中涉及到的"關於中央人民政府管理的事務或中央和香港特別行政區關係的條款"——當對這些條款的解釋可能會影響到判決的結果時——提交給人大常委會處理,並接受後者的解釋,最後作出判決。根據"避免學說"進行"司法提請"是解決解釋權和終審權矛盾的唯一做法。[75] 對此,還有必要深入研究。

### (二)"一國兩法"下解釋權的精神分裂症

香港憲法學教授佳日思(Yash Ghai)指出,基本法第158條"是在兩種法律制度妥協的產物",是導致基本法解釋混亂和

衝突的根源。[76] 這主要體現在：[77]

　　首先，在訴訟中，香港法院通常會通過適用普通法規則來進行解釋法律，包括基本法。如有必要提請全國人大常委會解釋，一般要首先假定它會適用中國法規則。回過來再看基本法，理論上，基本法的設計是希望保持法律制度和司法制度的一種連續性，但基本法 158 條卻打斷了這種連續性。人大常委會事實上是一個政治機構和權力機構，行使立法權，其運作和香港法院不同，其成員未必具有法律資格，其程序未必與普通法的程序和規則具有共通性，並且沒有相應的律師代表制度。人大常委會享有立法解釋的職能是由中國的人大制度和它上述的性質決定的，這與普通法系法院享有的解釋法律的職能是有很大區別的。[78]

　　其次，如果遵循第 158 條的字面含義，解釋基本法會是一件很困難的事情和過程，因為基本法有關條款可能不得不與其他相關條款分開來處理。如基本法第 158 條要求終審法院只解釋那些所謂屬於自治範圍內的條款，而人大常委會則解釋所有其他條款。分開解釋可能會破壞對問題理解的連貫性和整體性，在適用法律上會提出上文下理之間的關係問題。在 "吳嘉玲案" 中，終審法院在決定是否提請全國人大常委會解釋第 22 條和第 24 條時，採用的 "支配性條款" 方法就是為了解決上述連貫性問題（當然也客觀上排除了人大常委會釋法的必要性）。

　　第三，香港法院和全國人大常委會的解釋規則也不同。香港法院對自治範圍內的條款採用普通法解釋規則，而人大常委會對另外一部分條款採用中國法解釋規則。基本法第 158 條第 3 款的起草 "參考了歐洲共同體法律解釋的安排"。[79] 如若參考歐盟法院和成員國法院之間的"預先裁決"機制的例子，[80] 歐盟法院只有在成員國提交爭議的情況下才解釋法律（即有訴訟才有解釋），而人大常委會則可以自行解釋（即無訴訟也可解釋，如可以進行事前解釋和事後解釋，其中"事"指與基本法有關且需要解釋的事實），故其享有的解釋權無論從內涵還是外延來講要比歐盟法院更寬泛。

第四，解釋過程與具體方法或途徑（Approaches）的使用也不同。人大常委會 1999 年第一次解釋基本法是因為"終審法院的解釋又不符合立法原意"，所以它解釋基本法的目的是尋求所謂"立法原意"或"立法意圖"（Legislative Intent）。但是，該解釋對人大常委會釋法使用了甚麼具體途徑或手段以達到上述目的則語焉未詳。《法律解釋：尋找立法意圖》（*Statutory Interpretation: The Search for Legislative Intent*）一書的作者從立法背景、通用辦法、語言學規則、基於立法過程的規則、基於法律的實質內容的規則、利用立法之前或之中發生的因素（包括事件、文獻、說客、起草規則、否決記錄等）、利用立法完成之後發生的因素（議員的作證、後續的立法活動、立法機關的默許、行政機關的動作等）等方面提出一系列的釋法方法，以達到尋求立法意圖的目的。[81] 儘管司法解釋和立法解釋的途徑可能不同，但是是否有著某種共同性？我想應該是的。

更困擾我們的是，鑒於缺乏歷史文獻檔案的支援，我們無從考證或證明解釋的結果就是"立法原意"。1999 年人大常委會第一次解釋稱，"本解釋所闡明的立法原意以及《中華人民共和國香港特別行政區基本法》第二十四條第二款其他各項的立法原意，已體現在 1996 年 8 月 10 日全國人民代表大會香港特別行政區籌備委員會第四次全體會議通過的《關於實施〈中華人民共和國香港特別行政區基本法〉第二十四條第二款的意見》中。”人們不禁會問，人大常委會為甚麼不用基本法制定時的資料來證明 1999 年的解釋就是基本法通過的當時（1990 年）的“原意”呢？它能證明二者從一開始就是一致的嗎？提出這個問題是因為法律解釋的權威性在於解釋途徑的適當性和原則的正當性。

而香港法院，特別是終審法院，在解釋時採用了所謂字面解釋（Literal Interpretation）加“寬宏及目的方法”（Generous and Purposive Approach）來釋法，得出的結論也可能、事實上也會（如 1999 年的“吳嘉玲案”）與人大常委會解釋不一致。目的性方法或目的導向的方法（Purposive Approach）能夠給予法院較大的解釋空間，是當代法院最常用的方法，其理論的根本點在於，“由於制定一件法律的目的是排除一項特定的不法行為或損害行為，故法院的解釋就應該達到這一目的。”[82] 怎樣避免 1999 年那種尷尬的局面的再次發生呢？

鑒於上述制度內生的衝突或不協調之處，佳日思教授總結道，“基本法第 158 條核心所潛藏的精神分裂症（Schizophrenia）使得解釋制度其他方面的問題變得更加嚴重，並會成為混亂和衝突的根源。”[83] 對這種評論和預測，我們應客觀冷靜地對待，將法律的問題法律化或司法化，而不是使之政治化。

### （三）解釋程序方面的缺失

基本法第 158 條主觀上解決了實體法上的解釋權及其分配問題，儘管有上述問題存在。但它對於人大常委會解釋基本法的具體程序以及香港法院解釋基本法的具體程序並沒有作出特別的規定或指引。

是否就可以這樣認為，原則上人大常委會和香港法院都可以按照各自的法律解釋程序對基本法進行解釋？問題是，除了基本法 158 條的安排，人大或常委會沒有在基本法頒佈（1990年 4 月 4 日）之時或之後通過任何有關人大常委會解釋基本法的規定或程序性指引。而要求全國人大或常委會就基本法解釋程序為香港法院定身製造一套特別程序並不符合基本法本來的立法意旨（參見基本法第 2 條和第 19 條第 2 款）。而基本法第158 條關於有終審法院的 “司法提請” 解釋程序缺乏相應的保障和補救機制。這一切缺陷為未來的解釋衝突埋下了伏筆，或者說 “地雷”。

在 2007 年中發表的〈我國的法律解釋〉一文中，陳斯喜指出，“立法法總結以往立法解釋的實踐，對法律解釋規定了一個比較簡易的程序。” 這個程序是建立在《立法法》之上的，它包括五個步驟，即：提出法律解釋要求；擬訂法律解釋草案；審議法律解釋草案；表決法律解釋草案；公佈法律解釋。[84] 此外，人大常委會解釋基本法還需諮詢基本法委員會；陳斯喜認為，“這是一個必經程序”。[85] 無論從哪個角度看，上述程序不適用於香港法院的司法解釋，毋容置疑，法院還得跟隨普通法法院解釋法律的程序與過程。鑒於基本法解釋分別由人大常委會和香港法院行使，且二者的機構性質和運作方式不同，他們只能按照各自的程序解釋基本法。目前，人大常委會有迫切的必要根據《立法法》和相關的議事規則正式制訂出具有法律意義的《基本法解釋程序與規則》並公佈之。

解釋過程中不同途徑（Approaches）的選擇會達至不同的目的地。那麼，人大常委會解釋基本法，特別是在訴訟過程中經由"司法提請"程序釋法，和終審法院解釋是否有可能採用為二者共同接受的途徑？客觀上，是否存在這種標準？在未來的實踐中，我相信二者可能會達成某種共識，或者人大常委會對法院釋法的途徑應有某種默許認可，因為忠實地執行基本法畢竟是它們的共同目標。但是，我又得承認，由於人大常委會釋法行為具有立法性質（特別參見《立法法》第 42 條第 2 項規定，"法律制定後出現新的情況，需要明確適用法律依據的"），故而其解釋基本法的途徑肯定會更靈活、更具創意，也可能更多地採用外來的／體外的材料（Extrinsic Aids）以輔助釋法。

從操作層面來看，基本法現行規定的解釋程序仍存在諸多問題需要明確和解決。陳玉田就曾提出一系列值得理論界關注的實際問題。[86] 我也會另外作文專門討論人大常委會釋法的理論、原則和技術。我認為，儘管基本法確立的人大常委會釋法制度仍然有待完善，但是它已經構成香港憲制和法制的重要組成部分了。而現在正是討論如何能使立法解釋制度更加完善和成熟的時候。

程潔教授提出，我們應從換位思考的角度考察香港法院解釋法律的制度。她認為，按照普通法的邏輯，法院對法律的解釋在實體上是否公正並不重要，重要的是它解釋的程序是否公正。這或許就是為甚麼法院在遵循嚴格程序下進行法律解釋的方式具有極大公信力的奧妙所在。在香港這樣一個普通法傳統的地區實施大陸法系背景的基本法，是一個極具創新的事業。最後，她總結道："就人大釋法而言，即使其實體權無可置疑，也有必要加強程序規範。這不但符合法治精神，也符合兩地對未來進行合理預期的共同願望。"[87] 我非常贊同這種觀點。

### 六、結語

通過上文的檢視，我們認識到基本法立法解釋制度本身並不完善。這主要表現在：釋法制度的設計存在內在矛盾和衝突，法條沒能夠預示到一旦失控之後所應採取的救濟措施，立法解釋基本法的程序缺失，釋法過程中的諮詢程序沒有明確制度化，等等。

從理論上講，基本法設計的解釋制度具有一種混合——Hybrid 的特性。Hybrid，那就是指制度的混合型和妥協性，而這種妥協就是為了求生存、求共處和求發展。從這種角度理解，我們需要建構這樣一種理論：它不僅能夠解釋兩法之下各自存在的釋法制度，更重要的是，它在理解兩制之根本差別的基礎上，能夠從精神上融會貫通兩制，相互吸納可被對方接納的內容（如立法解釋可以採用普通法下的憲法和法律解釋方法）和理論，從而提出適用於基本法解釋的理論，即基本法解釋理論。

在研究基本法解釋理論，進而發展出中國立法解釋理論時，不僅普通法下憲法與法律解釋理論有待我們深入觀察探究，而且西方大陸法國家（特別是德國、法國，甚至包括歐盟法院）的解釋理論和方法也可以為我們的理論探索和實踐提供有益的借鏡。

# | 註釋 |

1. 香港基本法雖然只特別關乎香港特別行政區，但卻是一部全國性法律，而並非地方（性）法律。這個說法具有兩層相互關聯的法律含意：第一，它是由國家最高權力兼立法機關全國人大為香港特別行政區定身製作的最高法律（在香港，經常有人將其稱之為"小憲法"）；第二，該法的適用範圍是全國，其他國家機關和地方行政單位都必須遵守之。從法律制定的權威和法律位階觀之，香港基本法是國家的"基本法律"（參見憲法第 2 條第 2 款；《立法法》第 7 條）。從憲法學理觀之，它的性質是一部憲法性法律（香港稱之為"憲制法律"或俗稱為"小憲法"）；在法律體系中，它類似於其他國家機關組織法。

2. 香港基本法第 8 條規定："香港原有法律，即普通法、衡平法、條例、附屬立法和習慣法，除同本法相抵觸或經香港特別行政區的立法機關作出修改者外，予以保留。"

3. 參見憲法第 31 條："國家在必要時得設立特別行政區。在特別行政區內實行的制度按照具體情況由全國人民代表大會以法律規定。"蕭蔚雲教授曾專門撰文記載了香港基本法的起草過程。參見蕭蔚雲：《論香港基本法》，北京：北京大學出版社 2003 年版，第 240-244、248-259 頁。本書是蕭教授關於香港特別行政區和香港基本法全部著作和論文的彙集，其中大部分發表於香港回歸祖國之前。另參見李昌道、龔曉航：《基本法透視》，香港：中華書局（香港）有限公司 1990 年版，第三章"基本法起草工作"，第 38-57 頁。

4. 參見香港特別行政區基本法起草委員會秘書處編輯的《基本法（草案）徵求意見稿諮詢報告》（1988 年 10 月）中相關部分。本報告未公開出版，但研究者可以在香港大學法學圖書館查閱到。

5. 關於九七後香港普通法的延續，香港上訴法庭在回歸後的第一案 *HKSAR v Ma Wai Kwan David & Others* 中正式明確宣告：普通法在九七後繼續有效，法庭並依此作出相關判決。See *HKSAR v Ma Wai Kwan David & Others* [1997] 2 HKC 315; 1997 HKC LEXIS 57, at 13 (C. A., July 22, 1997). 有論者立即指出，這是"朝正確方向邁出的一步"。Cf. J. Kate Burkhart, "HKSAR v. Ma Wai Kwan David & Ors: A Step in the Right Direction", (1998) *Tul. J. Int'l & Comp. L.* 609(6). 普通法的延續問題塵埃落定。此後，這一問題再未正式在法庭提出過。事實上，它也從未構成法理上的議題。

6. 參見香港特別行政區基本法起草委員會秘書處：《基本法（草案）徵求意見稿諮詢報告》（第二冊），1988 年 10 月，前言；另參見黃江天：《香港基本法的法律解釋研究》，香港：三聯書店（香港）有限公司 2004 年版，第 117-118 頁。

7. 蕭蔚雲：〈張伯倫否定基本法意圖何在？〉，《文匯報》1993 年 11 月 13 日。該文後被編入蕭蔚雲教授論文集《論香港基本法》（北京：北京大學出版社 2003 版，第 232-235 頁）。蕭教授在該著作的前言中記錄了它編輯出版該書的目的："一是為了促進《基本法》的更加深入研究和學習，從理論與實踐結合上更好地了解《基本法》。我對《基本法》的理解不一定準確和深入，但至少可提供起草《基本法》的一些背景和立法原意，可作參考和研究之用……。"（著重號為引者所加）

8. 參見黃江天：《香港基本法的法律解釋研究》，第 118-120 頁；李昌道、龔曉航：《基本法透視》，第 72-76 頁；蕭蔚雲：《論香港基本法》，第 512-513 頁；以及基本法起草委員會秘書處編輯的《基本法（草案）徵求意見稿諮詢報告》中的相關部分。

9. 《基本法（草案）徵求意見稿諮詢報告》（第二冊），第 33 頁。

10. 《基本法（草案）徵求意見稿諮詢報告》（第二冊），第 41 頁，第 8 點。

11. 《基本法（草案）徵求意見稿諮詢報告》（第二冊），第 42 頁，第 8.2 點。

12. 蕭蔚雲：《論香港基本法》，第 513 頁。

13. 李昌道、龔曉航：《基本法透視》，第 74 頁。

14. 關於第 169 條的含義和立法指導思想，有長期跟蹤報導基本法起草過程的香港《文匯報》記者（無註明作者姓名）詳細總結如下："對第 169 條第 3 款的含義，應理解為特區法院可以對《基本法》的任何條款進行解釋，唯一的限制是在審判程序方面，即法院審理的案件如果涉及關於國防、外交及其他由中央管理的事務的條款的解釋。在對這類案件作出終局判決以前，應提請全國人大常委會對有關條款作出解釋。這是考慮到香港特別行政區有終審權，終局判決對《基本法》條文所作的解釋，將（對）進行（的）判決生效，而成為判例，為了避免特區行政區法院的解釋同全國人大常委會的解釋不一致的情況，採取了這項預防措施。"香港文匯報編印：《香港特別行政區基本法（草案）徵求意見稿參考資料》，1988 年 6 月，第 30 頁。原著無版權頁及其他印製出版資訊。原著現藏於哈佛大學法學院圖書館。

15. 《基本法（草案）》第 157 條規定："本法的解釋權屬於全國人民代表大會常務委員會。全國人民代表大會常務委員會授權香港特別行政區法院在審理案件時對本法關於香港特別行政區自治範圍內的條款自行解釋。香港特別行政區法院在審理案件時對本法的其他條款也可解釋。但如香港特別行政區法院在審理案件時需要對本法關於中央人民政府管理的事務或中央和香港特別行政區關係的條款進行解釋，而該條款的解釋又影響到案件的判決，在對該案件作出不可上訴的終局判決前，應由香港特別行政區終審法院請全國人民代表大會常務委員會對有關條款作出解釋。如全國人民代表大會常務委員會作出解釋，香港特別行政區法院在引用該條款時，應以全國人民代表大會常務委員會的解釋為準。但在此以前作出的判決不受影響。全國人民代表大會常務委員會在對本法進行解釋前，徵詢其所屬的香港特別行政區基本法委員會的意見。"

16. 《基本法（草案）諮詢報告》（第三冊），1989 年 11 月，第 263 頁。

17. 蕭蔚雲：《論香港基本法》，第 513 頁。

18. 參見黃江天：《香港基本法的法律解釋研究》，第 122-125 頁；亦可參見朱國斌：〈誰有權解釋基本法〉，《大公報》2005 年 2 月 22 日，A18 版。

19. 許崇德主編：《港澳基本法教程》，北京：中國人民大學出版社 1994 年版，第 67 頁。

20. 基本法起草委員會委員李柱銘的言論意見具有代表性。如他認為："香港的法庭在現行的制度下有權解釋憲制文件裏的每一個字，將來若受到限制，對司法的工作就會造成很大的障礙，令香港特別行政區的法庭不能夠有效地運作。" 參見香港文匯報編印：《香港特別行政區基本法（草案）徵求意見稿參考資料》，第 87 頁。

21. 同上，第 29 頁。

22. 該《決議》第一次較全面地確立了中國的法律解釋體制。具體內容包括：1. 凡法律、法令條文本身 "需要進一步明確界限或作補充規定的" 由全國人大常委會 "進行解釋或用法令加以規定"；2. 凡屬於法院審判工作和檢察院檢察工作中 "具體應用法律、法令的問題"，分別由最高人民法院和最高人民檢察院進行解釋，二者解釋如有 "原則性的分歧"，則報請全國人大常委會解釋或決定；3. 不屬於審判和檢察工作中的其他法律、法令的具體應用問題，由國務院及其主管部門進行解釋；4. 凡屬於地方性法規條文本身需要進一步明確界限或作出補充規定的，由制定法規的省、自治區、直轄市人大常委會進行解釋或作出規定，凡屬於地方性法規如何具體應用的問題，由省、自治區、直轄市人民政府主管部門進行解釋。

23. 蕭蔚雲：《論香港基本法》，第 518-520 頁。蕭教授對特區與內地司法關係作了如下總結："在 ‘一國兩制’ 下的完全平等的關係"；"互不干預"；"適用各自的法律"；"相互聯繫"；"相互提供協助"。

24. 許崇德主編：《港澳基本法教程》，第 69 頁。

25. 香港文匯報編印：《香港特別行政區基本法（草案）徵求意見稿參考資料》，第 30 頁。

26. 同上，第 62-63 頁。

27. 同上，第 87 頁。

28. 在基本法起草過程中，一直有港方人士要求基本法委員會中港方委員多於內地委員，"以便有充分機會參與問題的討論和發表意見"，實際上是為了保障香港特區利益，甚至爭取更多的利益。同上，第 10 頁。

29. 李昌道：《教師認識基本法》，香港：香港浸會大學持續進修學院 1997 年版，第 138 頁。

30. James Gilbson, Gregory A. Caldeira & Lester Kenyatta Spence, "The Supreme Court and the US Presidential Election of 2000: Wounds, Self-Inflicted and Otherwise?", (2003) *B. J. Pol. S.* 33, p. 535. Wikipedia, the Free Encyclopedia（維基自由百科全書）是這樣定義 "正當性" 的："正當性" 一詞經常可從規範和實證意義上解讀。在規範的意義上，正當性作為道德哲學的一部分正獲得越來越大的關注。正當性是政府行使權力（Power）的基礎，政府意識到它有權利（Right）統治，這一權利同時也為被統治者所認同。當人們承認／認可它時，某事就變得 "正當"。在實證的意義上，正當性受到政治學的極大關注。比如，當人們普遍承認並接受它的權威性時，某一制度就被認為是正當的。根據英國社會契約論者洛克的觀點，正當性與同意（Consent）——包括明示的和默示的——相關聯。美國政治學家 Robert A. Dahl 和 David Easton 對正當性都有經典的論述。

31. Cf. Louis M. Aucoin, "Judicial Review in France: Access of the Individual under French and European Law in the Aftermath of France's Rejection of Bicentennial Reform", (1992) *B.C. Int'l & Comp. L. Rev.* 15 p. 443. 大革命也革了法院（法文為 parlements，有人譯為 "大理院"。該詞現已不在該意義上使用了）的命，1790 年 8 月的 16–24 號法令就是這一革命書，同時也確立了立法提請的做法（référé législatif；見第二編第 12 條），從而開創了這一影響深遠的立法解釋制度。鑒於該條文之重要性，特在此將它翻譯如下：第 12 條，法庭不得制定規章；必要時，法庭得提請立法機關解釋一項法律或制定一項新的法律。（原文：Art. 12, Titre II, loi des 16-24 août 1790. –Ils (les tribunaux) ne pourront point faire de règlements, mais ils s'adresseont au Corps léegislatif toutes les fois qu'ils croiront nécessaire, soit s'interpréter une loi, soit

建構「一國兩制」憲制：在動態中達至平衡

d'en faire une nouvelle.）關於立法提請制度，詳見 Yves-Louis Hufteau, *Le Référé Législatif et les Pouvoirs du Juge dans le Silence de la Loi*（《立法提請與法律無聲時法官的權力》）(Paris: Presses Universitaires de France, 1965). Yves-Louis Hufteau認為，立法解釋制度的確立主要有兩大原因：一是，革命前的法官有權解釋法律並形成判例（la jurisprudence des arrêts）；二是，法官有制訂規章的權力。而這都為革命後的制憲議會所不容。同上書，第13-16頁。關於立法解釋的最早論著，作者只找到 Raoul de la Grasserie, *De l'Interprétation Judiciare et Législative des Lois*（《論法律的司法和立法解釋》）(Paris: Chevalier-Marescq, Editeur, 1891). 這一珍本現藏於哈佛大學法學院圖書館。

32. 這一新的格局以多國建立憲法法院為標誌和發展方向。即使在今日之法國，憲法變革是由修憲、修法和憲法委員會的決定來完成的。關於法國憲法委員會轉型的代表作是 Alec Stone, *The Birth of Judicial Politics in France: The Constitutional Council in Comparative Perspective* (NY: Oxford University Press, 1992).

33. Cf. Ronald Dworkin, *A Bill of Rights for Britain* (London: Chato and Windus, 1990).

34. 新憲政主義的綜合論述及代表作首先應推 Ran Hirschl, *Towards Juristocracy: The Origins and Consequences of the New Constitutionalism* (Cambridge: Harvard University Press, 2004)。還有 Tom Ginsburg, *Judicial Review in New Democracies: Constitutional Courts in Asian Cases* (Cambridge: Cambridge University Press, 2003)。此外，世紀之交，西方學術界還出版了大量的學術文章，參見 Vicki C. Jackson & Mark Tushnet, *Comparative Constitutional Law* (NY: Foundation Press, 2006), 2nd edition. 這一權威教科書前面所理的書目。

35. Mark Tushnet, "Interpretation in Legislatures and Courts: Incentives and Institutional Design", in Richard W. Bauman & Tsvi Kahana (eds.), *The Least Examined Branch: The Role of Legislatures in the Constitutional State* (Cambridge: Cambridge University Press, 2006), p. 355.

36. Ibid, pp. 356-360.

37. 參見，例如，Larry D. Kramer, *The People Themselves: Popular Constitutionalism and Judicial Review* (New York: Oxford University Press, 2004).

38. 關於作為憲法原則的民主集中制，參見朱國斌：《中國憲法與政治制度》，北京：法律出版社 2006 年第二版，第一章第三節 "憲法的基本原則"。

39. 關於盧梭主權思想的總結，參見朱國斌：《中國憲法與政治制度》。盧梭的主權思想可以說是法國大革命的指導思想。法國第一部憲法（1791 年 9 月 3 日）第 3 編 "公權力" 第 1 條宣示："主權（La Souveraineté）是唯一的（Une）、不可分的（Indivisible）、不可轉讓的（Inaliénable）和不受約束的（Imprescriptible）。主權屬於國民（Nation）；任何一部分人民、任何個人都不能夠行使主權。" 這與 1789 年頒佈的《人和公民權利宣言》的理念是一致的。

40. 法國第四共和國之前交替出現共和制、君主立憲制和帝制。在前兩種制度時期，議會制又是根本的政治制度，立法機關代表人民主權，行政權從屬於立法權。真正的分權，特別是司法權獨立，要等待強人戴高樂將軍開創第五共和國之時。早在 1946 年 6 月 16 日（此時還是第四共和國時期），戴高樂發表了著名的《貝葉演說》（*Discours prononcé à Bayeux*），其中提出："包括立法權、行政權和司法權在內的公權力必須清楚地分開，和嚴格地平衡"。1958 年 6 月 3 日憲法法是戴高樂主導下通過的，它為未來的第五共和國憲法制定了原則和方向。該法只有一條，但提出了五大立憲原則，其中包括普選是權力的源泉、行政權和立法權必須有效地分立、政府向議會負責、司法機關獨立、以及憲法應該提供人民參與組織政府的機會。顯而易見，該法中心目的是分權（Séparation des pouvois）。從憲制構造來講，實現分權必須滿足兩大要求：權力不能來自同一的來源；權力的構成必須分開。第五共和國憲法於 1958 年 10 月 4 日在上述光芒照耀下通過。1962 年 11 月 6 日憲法修正案規定總統由普選產生，公權力的分權過程得以完成，因為普選最終解決了總統的合法性問題。上述憲法文獻引自 Maurice Duverger, *Constitutions et Documents Politiques*（13ème éd.) (Paris: PUF, 1992). 關於分權的立憲過程，參見 Pierre Avril, "La Séparation des Pouvoirs Aujour'hui", in Michel Troper & Lucien Jaume (eds.), *1978 Et L'Invention de la Constitution* (Paris: LGDJ, 1994), pp. 295-303.

41. 對美國政治制度的完整表達應該是分權制衡制。只講分權或三權分立（Separation of Powers）是不完全的，甚至具有一定的誤導性。不講制衡（Checks and Balances），就不能夠理解為甚麼由司法機關解決政治問題（如布什對戈爾一案），就不能區分美國式的司法審查制（以美國和澳大利亞為代表）和歐洲式的憲法法院制（以德國和奧地利為代表）。基於同樣的理據，我們也就不能理解為甚麼香港法院和出身於普通法的香港法律學者致力堅持法院釋法，並幾乎一致認為法官釋法才是維護法治和司法獨立的唯一途徑。這一點是和本文討論的主題密切相關。

42. 我所見到的最新、最全面地論述中國的法律解釋制度 —— 包括立法解釋制度 —— 的論著是：陳斯喜〈我國的法律解釋〉。該文發表在 2007 年 6 月於香港城市大學法律學院召開的紀念香港回歸十周年的學術研討會之上。該文主要討論的是 "實然" 狀態的、而非 "應然" 狀態的立法解釋制度，因而可能與他以前的發表文章有不銜接之處。但是，因為作者的身份是全國人大常委會法制工作委員會國家法室主任和香港及澳門基本法委員會辦公室主任，有理由相信他發表的資料是權威的，觀點也具有代表意義。

43. 參見黎楓、莫舟強：〈論立法解釋制度 —— 兼評《立法法》對法律解釋制度的規定〉，天府評論網，2001 年 8 月 13 日；轉引自鄒平學：〈全國人大常委會解釋法律與解釋基本法的若干問題研究〉，《港澳研究》2006 年冬季號。鄒平學文亦發表在或被轉載在多家網站上，包括中國憲政網，http://www.calaw.cn/asp/showdetail.asp?id=11592; http://www.calaw.cn/asp/showdetail.asp?id=11593。

44. 參見袁吉亮：〈論立法解釋制度主體〉，《中國法學》1994 年第 4 期；張志銘：〈關於中國法律解釋體制的思考〉，《中國社會科學》1997 年第 2 期，第 100-117 頁。

45. 李紅梅：〈立法者適合做解釋者嗎？〉，《人民法院報》2003 年 9 月 9 日。此文的觀點並不具有普遍性。人們普遍認為，法律解釋要符合立法原意，要符合法律規範的立法意圖，而就立法原意或立法意圖而言，沒有誰比立法者更為清楚。

46. 參見陳斯喜：〈論立法解釋制度的是與非及其他〉，《中國法學》1998 年第 3 期，第 63-70 頁。

47. 李步雲：〈關於起草《中華人民共和國立法法》（專家建議稿）〉，《中國法學》1997 年第 1 期，第 11-19 頁。

48. 根據鄒平學，這些國家憲法有：1987 年阿富汗憲法草案、1972 年朝鮮憲法、1974 年緬甸憲法、1979 年伊朗憲法、1980 年越南憲法、1976 年阿爾巴尼亞憲法、1971 年保加利亞憲法、1981 年比利時王國憲法、1976 年波蘭憲法、1968 年民主德國憲法、1975 年羅馬尼亞憲法、1974 年南斯拉夫憲法、1977 年蘇聯憲法、1975 年希臘憲法、1991 年馬其頓憲法、1996 年吉爾吉斯憲法修正案、1984 年厄瓜多爾憲法、1949 年哥斯大黎加憲法、1976 年古巴憲法、1967 年玻利維亞憲法、1983 年薩爾瓦多憲法、1982 年洪都拉斯憲法，等等。而根據黃江天的統計，明確規定立法機關為法律解釋主體的憲法共 27 部，其中絕大多數為社會主義國家（包括中國、越南、朝鮮、古巴、緬甸）

和 "前蘇聯東歐社會主義國家"（蘇聯、東德、南斯拉夫、羅馬尼亞、阿爾及利亞、蒙古、保加利亞、波蘭等）。參見黃江天：《香港基本法的法律解釋研究》，第 477–479 頁。

49. 參見范愉：〈法律解釋的理論和實踐〉，《金陵法律評論》2003 年秋季卷。轉引自鄒平學：〈全國人大常委會解釋法律與解釋基本法的若干問題研究〉。

50. 根據 1981 年全國人大常委會通過的《關於加強法律解釋工作的決議》第二點。有意思的是，後來的《立法法》沒有類似的規定。但是這一衝突解決機制應該是繼續有效的。

51. 參見鄒平學：〈全國人大常委會解釋法律與解釋基本法的若干問題研究〉。

52. Ling Bing, "Subject Matter Limitations on the NPCSC's Power to Interpret the Basic Law", (2007) *Hong Kong Law Journal 37*, pp. 621-646.

53. 蕭蔚雲：《論香港基本法》，第 294 頁。

54. 許崇德主編：《中國憲法》第 3 版，北京：中國人民大學出版社 2006 年版，第 38、40-41 頁。

55. 蕭蔚雲：《論香港基本法》，第 293 頁。

56. 蕭蔚雲主編：《一國兩制與香港基本法律制度》，北京：北京大學出版社 1990 年版，第 139-140 頁。

57. 徐秀義、韓大元主編：《現代憲法學基本原理》，北京：中國人民公安大學出版社 2001 年版，第 141 頁。

58. 基本法起草時的考慮很多。參見蕭蔚雲委員的代表性意見，載香港文匯報編印：《香港特別行政區基本法（草案）徵求意見稿參考資料》，第 87 頁。

59. Yash Ghai, *Hong Kong's New Constitutional Order: The Resumption of Chinese Sovereignty and the Basic Law* (Hong Kong: Hong Kong University Press, 1999), 2nd edition, p. 198.

60. *Lau Kong Yung v Director of Immigration* [1999] 3 HKLRD 820.

61. *Director of Immigration v Chong Fung Yuen* [2001] 2 HKLRD 533.

62. *Ng Siu Tung v Director of Immigration* [2002] 1 HKLRD 561.

63. 基本法起草委員會委員廖瑤珠在第五次會議上作了如下發言："……一般認為不應溯及。但不能籠統地說完全沒有溯及力。舉一個例子，如有一個犯人被判了 12 年，作了兩年監，又有另外一個犯了同樣的罪，也被控告。但第二個人不服，上訴，吵得全香港都知道。那麼全國人大就注意到有關的香港特別行政區法律是否抵觸了《基本法》，並通過解釋《基本法》，使那條法律無效。這第二個犯人就不坐牢了，但第一個犯人還在監獄裏呢！我希望現在堅持‘沒有溯及力’的個別委員，要勇敢地向群眾承認，他的方案是如此不顧及人權。"參見香港文匯報編印：《香港特別行政區基本法（草案）徵求意見稿參考資料》，第 85 頁。

64. 參見韋洪乾：〈構建"一國兩制"下的法律解釋制度〉，《方圓法治》2007 年 8 月 2 日，http://fy.jcrb.com/shownews.aspx?newsid=753。

65. 參見林來梵：《從憲法規範到規範憲法 —— 規範憲法學的一種前言》，北京：法律出版社 2001 年版，第 417 頁。

66. 胡錦光：《中國憲法問題研究》，北京：新華出版社 1998 年版，第 315 頁。

67. 參考黃江天：《香港基本法的法律解釋研究》，第 138-140 頁。

68. 轉引自胡錦光：《中國憲法問題研究》，第 315-316 頁。

69. 林來梵：《從憲法規範到規範憲法 —— 規範憲法學的一種前言》，第 421 頁。林來梵接著寫道："規限性畢竟不等於禁止性，我們亦不應片面地誇大這種規限性，或將之加以絕對化，並據此完全否定第 158 條第 1 款所規定的全國人大常委會在原則上對基本法全部條款所擁有的解釋權。"

70. 黃江天：《香港基本法的法律解釋研究》，第 139 頁。

71. 《基本法（草案）徵求意見稿諮詢報告》（第二冊）專題報告中曾提出過"終局判決"的定義問題。有意見認為，只有終審庭對案件所做出的判決才算"終局判決"。也有人提到，按照當時的制度，並非每件案件均有機會提交給終審庭審理。另有意見認為，當一個案件上達到某一個層次的法院，而根據判例或先例無法再上訴時（例如，有如案件所涉及的款項所限，該案件最終只可以上訴至高等法院），該法院對案件的判決便算是"終局判決"。參見《基本法（草案）徵求意見稿諮詢報告》（第二冊），第 38 頁。

72. 香港基本法第 81 條明文規定："香港特別行政區設立終審法院、高等法院、區域法院、裁判署法庭和其他專門法庭。高等法院設上訴法庭和原訟法庭。原在香港實行的司法體制，除因設立香港特別行政區終審法院而產生變化外，予以保留。"

73. Ronald Benton Brown & Sharon Jacobs Brown, Statutory Interpretation: *The Search for Legislative Intent* (CO: National Institute for Trial Advocacy, 2002), pp. 106-107. 代表性的美國案例有：*Gomez v United States* 490 U.S. 858, 864 (1989); *Department of Legal Affairs v Rogers* 329 So. 2d 257 (Fla. 1976); *Almendarez-Torres v United States* 523 U.S. 224, 237-238 (1998); *Solid Waste Agency of Northern Cook County v U.S. Army Corps of Engineers* 531 U.S.

159, 172-173 (2001).

74. Ibid, p. 113.

75. 王振民教授是這樣看待解釋權和終審權關係的：基本法的最終解釋權屬於全國人大常委會，但最終裁判權屬於特區終審法院。把最終解釋權和最終裁判權分開，既符合中國的憲政和法律體制，又是“一國”和“兩制”的絕妙結合。摘自韋洪乾：〈構建“一國兩制”下的法律解釋制度〉。

76. Yash Ghai, "Litigating the Basic Law: Jurisdiction, Interpretation and Procedure", in Johannes M. M. Chan, H. L. Fu and Yash Ghai (eds.), *Hong Kong's Constitutional Debate — Conflict over Interpretation* (Hong Kong: Hong Kong University Press, 2000), pp. 35, 37.

77. Yash Ghai, "Litigating the Basic Law: Jurisdiction, Interpretation and Procedure", pp. 35-37; 另參考黃江天：《香港基本法的法律解釋研究》，第142-143 頁。

78. 事實上，香港學者對人大立法解釋制度有一種普遍的不理解和不信任感。說他們不理解，那是因為他們，特別是法律學者，深受普通法的教育與薰陶，實踐中很難接受有立法機構解釋法律，因為這有悖於“三權分立”的憲制原則。說他們不信任，那是因為擔憂政治力量借此介入，或擔心解釋可能會受政治和政策的直接干預，因為解釋的主體本身就是一個政治機構。

79. 李昌道、龔曉航：《基本法透視》，第 70 頁；黃江天：《香港基本法的法律解釋研究》，第 55 頁。

80. 參見黃江天：《香港基本法的法律解釋研究》，第 76-78 頁。

81. Ronald Benton Brown & Sharon Jacobs Brown, *Statutory Interpretation: The Search for Legislative Intent*.

82. Ibid, p. 43. 代表性的案例有 *Moskal v U.S.* 498 U.S. 103, 117 (1990); *Smith v City of St. Petersburg* 302 So., 2d 756, 757 (Fla. 1974).

83. Yash Ghai, "Litigating the Basic Law: Jurisdiction, Interpretation and Procedure", in Johannes M. M. Chan, H. L. Fu & Yash Ghai (eds.), *Hong Kong's Constitutional Debate — Conflict over Interpretation* (Hong Kong: Hong Kong University Press, 2000), p. 37.

84. 根據《立法法》，全國人大常委會解釋法律程序包括：1. 請求法律解釋的提出。國務院、中央軍事委員會、最高人民法院、最高人民檢察院和全國人民代表大會各專門委員會以及省、自治區、直轄市的人民代表大會常務委員會可以向全國人大常委會提出法律解釋請求。（第 43 條）；2. 法律解釋草案的擬定。全國人大常務委員會工作機構即法制工作委員會研究擬定法律解釋草案。（第 44 條）；3. 解釋草案列入全國人大常委會會議議程。法制工作委員會擬定法律解釋草案後，經由委員長會議決定列入全國人大常務委員會會議議程。（第 44 條）；4. 解釋草案的審議。對於列入全國人大常委會會議議程的法律解釋草案，由全國人大常委會進行審議；全國人大常委會分組審議後（委員長會議可決定是否交由相關的全國人大專門委員會審議），由全國人大法律委員會根據常委會組成人員的審議意見進行審議、修改，提出法律草案表決稿。（第 45 條；亦參見《全國人大常委會議事規則》第 2 章）；5. 解釋草案表決稿的表決。對於法律委員會提出的法律解釋草案表決稿，由委員長會議提請全國人大常委會全體會議表決，由全國人大常委會全體成員的過半數通過。（第 46 條；亦參見《全國人大常委會議事規則》第 2 章）；6. 法律解釋的公佈。法律解釋由全國人大常委會予以公佈。（第 46 條）

85. 陳斯喜：〈我國的法律解釋〉。

86. 參見陳玉田：〈論基本法解釋的程序〉，載《憲政與行政法治研究 —— 許崇德教授執教五十周年祝賀文集》，北京：中國人民大學出版社 2003 年，第 389-390 頁。

87. 程潔：〈論雙軌政治下的香港司法權 —— 憲政維度下的再思考〉，《中國法學》2006 年第 5 期；亦見 http://www.modernlaw.com.cn/1/5/03-25/4024.html。

# "剛果訴 FGH 案" 與全國人大常委會釋法
## ──以判例法整合制度和落實基本法

原載胡錦光主編：《2011 年中國十大憲法事例評析》，北京：法律

出版社 2012 年版，第 1-37 頁。原題為《全國人大常委會因 "剛果

（金）案" 解釋香港基本法──釐清中央的涉港外交事務權》

●

## 一、導言

2011 年 6 月 8 日，香港特別行政區終審法院就 "剛果民主共和國及其他訴 FG Hemisphere Associates LLC" 一案〔以下簡稱 "剛果（金）案"〕以 3 比 2 多數作出臨時性質的判決。在判決書中，終審法院多數意見認為，案件涉及的法律問題關涉中央人民政府所管理的事務和中央與特區的關係，故根據《香港特別行政區基本法》第 158 條第 3 款，開列四個問題提請全國人民代表大會常務委員會進行解釋。2011 年 8 月 26 日，人大常委會作出解釋。2011 年 9 月 8 日，終審法院再次開庭作出終局判決，宣佈臨時判決為終局判決。

"剛果（金）案" 無疑是一件具有里程碑意義的案件。它不

僅澄清了香港基本法相關法條的涵義，更是釐清了中央政府與香港特區（包括特區法院）之間的憲法關係和中央政府之於關涉特區外交事務的權責。終審法院第一次主動對人大常委會提出司法呈請，從而驗證了基本法第 158 條的可行性和有效性，開創了良好的先例。香港學者認為"司法提請是、也必須被看作一個分水嶺"；[1] 內地論者指出提請釋法"具有重大的政治意義與法律意義"。[2] 陳弘毅總結性地指出，"剛果（金）案"在如下三方面具有特別意義（Particularly Significant）："第一，本案中的多數法官不僅將基本法有關條文提請人大常委會解釋，而且還就一些相關的實質性的問題表達了自己的看法，並做出了有利於上訴人的決定；第二，就‘口徑一致’學說（即法院和行政機關就外交問題發出同樣的聲音）和‘國家行為’這些問題，多數意見超越了現行的英國普通法，而且對它們進行修正或適應以使之符合香港特別行政區作為中華人民共和國之一部分這一情形和背景；第三，多數意見事實上認定，就外國主權豁免而言，基本法規定的司法實踐更接近於美國制定《1976 年外國主權豁免法》之前的制度，而不是英國頒佈《1978 年國家豁免法令》之前的普通法制度。"[3] 當然，通觀全案及其終審意見，"剛果（金）案"的積極正面意義是多方面和多維度的，它使得紙面上的法律變成了實在的法律，推動了憲法學、香港基本法學和國際法學相關理論的進步。

本文將首先簡介"剛果（金）案"的發展脈絡，之後梳理案件提出的主要法律問題。第三，文章將重點放在對案件直接關涉的國際法、憲法與基本法維度的問題的系統梳理、討論和評論之上，這些問題包括：國家豁免或主權豁免與中國實踐，以及香港法院代表的普通法的態度，中央人民政府的外交事務權，特區法院對"國家行為"的司法管轄權，終審法院提請人大常委會釋法及其機制，人大常委會釋法對香港司法制度的影響，以及如何對待處理"香港原有法律"。其實，以上主要問題之下都有若干子問題值得、並得到討論。

## 二、"剛果（金）案"事實背景及發展脈絡

本案上訴答辯人 FG Hemisphere Associates LLC（簡稱 FGH 或答辯人）是一家在德拉瓦州成立的公司，總部設於紐約，經營它所稱為"不良資產"（Distressed Assets）的買賣。第一上訴人剛果（金）和案件介入人（Intervener）香港特區律政司司長把 FGH 稱之為"禿鷹基金"（Vulture Fund），並引述若干陳述以證明該等企業對減債造成的傷害。[4] 在業界，禿鷹基金（Vulture Hedge Fund）指的就是"那些通過收購處於償還危機中公司的違約債券，然後進行惡意訴訟，謀求高額利潤的基金；有時也泛指那些買賣破產倒閉公司股權、債權、資產而獲利的私募基金。"[5] 事實上，FGH 唯一的資產便是這宗於 2004 年交易完成的、涉及到剛果（金）的債權權益轉讓。[6]

發生在香港法院之前的事實背景是這樣的：於 1980 及 1986 年間，一家在南斯拉夫成立的公司 Energoinvest JNA（簡稱 Energoinvest）與薩伊共和國〔其繼承者為剛果民主共和國 —— Democratic Republic of the Congo，剛果（金）或 "DRC"〕及稱為國家電力公司（Société Nationale d'Electricité，簡稱 SNE）的薩伊法團訂立信貸協議。Energoinvest 提供貸款予剛

果（金）和 SNE，金額按第一份協議為 US$15,180,000，按第二份協議為 US$22,525,000。這兩份信貸協議均載有國際商會仲裁條款。在剛果（金）沒有履行還款責任之後，Energoinvest 遂於 2001 年 3 月 4 日根據仲裁程序向借款方進行追討。2003 年 4 月 30 日，兩項仲裁程序均作出 Energoinvest 勝訴、剛果（金）及其公司敗訴的最終裁決，裁決款額分別為 11,725,000 美元及 22,525,000 美元加上利息。剛果（金）當時沒有質疑該兩項裁決。2004 年 11 月 16 日，Energoinvest 以不予披露的金額為對價，簽訂一份絕對轉讓書轉讓它在該等仲裁裁決及相關債權款項的權利予 FGH。FGH 繼而尋求就任何可知的剛果（金）資產強制執行該等裁決。[7]

　　在此期間，中國與剛果（金）已就一項發展計劃達成協議，中國將在多項龐大基建專案中提供資助並參與建設，以換取開採剛果（金）的若干礦產資源的權利。兩國於 2001 年簽署合作協定。之後，剛果（金）與中國的一個國企財團訂立協議備忘錄，日期為 2007 年 9 月 17 日，藉此設定框架以處理資助該發展計劃的第一批融資。該備忘錄規定成立由中國擁有 68% 權益、剛果（金）擁有 32% 權益的合資公司。2008 年 4 月 22 日，兩方訂立合作協定，一方為剛果（金），而另一方為兩家中國企業，即中國中鐵股份有限公司（China Railway Group Limited，"中國中鐵"）和中國水利水電建設集團公司（Sinohydro Corporation Limited，"中水集團"）。中國中鐵是一家於中華人民共和國註冊成立的股份有限公司，並在香港聯合交易所上市，FGH 把它加入為本案第五被告。中國中鐵和中水集團承諾為所擬基建專案的融資和建設籌集資金並使之到位，以換取礦權授予所擬合資公司。中國中鐵為此還在香港註冊成立了三家全資附屬公司。該合作協定指明有關的礦產權和涉及的基建專案，尤其與本案相關的條款訂明，由中國的各方在符合若干先決條件的情況下支付若干"入門費"（Entry Fees）予剛果（金）。剛果（金）政府和一家剛果（金）國有公司將獲支付 3.5 億美元作為"入門費"，其中中鐵等四家被告（企業）按合資比例須付 2.21 億美元，中水集團眾公司須付 1.29 億美元。中國中鐵成立的三家公司分別作為本案的第二、第三和第四被告被 FGH 起訴。而中水集團非香港註冊成立的公司則不在被告之列。[8]

FGH 已經在其他司法管轄區提起法律程序，並討回了 3,336,757.75 美元。它在香港啟動法律程序要求追討餘下款項。FGH 購買債務時，剛果（金）所欠債務金額為 102,656,647.96 美元，而這筆金額現在應該大了很多。[9] FGH 指稱，中鐵等被告根據上述合約須分擔支付的入門費數額 2.21 億美元是剛果（金）在香港的資產；FGH 於是啟動針對剛果（金）和第二至第五被告在香港司法轄區強制執行該等仲裁裁決的法律程序。[10]

案件發展撲朔迷離，過程複雜，關涉多方。在香港啟動的法律程序與案件進展過程的重要時間節點是這樣的：[11]

2008 年 5 月 15 日，原告（即 FGH）獲原訟法庭邵德煒法官作出單方面命令（高院雜項案件 2008 年第 928 號）。該命令包括：（1）給予原告許可，以猶如香港法院判決的相同方式，強制執行國際商會針對剛果（金）（以第一被告身份被起訴）的仲裁裁決；（2）給予原告許可，以在香港司法管轄權範圍外向剛果（金）送達原訴傳票和有關命令；以及（3）發出臨時禁制令，禁止中國中鐵股份有限公司的三家附屬公司（以第二、第

三及第四被告身份被起訴）以入門費方式向剛果（金）支付 1.04
億美元，亦禁止剛果（金）向中鐵附屬公司收取該筆款項。7 月
7 日，原訟法庭芮安牟法官取消當時針對第一至第四被告的各項
禁制令，並頒下新的禁制令，禁止剛果（金）在法院作出進一
步命令前接收入門費，以及其他被告支付入門費，並批准原告
把命令送達予剛果（金）在香港的律師，藉以完成對剛果（金）
的替代送達。剛果（金）發出傳票，尋求聲明：就該申索所處
理的事項或所尋求的濟助，原訟法庭對剛果（金）沒有司法管
轄權；亦聲明原訴傳票並沒有送達給剛果（金）；以及撤銷當時
仍然針對剛果（金）的各項命令。11 月 12 日，律政司司長以公
眾利益為理由申請介入。11 月 20 日，中華人民共和國外交部駐
香港特別行政區特派員公署向香港特區政府政制及內地事務局
發出信函（即 "外交部駐港公署第一函"），申述中央人民政府
在國家豁免問題上的原則立場。12 月 2 日，芮安牟法官准許援
引 "外交部駐港公署第一函"，並就給予該信件何種分量聽取陳
詞。12 月 12 日，芮安牟法官宣佈，法庭在相關法律程序中對
剛果（金）並無司法管轄權，並作出一些命令，當中包括撤銷
日期為 2008 年 5 月 16 日的針對剛果（金）的單方面申請取得
禁制令。12 月 18 日，原告把上訴通知書送交存檔，反對芮安
牟法官於 2008 年 12 月 12 日作出的命令（民事上訴 2008 年第
373 號）。

　　2009 年 3 月 4 日，原告把上訴通知書送交存檔，反對芮安
牟法官在 2009 年 2 月 26 日作出的命令（民事上訴 2009 年第
43 號）。3 月 10 日，羅傑志副庭長指示兩宗上訴案件（民事上
訴 2008 年第 373 號及民事上訴 2009 年第 43 號）一併聆訊。5

月 21 日，外交部駐港公署發出第二封信函（即“外交部駐港公署第二函”），就中國簽署《聯合國國家及其財產管轄豁免公約》一事解釋中央政府在國家豁免問題上的立場。7 月 7 日，原告把經修訂的上訴通知書送交存檔（民事上訴 2008 年第 373 號）。7 月 28 日至 31 日及 8 月 3 日至 4 日，在上訴法庭司徒敬副庭長、楊振權法官及袁家寧法官席前進行聆訊（民事上訴 2008 年第 373 號及民事上訴 2009 年第 43 號）。2010 年 2 月 10 日，上訴法庭以多數意見判決（楊振權法官持異議）原告上訴得直，並恢復邵德煒法官的命令，但該案須發還原訟法庭。上訴法庭亦以該多數意見裁定剛果（金）享有限制豁免權而非絕對豁免權。

2010 年 3 月 9 日，剛果（金）針對上訴法庭在民事上訴 2008 年第 373 號及 2009 年第 43 號案件的裁決，把上訴許可動議通知送交終審法院存檔。3 月 10 日，第二至第五被告、介入人及原告分別針對上訴法庭在民事上訴 2008 年第 373 號及 2009 年第 43 號的裁決，把上訴許可動議通知送交終審法院存檔。5 月 5 日，上訴法庭判決批准向終審法院上訴的許可。6 月 30 日，剛果（金）把其書面陳述（以下簡稱書面陳述）送交存檔。剛果（金）把動議通知送交存檔，請求終審法院考慮及判定：（1）是否根據基本法第 158 條提請人大常委會對該法第 8 條、第 13 條、第 19 條作出解釋，及（2）按照基本法第 19 條，香港特區行政長官是否應根據上訴法庭判決書提述的兩封中央政府信函發出證明文件。8 月 25 日，外交部駐港公署發出第三封信函（即“外交部駐港公署第三函”），內容包括重申中央政府對國家豁免問題的立場。9 月 7 日，第二至第五被告、介入人把書面陳述送交存檔。介入人申請許可援引"外交部駐港公署第三函"作為進一步證據。第二至第五被告把動議通知送交存檔，請求終審法院考慮和判定是否根據基本法第 158 條提請人大常委會對該法第 13 條作出解釋。

2011 年 3 月 21 日至 25 日、28 日及 29 日，案件在終審法院常任法官包致金（Justice Bokhary PJ）、常任法官陳兆愷（Justice Chan PJ）、常任法官李義（Justice Ribeiro PJ）、非常任法官馬天敏（Justice Mortimer NPJ）及非常任法官梅師賢（Sir Anthony Mason NPJ）席前聆訊（終院民事上訴 2010 年第 5-7 號）。3 月 31 日，第二至第五被告、介入人以及剛果（金）應終審法院要求，分別把書面陳詞連同提請人大常委會解釋的問題草擬本送交存檔。6 月 8 日，終審法院作出臨時判決，以多數判決（常任法官包致金及非常任法官馬天敏持異議）臨時裁定剛果（金）享有絕對豁免。終審法院以該多數裁定提請全國人大常委會解釋基本法第 13 條第 1 款及第 19 條所涉及的四個問題。6 月 30 日，終審法院提請人大常委會釋法。8 月 26 日，人大常委會頒佈解釋。9 月 8 日，終審法院作出終局判決，宣佈臨時判決為終局判決。9 月 16 日，人大常委會的解釋在憲報刊登，編號 2011 年第 136 號法律公告。

"剛果（金）案"上訴人是以三比二多數判決勝出的。持異議的法官包致金和馬天敏各自出具自己的少數意見反對裁定剛果（金）享有絕對豁免。該臨時判決書中文版長達 206 頁，計 105,327 字，終局判決書共 6 頁，計 1,438 字；二者合共 106,765 字。[12]

## 三、"剛果（金）案"涉及的主要法律問題

"剛果（金）案"的複雜性表現為：（1）該案當事一方為一個外國主權國家——剛果（金），聲稱在香港法院應該獲得絕對豁免，包括管轄豁免和執行豁免。（2）中國政府在國家豁免問題上的"一貫原則立場"[13]並不像英國和美國一樣以國內立法的形式表現，從而更談不上根據基本法第18條及附件三實施於香港。而"有關國防、外交和其他按本法規定不屬於香港特別行政區自治範圍的法律"本應列入附件三。（3）回歸前，根據國際習慣法和普通法，限制性豁免適用於香港特區。回歸後，香港法院是否可以管轄這類案件沒有先例可循。簡言之，回歸前的普通法是否繼續適用。（4）由於中國政府參與制定了《聯合國國家及其財產管轄豁免公約》，並在2005年9月14日簽署了該《公約》，這就造成了中國相關立場模糊的印象。故在判決前，香港法院有必要澄清中國政府關於國家豁免的態度和立場到底是甚麼。（5）確認國家豁免是否屬於中央人民政府負責管理的"外交事務"首先涉及到對基本法第13條第1款的理解，更涉及到中央人民政府是否有權決定在香港特區適用的外交規則或政策（在本案中指國家豁免）。這個問題關涉中央權力和權威的確立以及中央與特區之關係。（6）香港法院對中央人民政府決定國家豁免規則或政策的行為有無司法管轄權涉及到對基本法第19條的理解，理解本身是否需要得到中央政府的認同？鑒於香港繼續採用普通法，國家豁免是法律問題，為甚麼就不可以由法院處理解決？還有，法院和行政機關是否應該"口徑一致"以及如何保證"口徑一致"？（7）最後，香港法院有無必

要提請人大常委會解釋基本法相關條文；如果是，應該根據甚麼原則、程序進行，以及應該通過哪些測試（Tests）。

通觀判決書，多數意見和少數意見持有人關注的中心法律問題不同，即是說各自採取的解決途徑不盡相同。比如，對包致金法官來說，"本案的核心法律問題，是關於在香港的法院中可得到的國家被豁免起訴和執行的限度。那是絕對豁免還是限制性豁免（即並不引伸適用於商業交易的豁免）？……而豁免是絕對還是限制性這問題可以這個方式提出來：主權豁免是局限於主權行為，還是可引伸適用於商業行為？"[14] 包致金法官的異議意見達七十五頁，得出的結論是："主權移交前，可在香港法院處理的國家豁免為限制性豁免，以致豁免不延伸適用於商業交易。至今仍維持如此。"[15] 對他來說，只要法院能夠自行回答以解決這個問題，就沒有必要提出其他問題來，包括如何理解基本法第 13 條和第 19 條，自然就談不上提請人大常委會釋法了。

儘管馬天敏法官的異議意見只有三十七頁，但是其關注面卻更為廣泛。關於國家豁免限度的認定以及由誰來認定，他的結論與包致金法官殊途同歸。比如，他認為："當法規（在此指曾經在香港適用的英國《1978 年國家豁免法令》）在 1997 年 7 月 1 日停止適用後，普通法像 1997 年前一樣繼續成為適用的法律。除此之外，便沒有其他適用的法律。"[16] 於是，1997 年之前有效的限制性豁免原則當繼續行之有效。對他而言，絕對豁免或限制性豁免是必須由法院處理的法律問題。他這樣寫道："國家豁免（和任何經變化的形式）在普通法中毫無疑問是由法院決定的法律問題，而並非一項國家行為或國家政策。"（著重號為本文引者所加）[17]他甚至還宣稱："除了在須確定一項關於國家行為的事實這種有限的情況下，法院不得援用國家政策或政府意見。法院並無酌情權、權利或權力採取其他做法。"[18]就整體意見而言，馬天敏法官比包致金法官走得更遠，得出的結論也更離奇。[19]

對中國國際法、憲法或基本法學者來說，異議法官的結論無疑會讓他們瞠目結舌，因而也是會受到挑戰的。當然，也許有人認為少數異議意見因其對案件不取決定作用故而可以忽略不計。然而，我們卻正好可以從異議者的視角來發現和辨認本案提出的若干有爭議性的法律問題。

無疑，多數意見獲得了中央政府、香港政府和大部分學者的肯定。在多數法官眼裏，"剛果（金）案"應該關注的是哪些主要法律問題，又需要解決哪些問題。為此，我們將注意力轉移到多數法官提出的原則性觀點和針對性觀點那裏。多數法官首先提出了如下原則性的觀點：[20]

（香港特區）成功要素之一，在於事實上這是一個堅守法治、同時具備司法獨立及尊重三權分立的社會。香港特別行政區的法治，建基於為落實 "一國兩制" 原則訂定體系架構的《基本法》。《基本法》中許多條款，均致力確立在特區內的政府行政、立法及司法各部，據以行使高度自治的獨立制度，維護本地居民及其他人士的基本權利、自由和生活方式。《基本法》中其他條款，確立香港的身份地位為中國不可分離的部分，即 "一國兩制" 原則中的 "一國" 基礎。本案中，本院需考慮後一類的條款，特別是關於管理和進行外交事務的條款。此範疇涉及香港特別行政區自治範圍以外，一直保留予中央人民政府的權力。

也就是說，法院首先應該透過案件澄清香港特區在中華人民共和國之下的"身份地位"，接著明確中央人民政府的保留權利，從而界定特區政府的自治權力範圍。

具體而言，多數法官認為，本上訴案提出了三個主要問題，即："(i)適用於香港特別行政區（"香港特區"）的國家豁免法律原則是甚麼？特別是，香港特區是否可以有效地依循與中華人民共和國（中國）所採納的原則不一致的國家豁免原則？(ii)在本案中，國家豁免是否無論如何都已被〔"剛果（金）案"〕放棄？(iii)分別按照《基本法》條款第 13、19（3）和 158（3）條，本院應採取甚麼步驟，（如果有的話？）"[21] 這三個問題其實就是終審法院在判決書中必須澄清和回答的三個中心問題。

## 四、對案件主要法律問題的梳理、討論和評價

鑒於本案涉及和提出的問題較多和考慮到文章的篇幅要求，本文將選擇性地討論幾個中心問題。由於多數法官的意見不僅"政治上正確"，而且在法律上也沒有挑戰中國憲法學、基本法學和國際法的主流學說或通說，故本文將只會對其作必要的補充性討論和評價。本文將適時討論批評異議觀點，以期達成進一步的學術共識。

### （一）國家豁免與中國的實踐

#### 1. 國家豁免的定義與理論

在“剛果（金）案”的論辯中，“國家豁免”（State Immunity）與“主權豁免”（Sovereign Immunity）交互使用，所指涵義相同。中國國際法教科書一般稱之為“國家主權豁免”（State Sovereign Immunity），即“是指國家根據國家主權平等原則而享有的不受他國管轄的特權”。[22] 國家主權豁免是從國家主權平等原則引申而來的。由於國家是平等的，“平等者之間無管轄權”（*par in parem non habet imperium*）。“國家主權豁免已是國際社會普遍承認的國際法原則。除非一國採取明示或默示的方式自願地放棄豁免權，外國法院就不能對享有管轄權的國家代表、國家行為和國家財產行使管轄。”[23] 卡賽斯在其所著的國際法教科書中亦指出：“外國國家不受法院地國管轄理論基於兩個方面的理由：第一，基於對外國獨立的尊重，一國不得干涉外國實施的公共行為；第二，關於本國及外國做出的決定，根據分權原則，一國司法機構一般不得干涉本國政府當局及外國政府當局實施的外交政策。不是由法院，而是由負責外交事務的國家機構掌管外事活動，並運用外交手段與相關外國機構就有關外交活動展開討論或辯論。”[24]

一般而言，國家主權豁免是國際社會普遍承認的習慣國際法原則。但是，就“國家被豁免起訴和執行的限度”（The Extent of the State Immunity from Suit and Execution）而言，各國的實踐不盡相同。關於豁免的國際法規則也在發展之中，比如一些國家法院在處理主權豁免的案件時，把國家行為分為

*acta jure imperii*（主權行為）和 *acta jure gestionis*（商業交易行為或私法行為，即非主權行為）。因而，卡賽斯說："以往，外國國家豁免是絕對的。19 世紀末期以來，限制豁免的觀點逐步形成。"豁免的例外是，外國國家以私人的身份，作為私法意義上的法人事實的行為。[25] 終審法院包致金法官和卡賽斯都引用 *I Congreso del Partido*（1981）案中法官的意見來證明國家主權豁免的例外及其合理性。在該案中，韋伯霍斯法官（Lord Wilberforce）詳細地闡述了限制豁免理論（doctrine）。他認為，限制豁免理論：[26]

> 來源於國家同意與個人進行商業交易或其他私法意義上的交易行為。該理論似乎基於兩個主要根據：（1）為了使與國家進行交易活動的個人能夠實現正義，有必要允許他們把此類交易活動訴諸法院；（2）要求國家對於此類交易活動產生的訴求進行答辯與挑戰或調查該國的任何主權行為或政府行為無關。通過採取一種可以接受的表達方式，該理論既不會威脅到該外國的尊嚴，也沒有對其主權職能構成任何的干涉。

卡賽斯指出，限制豁免理論在當前是"佔主流地位的"。該理論主張，國家進行的私人的或商業交易活動受外國管轄。而外國以主權者身份實施的行為則享有管轄豁免。在卡賽斯看來，幾乎所有的國家都接受了限制豁免理論，似乎只有中國以及一些拉美國家仍然堅持絕對豁免理論。[27] 卡賽斯的觀點與中國國際法的主流觀點有出入。如梁西的看法是，在目前，儘管

多數發達國家和一些發展中國家採取有限豁免原則,但是,
"(我們)尚不能認為有限豁免原則已成為習慣國際法規則。"[28]

然而,中國在接受有限豁免理論方面似乎有所鬆動。梁西
指出:[29]

> 在國家及其財產豁免問題上,中國在理論和實踐上都
> 堅持國家及其財產豁免的原則。凡國家本身從事的一切活
> 動,除國家自願放棄豁免外,享有豁免;在實踐中,已把
> 國家本身的活動和國營公司或企業的活動,國家國庫財產
> 和國營公司或企業的財產區別開來,國營公司和企業是具
> 有獨立法律人格的經濟實體,不應享有豁免;在外國國家
> 無視國際法,任意侵犯中國國家及其財產的豁免權的情況
> 下,中國實行對等原則,採取相應的報復措施。(著重號為
> 引者所加)

當然,關於理論與實踐的(可能)差異還是見仁見智的。

### 2. 中國關於國家豁免的立場

終審法院法官,無論多數意見還是少數意見持有人,都在
判決意見中將豁免及其限度(或 "程度",the Extent)當作
首要問題來解決。如前所述,包致金法官的關注點在於香港應
該適用絕對豁免還是限制性豁免,二者均包括國家訴訟豁免和
國家執行豁免,其結論是回歸前適用的限制性豁免應該繼續有
效。馬天敏法官要論證的是香港法院是否有權管轄決定在香港
適用的豁免規則,答案是法院對國家豁免有管轄權。而多數意

見則把焦點投射在決定香港應該適用哪種豁免的機關上，並進一步回答國家豁免原則是屬於中央人民政府管理的外交事務還是香港法院的司法自治範圍這一關鍵問題。

翻查內地國際法教科書，關於國家主權豁免的理論都寫得很簡略，甚至觀點模糊。這次藉著"剛果（金）案"，直接管理外交事務的國家行政機關透過外交部駐香港特別行政區特派員公署向香港法院發送了三封正式函件，十分明確地表達了中央人民政府堅持的原則立場和一貫做法。這三封函件無疑將會成為中國國際法此後必須參照執行的重要文件。

當"剛果（金）案"還在高等法院原訟法庭聆訊過程中，外交部駐港公署於 2008 年 11 月 20 日發出第一封函件申述中央政府採取的國家豁免立場，並透過律政司將之置於法庭席前。"駐港公署第一函"陳述中央政府的原則立場如下：[30]

> 我國的一貫原則立場是，一國國家及其財產在外國法院享有絕對豁免，包括絕對的管轄豁免和執行豁免，從未適用所謂的"限制豁免"原則或理論。我國法院不能管轄、在實踐中也從未受理過以外國國家及政府為被告、或針對外國國家及政府財產的案件，不論該外國國家及政府的相關行為的性質和目的如何，也不論該外國國家及政府的相關財產的性質、目的和用途如何。同時，我國也不接受外國法院對以我國國家及政府為被告、或針對我國國家及政府財產的案件享有管轄權。我國政府的這一原則立場是明確和一貫的。

芮安牟法官（Reyes J）在其日期為 2008 年 12 月 12 日的判案書中事實上接受了中國採用絕對豁免的觀點，但是他裁定法庭不必就彼此對立的國家豁免觀點作出抉擇，因為在他看來，支付 "入門費" 所基於的交易不是商業性質。該法官考慮到這些都是具有主權屬性，屬於國與國之間的安排，並非僅僅是商業關係。所以，即使在香港特區法院所應用的法律採納限制性豁免，剛果（金）在本案中仍將享有豁免。[31] 實際上，法官巧妙地迴避了將自己置於須在 A 與 B 之間作出選擇的尷尬境地。芮安牟法官最後還撤銷了邵德煒法官此前就 FGH 單方面申訴所作的命令，並聲明法院在有關法律程序中，對剛果（金）沒有司法管轄權。[32] 然而，芮安牟法官卻也注意到中國在 2005 年 9 月簽署了《聯合國國家及其財產管轄豁免公約》，該公約採納限制性方式處理國家豁免。而 "駐港公署第一函" 對此卻隻字未提，持有多數意見的法官看到 "這使其（芮安牟法官）感到不安"（he was troubled）。對芮安牟法官（後來同樣對 FGH、甚至對其他觀察者）來說，"中國政府既已簽署該公約，則必被視為至少已顯示其接受該公約內的條款的觀點。"[33] 於是，法官因此不認為中央政府的立場 "如該函所述般清晰明確"。[34] 我們不能說這種看法毫無道理。FGH 就芮安牟法官的裁定提出上訴。外交部駐港公署於 2009 年 5 月 21 日發出第二封函件解釋中央政府就該聯合國公約而言的立場，並透過律政司送達上訴法庭席前。"駐港公署第二函" 解釋：[35]

三、我國於 2005 年 9 月 14 日簽署了《公約》，以表明我國對國際社會上述協調努力的支持，但我國迄今尚未批准《公約》,《公約》本身也未生效,因此《公約》對我國不具有拘束力,更不能作為判斷我國在相關問題上的原則立場的依據。

該函件還補充說,在簽署《國際公約》後,中國堅持絕對豁免的立場並沒有發生變化,也從未適用或認可所謂的"限制豁免"原則或理論。中國這種欲拒還迎的態度的確讓人生疑。事實上,主流學者也指出,"在實踐中,(中國)已把國家本身的活動和國營公司或企業的活動,國家國庫財產和國營公司或企業的財產區別開來,國營公司和企業是具有獨立法律人格的經濟實體,不應享有豁免。"[36] 在"剛果(金)案"中出現的駐港公署這三封函件無疑將會起到澄清中國的真實態度的作用。可以預計到,在最近的將來,中國政府將會繼續秉持絕對豁免學說的。

上訴庭於 2010 年 2 月 10 日以二比一的多數意見推翻原訟法庭芮安牟法官的決定,裁定:有關的法律所賦予外國的僅為限制性豁免。其論證分析所循路徑如下:1997 年 7 月 1 日前,根據法規和普通法,香港採納承認商業例外的限制性方式處理國家豁免。[37] 普通法在 1997 年 7 月 1 日後維持適用,與基本法或其後所立法例不一致者除外。其後立法機關並沒有制定與有關的普通法不一致的法例。中央政府亦沒有通過基本法附件三,在香港實施任何關於國家豁免的全國性法律。此等"不作為"(原文為 Such Omissions,似乎譯為"闕失"更妥)乃重要徵示,顯示中央政府並無意圖改變從國際習慣法納入普通法而在香港特區適用的限制性豁免原則。[38] 上訴法庭多數法官繼而裁定限制性豁免並非與基本法條款不相容，而採納該政策也並不意味將在任何方面侵犯或損害中國主權。[39] 兩位法官雖承認法庭必須重視外交部駐港公署兩封函件，但認為兩函在本案中不具決定性，其目的只是使法庭注意中央政府的政策，並堅持中國主張絕對豁免作為在國際上一貫的立場。[40]

持少數意見的上訴法庭法官楊振權從作為香港"憲法"的基本法角度提出異議，認為："……銘記中國在國家豁免方面清晰且毫不含糊的外交政策，香港特別行政區的憲法不容許應用限制性豁免原則，而唯一應在香港特別行政區採用的國家豁免原則僅為絕對豁免。"[41]（著重號為引者所加）該法官尤其以基本法第 1、8、13 和 19 條為其決定的依據，並裁定：決定國家豁免的範圍屬外交事務，因此香港特區的做法必須符合中國的做法。[42] 值得注意的是，楊振權法官由此提出了國家豁免問題的管轄權問題，即：決定國家豁免及其範圍是屬於中央政府管理的外交事務（不同於特區政府管理的"對外事務"），還是香港法院可以自行處理的法律問題。

至此，問題更趨複雜化了。於是，2010 年 8 月 25 日，駐港公署就上訴判決發出了第三封長函，[43] 以全面回應上訴法庭在裁定中提出的下述理據：沒有證據表明香港特區所適用普通法若納入"限制豁免"的原則會損害中國的主權；在實踐中，特區法院適用"限制豁免"的原則無損中國的主權或使中國違反在公約下的國際義務；外交部駐港公署的上述兩函也沒有表示香港特區實行"限制豁免"原則會對中國主權造成損害。"駐港公署第三函"除重述了"第一函"關於國家豁免的原則立場之外，還如此明確地指出：在香港特區實行與中國立場不一致的國家豁免原則將明顯對中國主權造成損害，並從五方面對中國整體國家利益造成深遠的影響和嚴重的損害。[44]

從形式法治（Formal Rule of Law）的層面觀之，上訴法庭的"不作為"指控看上去也有道理。然而，"駐港公署第三函"對此特別回應如下：

> 1997 年 6 月 30 日以前，英國將其 1978 年《國家豁免法》延伸適用於香港。該法涉及外交事務，其所反映的所謂的"限制豁免"原則或理論與我國一貫主張的絕對豁免原則立場不相符。而且，自 1997 年 7 月 1 日起，與香港特別行政區有關的外交事務由中央人民政府管理。因此，在過渡時期處理香港法律當地語系化問題時，英國上述《國家豁免法》未如其他原適用於香港的大多數英國法律一樣在香港當地語系化，該法所反映的"限制豁免"原則自中國對香港恢復行使主權時起不再在香港特別行政區實行。中央人民政府的代表當時也已在中英聯合聯絡小組明確表示，自 1997 年 7 月 1 日起，香港特別行政區將適用中國統一的國家豁免制度。

在香港回歸中國之前和之後適用的國家豁免法律這一問題上，我們有必要作進一步比較和討論。這其中又出現了兩個子問題：（1）回歸前後適用的國家豁免法相同嗎？（2）國家豁免法由誰（哪個國家機關）決定？對第一個子問題，原訟、上訴和終審三級法院均接受如下事實和論斷，即：在 1975 年前，適用於香港一如適用於英國的傳統普通法原則是，外國國家豁免是絕對的。在 1997 年 7 月 1 日中國恢復行使主權之前，國家豁免在香港司法管轄區的狀況起初受普通法原則管限（特別是經 The Philippine Admiral、Trendtex 和 I Congreso 三案發展而來的普通法原則），而後來受延伸適用於香港的英國法規（在此指議會法律《1978 年國家豁免法》）管限。終審法院多數意見認定："我等可接受的基礎為，於 1997 年 6 月 30 日在香港法院適用的國家豁免理論，不論根據《1978 年國家豁免法》或按相關普通法原則，當時為限制性豁免理論，此理論承認原本如無例外則為絕對的豁免，有一例外，便是商業例外。"[45] 那麼，回歸後的情況呢？少數意見和多數意見背道而馳。"駐港公署第三函"所表達的中央政府的意見也並沒有見之於成文的、公開的文字，在 "剛果（金）案" 中這的確成為一個問題。FGH 就認為，鑒於中央政府的 "不作為" 且中央政府宣示的是政策而非法律，法院應該支持採取上述三項重大司法判決（The Philippine Admiral，Trendtex 和 I Congreso）所確立的普通法立場，並提出了五項關於中央政策的論點（以下專節討論）。

對第二個子問題，以英美為首的普通法國家的法律已經發展到了一個新的階段。以英國和美國為例，在對待國家豁免問題上，兩個國家都是以成文法的形式來處理國家豁免的，即完成了從行政主導到立法主導的過渡。終審法院首先引述美國的案例和實踐來論證解決國家豁免問題已經從行政主導走向立法機關主導了。在最近美國最高法院於 "Samantar v Yousuf 案"（2010）的判決裏，Stevens 法官描述，隨著美國國務院於 1952 年發出的 Tate Letter 後的做法已使就豁免問題作出的裁定 "陷入相當的混亂（境地）"，因為 "政治因素有時會導致（國務）

院提交‘建議豁免的個案，雖然在那些個案的有關情況下，依據限制性理論，是不會提供豁免的’。”Stevens 法官認為，“國會以制定《1976 年外國主權豁免法》去回應不一致行使主權豁免的做法”。[46] 多數意見由此認定，“由於察覺已發展出不理想的做法，美國國會決定藉立法，以立法方式把確定美國的國家豁免政策方面的憲法責任從行政機關拿走，將依據《1976 年外國主權豁免法》實施此政策的任務託付法院”。[47]

英國國家豁免法的分水嶺是 1975 年樞密院決定的 “*The Philippine Admiral* 案”。[48] 樞密院在這一來自香港的上訴案中踏出指標性的一步，邁向在英國和香港的普通法中一般採用限制性豁免理論。Lord Cross of Chelsea 在發表該委員會的意見時指出，上升的趨勢越來越趨向於識別一個國家作出主權或公共行為（“主權行為”：acts *jure imperii*）和非官方、往往是商業的行為（“非主權行為”：acts *jure gestionis*）。他是這樣描述的：[49]

此限制性理論試圖區分一國就統治權（*jure imperii*）作出的行為和該國就管理權（*jure gestionis*）作出的行為之間的分別，並對外國在所涉屬第二部分的交易的訴訟，不論是對人訴訟還是對物訴訟，皆不予豁免。（加著重號的部分原文為斜體）

此後在 1977 年 “*Trendtex Trading Corporation v Central Bank of Nigeria* 案”中，[50] 英國上訴法庭承認，雖然當時國際上就國家豁免是絕對抑或是限制性的沒有達成共識，卻還是決定採納限制性豁免原則。1978 年，英國議會制定通過了《1978 年國家豁免法》,《1979 年國家豁免（海外屬地）令》使該法律適用於香港。《1978 年國家豁免法》第 1 條規定：除該法規列明的例外情況外，豁免外國免受英國（以及香港）法院的司法管轄。該等例外情況包括：有關的國家已接受該司法管轄區管轄；及該等法律程序是與合約或商業交易有關，而該合約或商業交易的全部或部分條款是要在審訊地的國家履行的。在隨後的案例 "*I Congreso del Partido* 案"，[51] 上議院確認在普通法上採納限制性豁免理論。[52] 至此，議會法律主導了英美兩國的國家豁免實踐。這也進一步解釋了為甚麼於 1997 年 6 月 30 日前在香港法院適用的國家豁免理論為限制性豁免理論。

由國家行政機關（往往為中央政府）決定國家豁免及其限度的做法，其最大的好處在於它的靈活性，即它可以迅速反映國家外交政策的導向。也正因為如此，它被 FGH 的代表律師批評，認為 "原則性的法律決定可能會被基於政治權宜的非原則性決定所取代"。[53] 當然，多數意見沒有接受 "政治權宜" 的指斥，而是認為，"英國和美國曾採取絕對豁免的做法超過一個世紀之久，其中一個用以支持的理由，便是考慮到讓國內法院對外國國家行使司法轄權可能並不適合"。[54]

那麼，中國是否有必要由全國人大或人大常委會以立法方式規管國家主權豁免（不管它是絕對豁免還是限制豁免）呢？本文認為有此必要，時機適宜。國際法學術界也有此說。如梁西的《國際法》就指出："由於各國對國家及其財產豁免問題仍有很大分歧，我國有必要進一步完善這方面的立法，以維護國家主權，並促進我國與各國的正常經濟交往。" 就此而言，希望 "剛果（金）案" 的判決對此能取到一定的推動作用。

### 3. 關於國家豁免的論據即使不獲接納，還是值得關注

FGH 的論點是，上述 *The Philippine Admiral*、*Trendtex* 和 *I Congreso* 等案例中所發展的普通法國家豁免原則，基於基本法第 8 條 [55] 和第 18 條 [56] 而適用於香港特區，繼續成為香港特區的國家豁免法律。FGH 為此還提出五點論據，以支持採取上述三項司法判決所確立的普通法立場。其實，上訴法庭之前也提出了一個論據支持回歸後繼續適用普通法原則，這就是：在基本法的附件三裏面並不包括關於國家豁免的全國性法律以供香港法院適用。

從理論上講，要想論證普通法立場在香港回歸後不再繼續適用於香港特區只須證明該立場抵觸基本法即可；或者，要想改寫普通法立場只須由特區立法會制定新法或對舊法作出相應修改即可。對於前一部分，香港法院享有管轄權作出如此論證，若論證過程中仍然有疑問的話須得提請人大常委會釋法澄清。然而，特區立法會有憲法授權制定或修改關於國家豁免的法律嗎？這就涉及到對基本法中關於中央政府和香港特區各自許可權範圍條款的理解（下節討論）。

FGH 論據分別是：（1）將國家豁免事宜提交由行政部門處理要承擔風險，"原則性的法律決定可能會被基於政治權宜（Political Expediency）的非原則性決定所取代"。[57]（2）由上述的三宗案例所確立的限制性豁免原則更 "符合司法公義"（More "Consonant with Justice"），而承認中國所實行的絕對豁免則是一項 "倒退" 的（Regressive）做法。[58]（3）御用大律師 Lord Pannick 所提出的 "國家豁免的限制性理論，並不構成對國家主權的任何質疑"。[59]（4）外交部駐港公署三封函件對香港

司法獨立構成威脅。FGH 陳詞的立場是：（a）外交部試圖藉著那些函件來約束法院，使法院遵從其指示；以及（b）在不屬於基本法第 19 條第 3 款的範圍的案件中，遵從那些指示並無正當理據支持，並且涉及接受中方對司法獨立作出干預，該採取甚麼樣的國家豁免原則的問題，應由香港特區的法院按照普通法來決定，而不是由行政部門按照政策來決定。[60] 以及（5）香港特區如果"回復"到絕對豁免，便會回到"法律的黑暗年代"（"the Legal Dark Ages"），從而破壞基本法所保障的重要利益和根本價值。[61]

上述第（4）點忽略了國家主權豁免法律的性質，以及罔顧中央政府之於特區政府的法定權力，完全可以根據基本法駁斥。第（5）點則是危言聳聽，不值一駁。而第（1）至（3）點僅就法律觀點（而不考慮國家外交政策和國際政治）而言，還是有待斟酌、有討論餘地的。多數意見主要是依賴駐港公署的三封函件來反駁上述陳詞。

就（1）而言，多數意見斷定，"中國給予外國國家絕對豁免，自己亦要求享有絕對豁免。這並不是一項反復無常或隨'政治權宜'變動的政策。為了在其外交政策下顧及本身的利益，中華人民共和國原則上選擇透過外交途徑或類似方法，來解決涉及外國國家的爭端，而非交由國內法院行使強制性的、和必然較缺乏彈性的司法管轄權來處理有關爭端。"[62] 實際上，中國是主張原則性同靈活性結合、由行政機關即國家外交權威部門而非司法機關來解決國與國之間的爭端，這是中國處理外交爭端的一貫做法。"駐港公署第三函"的看法是："每個國家均按照本國國情需要和外交政策，採用符合本國利益的國家豁免制度。"

關於（2）提出的"公正"（Justice），正如 Lord Wilberforce 在"*I Congreso* 案"中指出，由於國家願意與個人進行商業交易或其他基於私法的交易，"為了公正起見，須容許與國家進行這種交易的個人把這種交易帶到法院。"[63] 這的確是一個很有力量的觀點，"從律師的眼光來看有其吸引力"。[64] 對此，多數意見缺乏論證，顯得蒼白。它只是指出香港特區不能就國家豁免採取一項與中央政府所採取的原則並不一致的法律原則，並且"法院無權評論中央人民政府採取絕對豁免而非限制性豁免的政策是否合適"。[65] 關於最後一點，如果考慮到三權分立之下法院的憲法角色（Constitutional Role）是適用法律和解釋法律的話，多數意見至少會引起來自普通法法域的學者的詬病的。

至於第（3）點，代表 FGH 的御用大律師 Lord Pannick 依賴 Lord Wilberforce 在上述的"*I Congreso* 案"中的以下法律觀點來支持："要求一個國家對一項基於這種（商業）交易的聲稱提出答辯，並不涉及質疑或調查該國的任何主權行為或政府行為。公認的說法是這個做法並沒有對該國的尊嚴構成威脅，亦沒有對其主權國職能構成任何干預。"多數意見則完全依賴"駐港公署第三函"第（五）點下的五項內容反駁上述論點，沒有提出任何自己的進一步理解。[66] 這很可惜。

### （二）"口徑一致"（One Voice）原則與中央政府外交事務管理權

#### 1. 外交憲法："外交事務"與"對外事務"

根據中國憲法學通說，中國作為單一制國家，國家最高權力機關是全國人大及其常務委員會，它們是主權行使者。中央政府（包括國家權力機關和行政機關）自然擁有全權處理國家的外交事務，包括外交政策和法律的制定和做出各種外交行為，各地方單位包括兩個特別行政區既不可以分享這種專屬權力，又不能自行其是，從事任何與中央政府政策與法律不一致的活動。這一道理幾乎是不證自明的。香港基本法起草委員會委員王叔文把這個問題上升到了國家統一的高度來認識。他指出：[67]

> 如果一個國家，在中央政府之外還有某個地方政府也能夠行使這種權力（即國家主權），那麼這個國家就談不上是一個統一的國家。……所有地方政府，包括香港特別行政區政府在內，都不能行使屬於主權範圍的權力，如國防、外交、制定全國性法律等等。

由於中國不實行分權制衡的政體，故中央人民政府的外交權力除了具有國家強制性、公共性、法定性等特徵外，[68] 還具有凌駕性和壟斷性。在現行憲政體制之下，國家司法機關不具備決定國家外交行為的權力能力和行為能力，這種安排也適用於和制約著特別行政區。

香港基本法遵循著這種憲政秩序，在 "中央和香港特別行政區的關係" 一章對中央人民政府和香港特區的各自職權進行了明確劃分，即 "中央人民政府負責管理與香港特別行政區有關的外交事務"，並為此要求外交部在香港設立機構處理涉港外交事務；與此同時，"中央人民政府授權香港特別行政區依照本法自行處理有關的對外事務"。[69] 可見，基本法用"外交事務"和"對外事務"這兩個概念來識別和劃定中央人民政府和香港特區的各自權力範圍。"外交事務"權體現的是國家主權，而"對外事務"權對應的則是特區的自治權。根據王叔文的理解，這種安排"就是既要體現國家對香港特區行政權的主權，也要體現香港特別行政區的高度自治"。[70] 基本法用了整整一章（第七章）共八條的篇幅極為詳盡地列舉了香港特區可以行使的"對外事務"權力及相應條件。

由中央人民政府直接管理與香港特區有關或發生在香港特區的外交事務，這與香港特區的憲法地位和行政地位直接關聯。"香港特別行政區是中華人民共和國不可分離的部分"[71] 指明了香港特區是統一中國的一部分；"香港特別行政區是中華人民共和國的一個享有高度自治權的地方行政區域，直轄於中央人民政府"[72] 清晰地界定了它在國家內的行政地位以及與中央人民政府的行政關係。由於香港基本法是關於國家制度的憲制性法律（Constitutional Law），且被香港社會和司法機構普遍認定它在香港特區具有"憲法"的地位，所以上述條文規定的是一種廣義上的憲法關係。職是之故，作為中華人民共和國下的一個地方行政區域，"與它有關的外交事務和它的防務應由中央人民政府負責管理，這是不言而喻的"。[73]

### 2. "口徑一致"原則：理解與應用

既然"憲法"上規定中央人民政府負責管理和處理與香港特區有關的外交事務，香港特區，包括特區司法機關（法院），也只能跟隨中央人民政府的政策和法律，此外別無選擇。這就是“口徑一致”學說的本來之義，或者說應有之義。

在“剛果（金）案”中，上訴人的代表律師提出，按普通法司法方針或慣例規則，就國家行為或外交事務而言，司法機構和行政機關應保持“口徑一致”（Speak with One Voice），或可譯為“同聲同氣”。“口徑一致”原則可以追溯至副大法官Shadwell 於 1828 年在 “*Taylor v Barclay* 案” 中所說的那句名言：“王座法院應與皇室政府行事一致”（the Courts of the King should act in unison with the Government of the King）。[74] 包致金法官、馬天敏法官和多數意見法官都處理過關於“口徑一致”的陳詞，但是他們卻得出相互矛盾的結論。包致金法官在審核了上訴人提出的各種理據和案例之後，認為該原則“與本案無關宏旨。那與在香港法院所可得到的國家豁免是絕對還是限制性無關”。[75] 馬天敏法官也認為，上訴人引述的“此等判例與本案相去甚遠”，並且還說，“從來沒有英國法院在有關國家豁免法律的適用問題上接受行政機關的意見，更遑論是關於可適用的法律是絕對的抑或是限制性的。案例顯示，絕對豁免和限制性豁免一直被視為法律問題，由法院定奪，而不是由行政機關的意見或政策定奪的事宜。”[76]

包致金法官還特別反駁了介入人（即特區政府律政司）提出的一個國家之內只可以有一種國家豁免制度的觀點。在引述上訴答辯人的觀點、相關學術著作和案例之後，他得出這種傾向性鮮明的結論：[77]

“一個國家，一種豁免”這詞句，或許是一個便利的方法來辨識和概括大律師的陳詞。但這詞句本身是沒有價值的。在沒有"一國兩制"的情況中，幾乎沒有必要使用這樣的言詞。而在"一國兩制"的情況中，使用這樣的言詞不但使人分心而且危險。香港整個主權移交後的憲法秩序都是以這個"一國兩制"方針為依據。……涉及"承認"那部分的國家豁免屬"國家"的事宜，而涉及豁免是絕對還是限制性的部分，則屬"制度"的事宜。根據香港的制度，在香港法院所可得到的豁免是絕對還是限制性的問題，是由司法機構在無需諮詢行政機關的情況下，獨立地決定的。

不能不說，從純粹法律角度或律師辯論視野觀之，將"承認"和"豁免"分開處理，認為前者是"國家的事宜"（即主權事宜或原則事宜）、後者是"制度的事宜"（即技術事宜），這還是很有力量的。（至於我們是否接受這種思辨方法則是另一回事。）問題是，如果我們真是接受了少數意見法官的論點，那麼就會將基本法第 13 條排除在考慮之外了，也就是說，之後就根本沒有討論中央人民政府管理涉港外交事務的機會，最後也就更沒要求由終審法院提請人大常委會釋法的必要。

然而，多數意見關於"口徑一致"的結論性意見佔了上風。他們開宗明義，提出了對"口徑一致"的原則性理解：[78]

"口徑一致"的原則和接受關於事實狀況的聲明為作決定性聲明的做法，都是根據法院的裁決發展出來的或有法例規定的，旨在防止不同的政府機關，就國家的外交政策作出不一致的界定。人們爭論的問題往往圍繞著：就外交政策作出具權威性決定的責任應該分配予哪個政府部門（通常是行政部門或立法部門），而實施有關政策的責任則留給法院。從沒有聽說過一個中央集權制國家內的（不行使主權的）地區或自治市的法院，會就國家豁免宣佈本身的獨自政策，而該政策卻是與國家在全國所實施的政策不同的。

多數意見是在綜合研究了香港基本法、駐港公署函件、全國人大常委會《關於〈根據中華人民共和國香港特別行政區基本法〉第一百六十條處理香港原有法律的決定》（1997 年 2 月 23 日）以及《釋義及通則條例》第 2A 條之後得出的。可想而知，據此得出的結論必然會與 FGH 的論點大相徑庭。

### 3. 從 "口徑一致" 到中央人民政府的責任與權力

基於 "口徑一致" 原則（或學說），在涉港對外交往事務的處理上，所秉承的邏輯應該是這樣的：由於基本法把處理特區的外交事務的責任分配給中央人民政府，以及規定香港特區的自治範圍不包括管理和處理外交事務，故 FGH 的論點——由法院根據普通法決定國家豁免事宜——難以成立。由於中央人民政府全權負責涉港外交事務，只是根據第 13 條第 3 款所規定的例外情況把處理 "對外事務" 的權力轉授予香港特區（著重號為引者所加），因此，但凡與中華人民共和國這個主權國家的外交事務有關的事宜，香港特區的機構（包括法院）都必須尊重中央人民政府的決定並遵照其決定行事。"我們（多數意見）認為這是一項必須遵行的憲法規定（a Constitutional Imperative）。" [79]

多數意見書在處理香港特區高度自治和中央政府權力關係時，認為兩大類條文對上訴的裁定至關重要。第一類條文確立香港特區在中華人民共和國中的（憲法和行政）地位（見第 1 條和第 12 條）；第二類條文則把管理和處理外交事務的責任分配給行政部門（即中央人民政府），使外交事務不屬於香港特區的自治範圍（如第 13 條）。[80] 這種分類處理前後貫通，邏輯緊密。

中英聯合聲明是為法院所接納的相關文書。中英政府從一開始已清楚表明香港特區所享有的高度自治權並不包括處理外交或國防事務。因此，雙方在聯合聲明中同意："除外交和國防事務屬中央人民政府管理外，香港特別行政區享有高度自治權。"[81] 文中"除⋯⋯之外"是一種保留性條款，它是與基本法第 13 條第 3 款的"授權條款"相對應。第 13 條全文是：

> 中央人民政府負責管理與香港特別行政區有關的外交事務。
>
> 中華人民共和國外交部在香港設立機構處理外交事務。
>
> 中央人民政府授權香港特別行政區依照本法自行處理有關的對外事務。

多數意見法官在此作了兩點顯而易見、但有意義的說明：（1）香港特區政府只有在獲得中央人民政府"轉授權力"下才可處理"對外事務"；[82]（2）在"中央人民政府負責管理"一句中，英文文本"Responsible for"在中文文本中為"負責管理"應表示"負責管理或處理"的意思，[83] 這實際上擴大了中文文本

的字面含義。多數意見書的以下結論無疑是對第 13 條的正確解讀：[84]

> 《基本法》把處理外交事務的責任保留給中央人民政府，完全符合上文所闡述的觀點，即關於國家豁免的決定是涉及國與國之間的關係，因而須由國家的中央機關處理，而不是由某些於國家內獨自行事的地區或自治市處理。

多數意見書還引述基本法相關條文證實以上結論：[85]（1）基本法某些條文默認上述原則；[86]（2）有條文承認，如影響特區的國際交往在"以國家為單位"的情況下發生，則香港特區的代表便只能以中華人民共和國代表團的成員的身份參加；[87]（3）基本法亦交由中央人民政府"根據香港特別行政區的情況和需要，在徵詢香港特別行政區政府的意見後"，[88]去決定哪些國際協議應引伸而適用於香港特區。

最後，多數意見書斷定："基本法把這項責任分配給中央人民政府而非香港特區當局，已解決了一項在其他司法管轄區所需要爭辯的問題"，[89]即決定國家豁免政策的憲法責任應歸於"國家的中央機關"，[90]具體來說是中央人民政府及其外交部門。

### （三）"國家行為"與特區法院司法管轄權

#### 1. 特區法院對國家行為有無司法管轄權？

如何解釋香港基本法第 19 條是"剛果（金）案"的核心問題之一，引起了上訴人及其答辯人針鋒相對的辯論，多數意見法官和少數意見法官也是互不相讓。第 19 條規定：

> 香港特別行政區享有獨立的司法權和終審權。
>
> 香港特別行政區法院除繼續保持香港原有法律制度和原則對法院審判權所作的限制外，對香港特別行政區所有的案件均有審判權。
>
> 香港特別行政區法院對國防、外交等國家行為無管轄權。香港特別行政區法院在審理案件中遇有涉及國防、外交等國家行為的事實問題，應取得行政長官就該等問題發出的證明文件，上述文件對法院有約束力。行政長官在發出證明文件前，須取得中央人民政府的證明書。

雙方爭論的焦點在第 19 條第 3 款，即特區法院對 "國防、外交等國家行為" 的管轄權之上。第 19 條第 2 款明確規定香港法院保留主權移交前的管轄權，從而排除法院 "對國防、外交等國家行為" 的司法管轄權。少數意見代表和法官都並沒有質疑特區法院對國家行為無管轄權這一 "原有法律制度和原則"。如馬天敏法官同意這點："香港法院沒有管轄權處理外交事務，在主權移交之前，亦無這樣的管轄權。"[91] 他再度明確指出："香港法院對外交事務從來沒有管轄權。"[92] 他還進一步補充道："一如第 19（3）條，同樣的用語見於香港法例第 484 章《香港終審法院條例》第 4（2）條，同樣排除本院在這方面的管轄權。本席的觀點由此得以確定，這兩項條款的目的和真義與普通法的 '國家行為' 原則一致。"[93]

綜覽判決書，可以說，法庭上各方就香港法院對外交事務沒有管轄權這一事實達成了共識。關於對第 19 條的進一步認識，我們不如直接引用香港基本法起草委員會主任委員姬鵬飛在 1990 年 3 月 28 日於第七屆全國人大第三次會議上提交的關於香港基本法草案的說明。姬鵬飛在說明中指出：

> 草案規定特別行政區法院享有獨立的司法權和終審權，作為一個地方行政區域的法院而享有終審權，這無疑是一種很特殊的例外，考慮到香港實行與內地不同的社會制度和法律體系，這樣規定是必需的。香港現行的司法制度和原則一向對有關國防、外交等國家行為無管轄權，草案保留了這一原則，而且規定特別行政區法院在審理案件中遇到涉及國防、外交等國家行為的事實問題，應取得行政長官就此發出的證明文件，上述文件對法院有約束力。行政長官在發出證明文件前，須取得中央人民政府的證明書。這就妥善解決了有關國家行為的司法管轄問題，也保證了特別行政區法院正常行使其職能。

上述說明陳述了基本法第 19 條的 "立法原意"，香港法院也接納它為解釋基本法的重要 "輔助材料"（Extrinsic Materials）。它包括了這樣幾方面重要意思：（1）特區法院享有獨立的司法權和終審權是一種很特殊的例外；（2）在回歸前的普通法制度之下，法院對有關國防、外交等國家行為無管轄權，這一原則應當保留；（3）法院在審理案件中遇到涉及國防、外交等國家行為的事實問題，應取得行政長官就此發出的關於國家行為的事實的證明文件；（4）如此立法的目的在於既要妥善解決有關國家行為的司法管轄問題，又要保證特區法院正常行使其職能。

### 2. 國家豁免屬於 "國家行為" 範疇

第 19 條中的 "國家行為" 概念內涵含糊，外延邊界也很模糊。多數意見也同意 "'國防、外交等國家行為' 一詞的意思並不清晰"。[94] Lord Wilberforce 也曾認為，關於 "國家行為" 的原則在普通法中是 "一項通常混淆不清的課題"。[95]

自《行政訴訟法》於 1990 年通過以來，中國權威部門（包括立法機關和法院）也沒做過官方的權威解釋。在香港，"剛果（金）案" 是檢測基本法第 19 條關於外交作為 "國家行為" 的第一權威案件，因而在該案判決書發佈之前也不曾有權威的解讀。佳日思（Yash Ghai）在他的 *Hong Kong's New Constitutional Order* 一書中，曾討論過這一引起關注的問題的性質，最後他認為，"從多方面看，中國的（國家行為）概念與普通法上的概念類似（similar）"，即 "國家行為是一種例外，指中央政府以國家的名義在外交事務方面行使權利和在內政方面行使主權的行為"。[96] "剛果（金）案" 多數意見法官 "傾向同意佳日思教授的意見，⋯⋯〔（基本法）中的國家行為〕可被理解為符合普通法的國家行為原則"，並以此為基礎繼續討論。[97]

國家豁免、國家行為以及法院司法管轄權密切相關。一旦將國家豁免排除在國家行為之外，法院將可以對之行使管轄權；反之亦然。於是，御用大律師 Lord Pannick 提出了這樣一個觀點。他認為，第 19 條第 3 款是唯一明確地剝奪法院的司法管轄權的條文。然而，他指出這項條文只是排除了法院"對國防、外交等國家行為"的司法管轄權，而國家豁免並不涉及一項"國家行為"，從而不屬於上述字詞所指的意思（state immunity does not involve an "act of state" and so falls outside those words）。[98] 他的推導邏輯直截了當，即：特區法院對國家行為無管轄權，而國家豁免不屬於國家行為的範疇，故特區法院有權對其行使管轄權。

鑒於理論界關於基本法下的國家豁免與國家行為的理論討論都十分原則性，我們不妨求助於普通法。Lord Millett 在 "*Holland v Lampen-Wolfe* 案" 中便指出了國家豁免與國家行為的內在關係，他說國家豁免原則"源自國家的審判權力的主權性質，以及所有國家均是平等這項國際法基本原則"。他又進一步指出，豁免"的實施使一個國家的官方或政府行為免於在另一國家的法院的法律程序中被質疑"。[99] 這類性質的國家豁免無疑是"（國家）行政機關與另一國家交往時發生的政策性行為"（an act of the executive as a matter of *policy* performed in the course of its relations with another）（英文中斜體為原引者所加，中文中對應為著重號。本文沒有採用判決書中文版的譯本）。[100]

這個問題不複雜，因而論證過程直接明瞭。多數意見書表達得果斷乾脆，字面意思也無歧義，特引述如下：[101]

我們認為，中央人民政府決定適用於香港特區的法院的有關國家豁免規則，可被正確地視為屬第 19 條第 3 款所指的"……外交等國家行為"。因此，FGH 的陳詞指這種規則應由香港特區的法院而非中央人民政府決定，不能接納。香港特區的法院在這方面並無司法管轄權。

基於上述結論，多數意見書也迅速處理了與此相關的關於國家行為事實的"證明書"問題。法官認為，鑒於"中央人民政府決定適用於香港特區的有關國家豁免規則的行為，屬第19條第3款所指的'國防、外交等國家行為'"，"我們認為在本案的情況中，本院無須取得該份證明文件"。[102] 第19條中的"在審理案件中遇有……的事實問題"這半句話，法官認為"應根據其目的被理解為'在審理案件中如對這些問題有爭議或懷疑而須予以解決'。如果有關事實已獲具權威性的證明及並無爭議，我們不認為應勞煩行政長官。"[103] 這一推論和結論十分符合邏輯。

值得關注的是，法官對如何理解第19條第3款提供了明晰的指引，有助於未來的司法審判活動。這就是："在援用第19條第3款之前，本院須首先確定有哪些涉及有關國家行為的事實問題（如有的話）；其次，本院須考慮所出現的問題，是否必須在審裁過程中，借著取得證明文件的程序來解決。"[104] 把這一指引落實到"剛果（金）案"，法官首先確定了如下兩個事實：第一，中華人民共和國所採取的是絕對豁免原則；第二，如果特區法院採取不同的立場會使中國的主權受到損害，以及使中國在處理外交事務時會如外交部駐港公署第三函所述般受到妨礙。[105]

就第二點指引而言，外交部駐港公署是"在香港……機構"（第19條第2款），是專責涉港外交事務的法定機構。該公署出具的三封函件"已權威性地證明中華人民共和國在國家豁免問題上的外交政策是甚麼，以及香港特區的法院如背離國家的立場可能會導致些甚麼損害"。[106] "那些函件應被視為具有'事實狀況的聲明'的地位，和被香港特區的法院（即使在沒有第19條第3款所指的證明文件的情況下）接納為具權威性的事實的陳述，並屬於主管國家外交政策的政府行政機關獨有的認知範圍。法院有責任根據那些事實裁定有關行為是否構成國家行為；以及如裁定是國家行為的話，則須決定其性質和程度；並且在情況合適和只有在合適的情況下，規定有關行為不屬法院的審理範圍和這樣裁定的法律後果。"應該說，在理論上質疑這種認識很困難。

### （四）終審法院提請釋法與制度整合

#### 1. 人大常委會釋法制度是一項憲法制度

全國人大常委會解釋基本法是一項憲法制度，具有合憲性基礎和正當性。[107] 人大常委會的權力來源於憲法第67條，該條第4項規定人大常委會有權"解釋法律"。香港基本法是一項憲制性法律，經常被認作是香港的"憲法"。例如終審法院在"吳嘉玲案"中就說香港基本法"於中國對香港恢復行使主權、香港回歸之日就成為香港特別行政區的憲法了"。[108] "《基本法》既是一件全國性法律，又是特區的憲法"。[109] 在"剛果（金）案"中，上訴法庭和終審法院都是把香港基本法當作香港"憲法"對待的。人大常委會解釋基本法的具體設計安排見於基本法第158條，該條規定如下：

本法的解釋權屬於全國人民代表大會常務委員會。

全國人民代表大會常務委員會授權香港特別行政區法院在審理案件時對本法關於香港特別行政區自治範圍內的條款自行解釋。

香港特別行政區法院在審理案件時對本法的其他條款也可解釋。但如香港特別行政區法院在審理案件時需要對本法關於中央人民政府管理的事務或中央和香港特別行政區關係的條款進行解釋，而該條款的解釋又影響到案件的判決，在對該案件作出不可上訴的終局判決前，應由香港特別行政區終審法院請全國人民代表大會常務委員會對有關條款作出解釋。如全國人民代表大會常務委員會作出解釋，香港特別行政區法院在引用該條款時，應以全國人民代表大會常務委員會的解釋為準。但在此以前作出的判決不受影響。

從條文結構上講，該條逐步推進，前面的規定為後來的安排設定條件。從立法原意上看，它反映了在"一國兩制"憲法原則之下中央機關與特區分權及授權安排。比如，第 1 款宣示法律解釋權是中央即人大常委會的保留權力，第 2 款和第 3 款屬於授權條款，開始向特區法院逐步授權：授權香港法院"在審理案件時"從解釋自治範圍內的條款到解釋全部條款。[110] 顯而易見，法院得到的授權受制於人大常委會的保留權力和相關條件；並且，在既定條件（在審理案件時需要對本法……，在對該案件作出不可上訴的終局判決前）下，終審法院有憲法義務提請人大常委會釋法。

如前所述，人大常委會釋法制度是一項憲法制度。根據憲法，2000 年通過的《立法法》再次明確了人大常委會的法律解釋權。[111] 人大釋法從解釋主體上看屬於 "立法解釋"，區別於現行法制之下的司法解釋和行政解釋。[112] 從效力上看，人大常委會的解釋等同於法律，[113] 相當於新的立法活動。但是，人們還是對人大常委會解釋基本法的性質認識不同，如內地學者一般認為這是 "法律解釋"，[114] 香港學者和法院則認為是 "憲法解釋"。[115]

### 2. 人大常委會釋法制度仍然存在的制度性缺失

在香港回歸十五年的歷史中，人大常委會一共對基本法進行過四次解釋（編註：本文原發表於 2012 年，到本書出版日期為止共有五次），分別發生在 1999 年、2004 年、2005 年和 2011 年。從這四次釋法中，我們並不能總結發展出一種普遍適用的制度，因為每次釋法的時間、提請人、問題的性質甚至後續影響都不相同。這至少可從一個方面說明第 158 條條文的不規範性和實踐的隨意性。

這種不規範性或隨意性表現為兩方面：（1）人大常委會釋法原則、程序與技術的不規範性，或說非制度化、具體化。迄今為止，儘管常委會已經作了這四次釋法，但是我們仍然沒見到有關的中央國家機構就釋法制度制定頒佈任何規範性文件；（2）終審法院沒有成文的、明確的提請程序可循。理論界也還不能系統抽象地提出關於釋法的原則、程序和技術。

就第（2）點而言，根據第 158 條第 3 款，終審法院在適當的時候、滿足適當的條件下應當提請人大常委會釋法（著重號為引者所加）。律政司提交給特區立法會討論的文件就看見了這一問題，指出：“至於終審法院向全國人大常委會呈交提請釋法函件時應遵循的程序，《基本法》或其他文件均無訂明規定。有鑒於此，雖然終審法院認為就剛果（金）案來說適宜以上述方式把提請釋法函件轉呈全國人大常委會，終審法院在日後案件仍可採用法院認為適合的不同程序，呈交函件。”[116] 也就是說，終審法院提請程序在未來仍然存在著極大的不確定性。

就“剛果（金）案”而言，多數意見指出：“關於根據第158 條第 3 款作出提請的程序的問題，本院曾於 *Chong Fung Yuen* 案”（即“莊豐源案”）中論及，但沒得出任何定論。” 在收到各上訴人和介入人提交的應該被解釋的問題的草擬本後，終審法院最後決定它有責任根據基本法提請人大常委會就基本法第 13 條第 1 款和第 19 條進行解釋。具體而言，多數意見認為，“須由律政司司長透過外交部駐香港特別行政區特派員公署，提請常務委員會就上述問題作出解答”。當然，該提請必須附上相關法庭文件。[117] 問題是，如若再出現需要人大常委會釋法的情況，我們都將依賴律政司和外交部駐港公署的介入和運作嗎？這恐怕不行。例如，如果釋法內容涉及國防事務或中央與特區關係，駐港公署的介入肯定是不適當的，因為這沒有合法性基礎。在此，本文提出，在未來終審法院提請人大常委會釋法可以遵循以下路徑：終審法院（根據前述基本法第 158 條 3 款）→律政司〔根據“剛果（金）案”，作為介入人參加〕→行政長官（根據基本法第 43 條 [118] 和第 48 條 [119]）→中央人民政府（根據基本法第 13 條 [120] 和第 14 條 [121]）→人大常委會（根據基本法第 158 條第 1 款）。

### 3. 終審法院作出司法提請的考慮因素和要通過的測試

在 2011 年 6 月 8 日宣佈的臨時性判決書中，終審法院闡述了在作出司法提請時應該考慮的因素。[122] 終審法院參照了過往曾就基本法第 158 條第 3 款所涉問題作出審議的案件。在引人注目的"吳嘉玲案"（1999）[123] 中，終審法院裁定，如案件符合以下兩項條件，終審法院有責任根據第 158 條第 3 款向人大常委會作出提請：

（a）"類別條件"（The Classification Condition）：如有關的基本法條文

（i）涉及屬於中央人民政府所負責的事務；或

（ii）涉及中央與特區之間的關係。

（i）和（ii）條款稱為 "除外條款"（The Excluded Provisions）

（b）"必要性條件"（The Necessity Condition）：如終審法院在審理案件時須對除外條款進行解釋，而有關解釋會影響案件的判決。[124]

關於類別條件，終審法院進一步採用以下測試準則：在審理案件時須進行解釋的條款實質上哪一條是主要的？（"主要條款測試準則"，The Predominant Test）終審法院在 "吳嘉玲案" 中裁定，只要案件同時符合類別條件和必要性條件，而有關理據又是 "可爭辯的" 而非 "明顯的拙劣"，法院便有責任作出釋法的提請。

上述兩個條件無疑是檢驗終審法院提請釋法的必要性、且操作性很強的測試機制。然而在司法實踐中，在同等條件下，由於對 "主要條款測試準則" 的認定差異，法官可能得出不同的結論。以 "吳嘉玲案" 為例。該案直接涉及對第 24 條（居港權屬特區自治範圍的條款）和第 22 條（中央管理的事務）的理解及其適用。終審法院當時所持的論據是，儘管第 24 條受第 22 條第 4 款這項除外條款所限制，但是法院還是裁定並無責任作出提請，因為第 24 條才是 "主要條款"，是訴訟人在法律程序中要求強制執行的權利來源。

在 "剛果（金）案" 中，終審法院認為有關論據主要涉及的兩項基本法條文均屬除外條款：第 13 條關涉中央人民政府負責的事務，第 19 條很明顯關涉中央和特區的關係。因此，"剛果（金）案" 無須援用主要條款測試準則。[125] 此後，終審法院裁定，在 "剛果（金）案" 中並無理由重新檢討 "可爭辯性" 這個用以決定是否提請的門檻（The "Arguability" Threshold），因為法院認為關於第 13 條和第 19 條的問題明顯地是可爭辯的（Clearly Arguable）。考慮到下級法院的意見並不一致（特別是上訴法庭的意見尤其分歧），便知在可爭辯性這一點上不可能有其他結論。再者，終審法院法官的意見也不一致。[126] 終審法院多數意見因而裁定，"剛果（金）案" 不是重新檢討類別條件和必要性條件的合適案件。訴訟各方在類別條件問題上並無爭議，唯一爭議是本案是否符合必要性條件。最終，終審法院多數意見裁定，必須就影響基本法第 13 條和第 19 條意思（尤其是 "國防、外交等國家行為" 這些字眼的意思）的解釋問題上作出澄清決定，才可解決該案的爭議。為此，終審法院裁定該案符合必要性條件，從而需要提請人大常委會釋法。[127]

結果，經考慮各上訴人和介入人所提交的應該解釋的問題的草擬本後，終審法院最後決定法院有責任根據基本法第158條第3款，提請人大常委會就基本法第13條第1款和第19條進行解釋。終審法院提請的問題如下：

（1）根據第13條第1款的真正解釋，中央人民政府是否有權力決定中華人民共和國的國家豁免規則或政策；

（2）如有此權力的話，根據第13條第1款和第19條的真正解釋，香港特區（包括香港特區的法院）是否：

（a）有責任援用或實施中央人民政府根據第13條第1款所決定的國家豁免規則或政策；或

（b）反之，可隨意偏離中央人民政府根據第13條第1款所決定的國家豁免規則或政策，並採取一項不同的規則；

（3）中央人民政府決定國家豁免規則或政策是否屬於基本法第19條第3款第一句中所說的"國防、外交等國家行為"；以及

（4）香港特區成立後，第13條第1款、第19條和香港作為中華人民共和國的特別行政區的地位，對香港原有（即1997年7月1日之前）的有關國家豁免的普通法（如果這些法律與中央人民政府根據第13條第1款所決定的國家豁免規則或政策有抵觸）所帶來的影響，是否令到這些普通法法律，須按照基本法第8條和第160條及於1997年2月23日根據第一百六十條作出的《全國人民大會常務委員會的決定》的規定，在適用時作出必要的變更、適應、

限制或例外，以確保關於這方面的普通法符合中央人民政府所決定的國家豁免規則或政策。

2011 年 8 月 26 日，第 11 屆全國人大常委會第 22 次會議審議了委員長會議關於提請審議《全國人民代表大會常務委員會關於〈中華人民共和國香港特別行政區基本法〉第 13 條第 1 款和第 19 條的解釋（草案）》的議案。根據憲法第 67 條第 4 項和香港基本法第 158 條的規定，並在徵詢人大常委會香港特區基本法委員會的意見後，常委會就特區終審法院的提請問題作出了解釋。[128]

人大常委會的《解釋》按順序直接回答了終審法院提出的四個問題。茲簡述內容如下：（1）國務院即中央人民政府行使管理國家對外事務的職權，國家豁免規則或政策屬於國家對外事務中的外交事務範疇，中央人民政府有權決定中華人民共和國的國家豁免規則或政策，在中華人民共和國領域內統一實施。（2）中央人民政府有權決定在香港特區適用的國家豁免規則或政策。香港特區法院對中央人民政府決定國家豁免規則或政策的行為無管轄權。香港特區，包括特區法院，有責任適用或實施中央人民政府決定採取的國家豁免規則或政策，不得偏離上述規則或政策，也不得採取與上述規則或政策不同的規則。（3）決定國家豁免規則或政策是一種涉及外交的國家行為。香港基本法第 19 條第 3 款規定的"國防、外交等國家行為"包括中央人民政府決定國家豁免規則或政策的行為。（4）依照人大常委會《關於根據〈中華人民共和國香港特別行政區基本法〉第一百六十條處理香港原有法律的決定》採用為香港特區法律的香港原有法律中有關國家豁免的規則，從 1997 年 7 月 1 日起，在適用時須作出必要的變更、適應、限制或例外，以符合中央人民政府決定採取的國家豁免規則或政策。

## （五）人大常委會釋法對香港司法制度和法院的影響

人大常委會釋法後，國務院港澳事務辦公室要求律政司司長把《解釋》文本轉交終審法院。[129] 律政司司長遂於 2011 年 8 月 30 日透過司法常務官把《解釋》文本轉交給終審法院。終審法院接獲《解釋》後，再轉交訴訟各方，並著手根據《解釋》考慮終局判決。2011 年 9 月 8 日，終審法院就 "剛果（金）案" 作出終局宣判。終審法院認為 6 月 8 日的臨時性判決與《解釋》意涵完全一致，遂宣佈該判決為終局判決。2011 年 9 月 16 日，特區當局在憲報刊登《解釋》。至此，"剛果（金）案" 塵埃落定。

在評論人大常委會釋法對香港司法制度和法院的影響時，我們須看到，這是 1997 年 7 月 1 日中國對香港恢復行使主權以來，終審法院首次根據基本法第 158 條第 3 款提請全國人大常委會解釋基本法的相關條文。它不同於曾經引起過軒然大波的人大常委會 1999 年釋法，因為那是在終審法院終審判決之後做出的解釋。那次解釋無論從時機、程序、到內容方面都是值得商榷的。2004 年釋法（有關行政長官和立法會 2007 年以後選舉產生辦法）和 2005 年釋法（補選行政長官的任期）涉及到對基本法中政治制度相關條文的理解，並且是在沒有案件的情況下做出的，其影響面和牽扯關節較第一次釋法小且少。

從正面考察 2011 年釋法，我們可以斷定，"剛果（金）案" 已證明在 "一國兩制" 的前提下，基本法第 158 條作為這兩種不同法律制度之間的連繫和橋樑得到了檢測和認可，並且是可行的和有效的。終審法院確認，如符合有關必要性條件，該院即有憲法義務提請全國人大常委會作出解釋。"吳嘉玲案"訂定的測試機制和原則也在該案中得以落實。根據普通法原則，終審法院在未來必須跟隨"剛果（金）案"這一先例。立法會文件也顯示，"終審法院就剛果（金）案所作的判決符合基本法框架內的憲制秩序；對深化香港特區憲法的法學發展，使其更趨成熟，也有重大作用"。[130]

香港社會對判決持肯定意見的居多。香港政府人士形容，今次釋法發生在終審法院判決前，對香港司法衝擊較小，效果比判決後由政府提請（人大常委會）釋法好。基本法委員會委員陳弘毅認為，今次由終審法院向人大常委會提請釋法，比由特區政府提出更符合基本法的本來設計。他認為，人大常委會處理終審法院提出的釋法請求會較嚴謹，今次釋法亦為終審法院與人大之間的互動模式確立先例，意義重大。[131] 政治人物范徐麗泰指今次是首度由終審法院提請人大釋法，可說是一個里程碑。她認為，香港的營商環境不會受此影響，因為商業行為跟國家主權拉不上任何關係。她又指今次不是一個政治決定，香港司法非常透明，釋法決定不會衝擊本港司法制度，也不會損害"一國兩制"。[132]

較之於"吳嘉玲案"，這次香港社會的批評意見較為謹慎，且主要來自法律界。即使是經常批評政府的大律師和民主黨、公民黨成員，對這次釋法也持慎重態度。就在終審法院決定提出釋法提請的當日，身為資深大律師的公民黨立法會議員梁家傑表示，今次終審法院主動要求人大常委釋法，從程序看來，由於是司法機關自行提出，沒有損害本港的司法獨立和自主，與前行政長官董建華在居港權案上，由行政機關提呈請人大常委會釋法影響司法自主，不能同日而語。而另一位資深大律師湯家驊亦認為，今次釋法是有必要，不會影響本港司法獨立，他相信終審法院是小心提出釋法要求，不會對基本法帶來衝擊。湯家驊指終審法院是在行使基本法賦予的權利。他表示，今次的爭拗點是國家的基本法與香港的普通法在國家主權豁免的定義上不一致，如果不釋法，會令到香港同國家在外交事務及國際法的執行出現不一致。湯家驊又認為，日後仍然會出現類似情況，因為基本法好多條文影響普通法的內容及適用。[133] 民主黨主席、律師何俊仁表示尊重終審法院的決定，但他也表達了某種擔心，認為人大常委會釋法時必需慎重處理，以免一些有國家資本的公司利用今次案例來逃避法律責任，影響本港作為國際金融中心的地位。[134]

　　來自學術界的觀察和批評意見有助於理解終審法院提請釋法的初衷和動機，特別值得關注。戴耀廷（Benny Tai）體會到，"終審法院實際上在一個十分困難的政治環境下運作"，提請釋法"是一個明智但是痛苦的決定"。[135] 在〈門戶大開〉一文中，羅沛然（P. Y. Lo）認為，終審法院的"司法提請是、也必須被看作一個分水嶺"，因為"從此，香港特區的司法制度和中國大陸的法律制度銜接起來了"。"香港特區法院不再是外在於中華人民共和國的法院，而是中華人民共和國的法院了。"[136] 而 Po Jen Yap 則認為，"國家豁免不在普通法的國家行為學說範圍之內"，終審法院其實不需要提請人大常委會解釋基本法第13條和第19條；儘管如此，他還是認為，司法機關（法院）應該和國家行政機關"口徑一致"（同聲同氣）。[137] 然而，著名的國際法學者 Tony Carty 則認為，經此一役，香港法官和國際法保持距離了。[138] 直接的批評意見來自學者兼律師張達明（Eric T. M. Cheung），他認為，多數意見及提請釋法的決定無疑會"損害我們的司法獨立和自治"。[139] 最後，Simon N. M. Young 對在香港適用國家主權絕對豁免可能會引起侵犯人權問題表示嚴重關切，因為像皮諾切特（General Augusto Pinochet，智利前國家元首）這種獨裁者可能會利用香港作為稅務天堂避稅，從而侵犯該國人民的人權。[140]

### （六）"香港原有法律" 與 "合憲性推定"

終審法院馬天敏法官和多數意見法官在判決書中都就如何理解"香港原有法律"進行了詳盡論證，以期達到各自的目的。鑒於他們的討論具有一定的學術意義，特在本文最後部分辟此專節評述之。

持異議的馬天敏法官在回答 1997 年 7 月 1 日之後適用於香港的國家豁免法律是甚麼這一問題時，他斷言："（英國）《1978 年國家豁免法令》自 1979 年起適用於香港，這項法令承認就主權國的真正商業交易所採取的限制性豁免原則。在主權移交後，這項法令已停止適用。正如本席先前所指出，這項法令並沒有由本地法例所取代，亦沒由任何根據第 18 條所指的附件三而適用的任何全國性法律所取代。"[141] 因而，"當法規在 1997 年 7 月 1 日停止適用後，普通法像 1979 年前一樣繼續成為適用的法律。除此之外，便沒有其他適用的法律。"[142] 代表 FGH 的御用大律師 Lord Pannick 也認為，鑒於中央政府沒有利用基本法第 18 條第 3 款提供的機制，讓中央人民政府將相關的全國性法律適用於香港特區，"中央人民政府在國家豁免這個問題上卻故意不採取這個做法，顯示中央人民政府並不關注香港特區採用不同的國家豁免法律的問題。"[143] 上述意見與上訴法庭的多數法官所採取的推論方式類似，即由於並沒任何全國性法律訂明必須採取絕對國家豁免原則，亦沒任何法例取代《1978 年國家豁免法令》，因此，"可以合理地假設立法者並沒意圖令香港放棄普通法的限制性原則。"[144]

上述論斷和結論其實提出了兩個重要的子問題，應該得到認真對待和回答：（1）如何看待全國性法律層面上的法律真空問題（即所謂的 "不作為"）；（2）進而言之，如何對待包括普通法在內的 "香港原有法律"（基本法第 8 條用語）。

多數意見書是這樣從兩個層面回答第一個問題的：（1）首先，中國沒有頒佈關於國家豁免的全國性法律，是因為中國正如許多其他國家一樣，視國家豁免為一項由行政部門決定後由法院遵行的國家政策。如果中國有全國性的國家豁免法律的話，這項法律便毫無疑問適用於香港特區。因此，在現時列於附件三的法律中並無關於國家豁免的全國性法律，第 18 條第 3 款所提供的機制在這方面並沒有發揮作用。[145]（2）香港特區並沒有任何把《1978 年國家豁免法令》"當地語系化" 的法例，但這並非偶然的疏忽。立法局的文件[146]記錄了事件的始末，顯示 "中央人民政府顯然特別決定香港特區不應有《1978 年國家豁免法令》所規定的包括商業例外的絕對豁免法例。這並不叫人意外，因為這種規則會背離中國已確立的一貫國家政策"。[147] 應該說，這種理解還是有說服力的。鑒於國家豁免的性質，如何適用及適用的限度如何也只能根據基本法第 13 條的規定留給中央人民政府來管理和處理了。

但是，我們還是應該直接回答如何處理包括普通法在內的"香港原有法律"這一問題。關於這點，基本法第 8 條和第 160 條第 1 款規定了相關原則和程序。香港基本法第 8 條規定：

> 香港原有法律，即普通法、衡平法、條例、附屬立法和習慣法，除同本法相抵觸或經香港特別行政區的立法機關作出修改者外，予以保留。

香港基本法第 160 條第 1 款進而規定：

> 香港特別行政區成立時，香港原有法律除由全國人民代表大會常務委員會宣佈為同本法抵觸者外，採用為香港特別行政區法律，如以後發現有的法律與本法抵觸，可依照本法規定的程序修改或停止生效。

根據憲法、特別是基本法第 160 條的授權，全國人大常委會於 1997 年 2 月 23 日通過了《關於根據〈中華人民共和國香港特別行政區基本法〉第一百六十條處理香港原有法律的決定》。人大常委會在履行該項法律責任時，於該決定的附件一和附件二中列出多項條例、附屬法例和特定法例條文，宣佈這些都是根據常委會的決定屬於抵觸基本法的那部分"香港原有法律"，因此在 1997 年 7 月 1 日時將不被採用為香港特區的法律的一部分。希望用一紙決定來清理全部的原有法律的願望當然不切實際，實際上也做不到；也就是說，被採用為香港特區法律的香港原有法律中的某些部分，即使可能會不符合基本法或香港已改變的地位，還有可能被援用。於是，該決定做出如下原則性的指引：

> 4. 採用為香港特別行政區法律的香港原有法律，自 1997 年 7 月 1 日起，在適用時，應作出必要的變更、適應、限制或例外，以符合中華人民共和國對香港恢復行使主權後香港的地位和《基本法》的有關規定。

就涉港外交事務的處理而言，該決定還特地在第 4 項之下明確：

> 除符合上述原則外，原有的條例或附屬立法中：
> （一）規定與香港特別行政區有關的外交事務的法律，如與在香港特別行政區實施的全國性法律不一致，應以全國性法律為準，並符合中央人民政府享有的國際權利和承擔的國際義務。

《釋義及通則條例》[148] 納入了 "1997 年決定" 關於處理 "香港原有法律" 的原則性指引，成為一種法律衝突法，並規定應對所有原有法律作合憲性解釋，以解決潛在的法律衝突。《條例》第 2A 條規定如下：

> （1）所有原有法律均須在作出為使它們不抵觸《基本法》及符合香港作為中華人民共和國的特別行政區的地位

而屬必要的變更、適應、限制及例外的情況下，予以解釋。

（2）在不損害第（1）款的一般性原則下，在任何條例中——

（a）關於與香港特別行政區有關的外交事務的法律如與在香港特別行政區實施的任何全國性法律不一致，須以全國性法律為準，並符合中華人民共和國中央人民政府享有的國際權利和承擔的國際義務的規限下，予以解釋；……

必須指出，"合憲性" 中的 "憲" 從廣義上講應當包括中國憲法，但在《條例》中它首先是指香港基本法（自然包括關於香港特區的地位的規定），其次是指 "全國性法律"，第三是指與 "中央人民政府享有的國際權利和承擔的國際義務" 有關的那些國際法原則和實踐〔比如，在 "剛果（金）案" 中，它是指中國適用的國家主權豁免的原則立場〕。唯有如此，才可以解決全國性法律與地區法律的衝突問題。

上述法律要求法院對 "所有原有法律" 作 "不抵觸《基本法》" 的解釋具有正當性。[149] 我們可以簡單地從如下幾方面來認識：（1）從分權制衡制度來看，行使司法權的法院必須尊重立法機關的立法權這種憲法權力，除非立法文件明顯違憲或違法；（2）尊重基本法也是出於對該法律的憲法性質和 "政治品性" 的尊重；[150]（3）國防和外交事務的管理權是中央政府政治權力的內容，是主權的直接體現，其行為具有政治性質，相關問題也可認為是 "政治問題"（Political Question。"政治問題" 在有些國家被稱之為 "國家行為" 或 "政府行為"）；（4）在施行中央集權制的中國，地方法院其實也沒有更多的選擇；和（5）最後，香港特區法院有遵守憲法、維護國家主權的憲法義務和道德義務。

回到“剛果（金）案”，香港法院在處理“香港原有法律”時，必須、也只能對它們作合憲性解釋，這首先可以解決法律衝突問題，更主要的是使得包括普通法在內的香港法律符合“新的憲法秩序”（New Constitutional Order —— Yash Ghai 語）、香港基本法和相關憲法性法律，從而使之得以延續、生存和發展。

### 五、簡結

“剛果（金）案”落幕了。從上文可見，終審判決不僅解決了特區法院直接面臨的法律衝突和法律適用問題因而具有現實意義，還將具有深遠的政治和法律影響。從法學學術角度觀之，“剛果（金）案”對香港基本法和中國國際法的學術理論發展應該起到某種推動作用。

終審法院提請人大常委會釋法儘管見諸於基本法文本，但是次釋法提請才使之成為定制。終審法院提請人大常委會釋法終於將關於基本法解釋的大陸法制度和香港司法制度連接整合起來了。這也是該案最積極的意義。當然，我們認為，提請釋法制度不應、也不會因此破壞香港的司法獨立和法律自治。

制度一經確立，後來的法院應當追隨之。這既是法治和普通法的應有之義，更是為落實基本法特別是第 158 條、鞏固中央政府與香港特區憲制關係所必需。唯如此，香港基本法才會忠實地得以實施，“一國兩制”才會有效地得以落實。

# | 註釋 |

1.  P. Y. Lo, "The Gateway Opens Wide", (2011) *HKLJ* 41, part 2, p. 391.

2.  秦前紅、黃明濤：〈對香港終審法院就"剛果金案"提請人大釋法的看法〉，
    《法學》2011 年第 8 期，第 63 頁。

3.  Albert H. Y. Chen, "Introduction [to the Congo Case]", (2011) *HKLJ* 41, part 2,
    pp. 369-370.

4.  禿鷹又稱禿鷲或座山雕，是一類以食腐肉為生的大型猛禽。在西方國家，禿
    鷲的形象通常偏為負面，在商界，常將利用大筆資金炒作市場獲利後迅速捲
    款撤出者稱為禿鷹。參見維基百科"禿鷲／禿鷹"詞條，http://zh.wikipedia.
    org/wiki/%E7%A6%BF%E9%B7%B2。禿鷹還往往被引申為趁人之危、貪
    婪和無情地掠奪別人的人。參見 *Collins English Dictionary — Complete and
    Unabridged*, Harper Collins Publishers 1991, 1994, 1998, 2000, 2003, http://
    www.thefreedictionary.com/vulture.

5.  互動百科"禿鷹基金"詞條，參見 http://www.hudong.com/wiki/%E7%A7%
    83%E9%B9%AB%E5%9F%BA%E9%87%91。有興趣瞭解禿鷹基金運作及如
    何盈利者，可參考顧冰：〈不良資產：禿鷹基金的豐盛大餐〉，《東方企業家》
    2003 年 9 月，第 62-64 頁。

6.  See *Democratic Republic of the Congo and Others v FG Hemisphere Associates
    LLC* FACV 5, 6 & 7/2010, paras. 188, 427. 本文引用的判決書中文譯本為香
    港特區司法機關的官方譯本，http://legalref.judiciary.gov.hk/doc/judg/word/
    vetted/other/ch/2010/FACV000005Y_2010.doc。值得指出，判決書中有些用
    法或譯法可能有別於內地法學界的慣常做法，如 restrictive immunity 被譯為
    "限制性豁免"，而內地國際法教科書的用法是"有限豁免"或"限制豁免"。
    本文不刻意統一用法，會交互使用。

7.  See *Democratic Republic of the Congo and Others v FG Hemisphere Associates
    LLC* FACV 5, 6 & 7/2010, paras. 185-188, 425-426.

8.  See ibid, paras. 189-190, 192-194.

9.  See ibid, paras. 427, 428.

10. See ibid, para. 194.

11. 根據香港特區立法會 CB（2）1150/11-12（01）號文件之附件 B "剛果（金）
    案法律程序的事件時序表"（2012 年 2 月 27 日討論文件）改編而成。

12. 高等法院原訟法庭前後做出過兩次判決，時間分別為 2008 年 10 月 22 日和

2008 年 12 月 12 日，判決書（無中文版）共計 43 頁。上訴法庭也前後做過三次判決，時間分別為 2010 年 2 月 10 日、2010 年 3 月 19 日和 2010 年 5 月 5 日，判決書共計 132 頁。

13. 參見 "外交部駐港公署第一函"。

14. *Democratic Republic of the Congo and Others v FG Hemisphere Associates LLC* FACV 5, 6 & 7/2010, para. 2.

15. Ibid, para. 138.

16. Ibid, para. 496.

17. Ibid, para. 500.

18. Ibid, para. 524.

19. Ibid, para. 523.

20. Ibid, para. 181.

21. Ibid, para. 182.

22. 梁西主編：《國際法》（第 2 版），武漢：武漢大學出版社 2000 年版，第 73 頁。

23. 同上。

24. 〔意〕卡賽斯：《國際法》，北京：法律出版社 2009 年版，第 133 頁。

25. 同上，第 134 頁。

26. 同上，第 135 頁。

27. 同上。

28. 梁西主編：《國際法》（第 2 版），第 74 頁。

29. 同上，第 75 頁。

30. 終審法院判決書第 197 段引述了 "駐港公署第一函"。

31. See *Democratic Republic of the Congo and Others v FG Hemisphere Associates LLC* FACV 5, 6 & 7/2010, para. 198.

32. Ibid, para. 200.

33. *FG Hemisphere Associates LLC v Democratic Republic of the Congo and Others* [2009] 1 HKLRD 410, para. 65.（原訟法庭判決書）See *Democratic Republic of the Congo and Others v FG Hemisphere Associates LLC* FACV 5, 6 & 7/2010, para. 201.

34. *FG Hemisphere Associates LLC v Democratic Republic of the Congo and Others* [2009] 1 HKLRD 410, para. 62.

35. 終審法院判決書第 202 段引述了 "駐港公署第二函"。

36. 梁西主編:《國際法》(第 2 版),第 75 頁。

37. *FG Hemisphere Associates LLC v Democratic Republic of the Congo and Others* [2010] 2 HKLRD 66, paras. 77-78, 246, 253. (上訴法庭判決書)

38. 有關綜述,參見 *Democratic Republic of the Congo and Others v FG Hemisphere Associates LLC* FACV 5, 6 & 7/2010, para. 207.

39. *FG Hemisphere Associates LLC v Democratic Republic of the Congo and Others* [2010] 2 HKLRD 66, paras. 89, 118, 256, 258, 264-267.

40. Ibid, paras. 87, 123.

41. Ibid, para. 228.

42. Ibid, paras. 224-225.

43. 終審法院判決書第 211 段引述了 "駐港公署第三函"。

44. *Democratic Republic of the Congo and Others v FG Hemisphere Associates LLC* FACV 5, 6 & 7/2010, para. 211. 具體內容茲錄如下:(一)國家豁免問題明顯涉及我國對國家主權原則的理解和適用,涉及國家間的關係。如果香港特別行政區在這一問題上的立場與國家的立場不一致,中央人民政府統一管理外交事務的權力和能力將受到實質干擾,不符合香港特別行政區的地方行政區域的地位。(二)我國在國家豁免問題上一貫堅持絕對豁免立場,已為國際社會廣泛瞭解。鑒於香港特別行政區是我國不可分離的部分,因此,如果香港特別行政區採用 "限制豁免" 原則,將導致我國一貫堅持絕對豁免的立場受到質疑。(三)中央人民政府負責管理與香港特別行政區有關的外交事務,意味著在外交事務方面,有關的國際權利和義務均由中央人民政府承擔。如果香港特別行政區法院採用與國家絕對豁免原則立場不一致的 "限制豁免" 原則對外國國家及其財產實施管轄,有關國家將有可能向中央人民政府提出交涉,中央人民政府也可能需要為此承擔國家責任,從而損害我國與有關國家之間的友好關係。(四)我國在國家豁免問題上一貫堅持絕對豁免的原則立場,不僅是基於 "國家主權平等" 這一國際法基本原則,同時也是為了保障我國國家及財產在國外的安全和利益。如果香港特別行政區採用與國家的絕對豁免原則立場不一致的 "限制豁免" 原則,有關國家將有可能對我國國家及財產(不僅限於香港特別行政區及其財產)採取對等做法,使我國在國外的利益和財產安全受到威脅,妨礙我國與有關國家之間的正常交往和在經貿等領域的合作。（五）國際社會一直通過減債和援助計劃支持貧窮國家發展經濟和改善民生。支持發展中國家發展經濟，也是我國的外交政策之一。近年來國外一些公司收購對非洲窮國的債權，並通過司法程序進行追索，從中獲利，繼而加重了這些窮國的財政負擔，也使國際社會援助這些國家的努力受到干擾。……如果香港特別行政區採取與國家立場不一致的國家豁免制度，為上述做法提供便利，將有悖於我國的上述外交政策，損害我國的國際形象。

45. *Democratic Republic of the Congo and Others v FG Hemisphere Associates LLC* FACV 5, 6 & 7/2010, para. 222.

46. *Samantar v Yousuf* 130 S Ct 2278 (2010). 轉引自 *Democratic Republic of the Congo and Others v FG Hemisphere Associates LLC* FACV 5, 6 & 7/2010, para. 251.

47. *Democratic Republic of the Congo and Others v FG Hemisphere Associates LLC* FACV 5, 6 & 7/2010, para. 252.

48. *The Philippine Admiral* [1977] AC 373.

49. *The Philippine Admiral* [1977] AC 373, p. 397.

50. *Trendtex Trading Corporation v Central Bank of Nigeria* [1977] QB 529.

51. *I Congreso del Partido* [1983] 1 AC 244.

52. Lord Wilberforce 闡釋法律如此演變的依據如下：必需從基本原則說起。將一國視為豁免於別國法院的領域管轄權，這種看法所據的是 "平等者之間平等"（*par in parem*），實際上是指一國元首或政府的行為不是別國法院予以判決的事宜。根據所謂的 "限制理論" 將相關的例外或限制嫁接到國家豁免原則，緣於國家願意與個人訂立商業上或其他私法上的交易。這似乎有兩個主要基礎：（1）個人與國家進行這種交易，為對此等人公平，必需容許他們就這種交易訴諸法院。（2）要求一國就基於這種交易的申索作出答辯，並不涉及挑戰或查訊該國的任何主權行為或政府行為。公認慣語謂之曰，既非使該國尊嚴蒙受冒犯之虞，亦非對其主權職能作任何干預。*I Congreso del Partido* [1983] 1 AC 244, p. 262.

53. *Democratic Republic of the Congo and Others v FG Hemisphere Associates LLC* FACV 5, 6 & 7/2010, para. 271.

54. Ibid, paras. 272-273.

55. 香港基本法第 8 條規定："香港原有法律，即普通法、衡平法、條例、附屬立法和習慣法，除同本法相抵觸或經香港特別行政區的立法機關作出修改者外，予以保留。"

56. 香港基本法第 18 條規定："在香港特別行政區實行的法律為本法以及本法第八條規定的香港原有法律和香港特別行政區立法機關制定的法律。全國性法律除列於本法附件三者外，不在香港特別行政區實施。凡列於本法附件三之法律，由香港特別行政區在當地公佈或立法實施。全國人民代表大會常務委員會在徵詢其所屬的香港特別行政區基本法委員會和香港特別行政區政府的意見後，可對列於本法附件三的法律作出增減，任何列入附件三的法律，限於有關國防、外交和其他按本法規定不屬於香港特別行政區自治範圍的法律。"

57. *Democratic Republic of the Congo and Others v FG Hemisphere Associates LLC* FACV 5, 6 & 7/2010, para. 271.

58. Ibid, para. 277. "符合司法公義" 為 Lord Cross of Chelsea 所言，see *The Philippine Admiral* [1977] AC 373, p. 403.

59. Ibid, para. 287.

60. Ibid, para. 292.

61. Ibid, para. 300.

62. Ibid, para. 272.

63. *I Congreso del Partido* [1983] 1 AC 244, p. 262.

64. *Democratic Republic of the Congo and Others v FG Hemisphere Associates LLC* FACV 5, 6 & 7/2010, para. 278.

65. Ibid, paras. 278, 281.

66. 參見前註 44。

67. 王叔文主編：《香港特別行政區基本法導論》（第 3 版），北京：中國民主法制出版社、中共中央黨校出版社 2006 年版，第 113 頁。

68. 參見韓大元主編：《憲法學》，北京：高等教育出版社 2006 年版，第 347-348 頁。

69. 香港基本法第 13 條。

70. 王叔文主編：《香港特別行政區基本法導論》（第 3 版），第 112 頁。

71. 香港基本法第 1 條。

72. 香港基本法第 12 條。

73. 王叔文主編：《香港特別行政區基本法導論》（第 3 版），第 113 頁。

74. *Taylor v. Barclay* 2 Sim. 213, p. 221.

75. *Democratic Republic of the Congo and Others v FG Hemisphere Associates LLC* FACV 5, 6 & 7/2010, para. 95.

76. Ibid, paras. 484-485.

77. Ibid, para. 123.

78. Ibid, para. 321.

79. Ibid, para. 324. 根據上下文義，判決書中的 "constitutional imperative" 譯為 "憲法上必須履行的責任"、"憲法需要" 或 "憲法規則／準則" 更為貼切。

80. Ibid, para. 318.

81. 中英聯合聲明，第三款第（二）段。

82. See *Democratic Republic of the Congo and Others v FG Hemisphere Associates LLC* FACV 5, 6 & 7/2010, para. 326. 在註腳 136 裏，多數意見還特別提示：關於這種轉授權力的基本法條文還有第 48 條第 2 款、第 62 條第 3 款、第 96 條和第 133 條，等等。

83. Ibid, footnote 137.

84. Ibid, para. 327.

85. Ibid, paras. 328-330.

86. 如香港基本法第 150 條規定："香港特別行政區政府的代表，可作為中華人民共和國政府代表團的成員，參加由中央人民政府進行的同香港特別行政區直接有關的外交談判。"

87. 如香港基本法第 152 條規定："對以國家為單位參加的、同香港特別行政區有關的、適當領域的國際組織和國際會議，香港特別行政區政府可派遣代表作為中華人民共和國代表團的成員或以中央人民政府和上述有關國際組織或國際會議允許的身份參加，並以 '中國香港' 的名義發表意見。"

88. 香港基本法第 153 條。

89. See *Democratic Republic of the Congo and Others v FG Hemisphere Associates LLC* FACV 5, 6 & 7/2010, para. 331.

90. Ibid, para. 327.

91. Ibid, para. 446.

92. Ibid, para. 447.

93. Ibid, para. 459.

94. Ibid, para. 345.

95. *Buttes Gas v Hammer* [1982] AC 888, p. 930.

96. Yash Ghai, *Hong Kong's New Constitutional Order: the Resumption of Chinese Sovereignty and the Basic Law* (HKU Press, 1999), 2nd edition, pp. 318-319 in general, and p. 320 in particular.

97. See *Democratic Republic of the Congo and Others v FG Hemisphere Associates LLC* FACV 5, 6 & 7/2010, para. 345.

98. Ibid, para. 341.

99. *Holland v Lampen-Wolfe* [2001] 1 WLR 1573, p. 1583.

100. *British Yearbook of International Law*, 1934, vol. XV, p. 103. See *Democratic Republic of the Congo and Others v FG Hemisphere Associates LLC* FACV 5, 6 & 7/2010, para. 354.

101. *Democratic Republic of the Congo and Others v FG Hemisphere Associates LLC* FACV 5, 6 & 7/2010, para. 355.

102. Ibid, para. 355.

103. Ibid, para. 362.

104. Ibid, para. 360.

105. Ibid, para. 361.

106. Ibid, para. 363.

107. 筆者曾經撰文分析人大常委會釋法的法律與憲法基礎。參見朱國斌：〈香港基本法第 158 條與立法解釋〉，《法學研究》2008 年第 2 期，第 13-14 頁。

108. *Ng Ka Ling and Another v the Director of Immigration* [1999] 1 HKC 291, p. 310.

109. Ibid, p. 323.

110. 對此，筆者對這種分權和授權安排進行了詳細解析。參見朱國斌：〈香港基本法第 158 條與立法解釋〉，第 7-10 頁。

111. 《立法法》第 42 條規定："法律解釋權屬於全國人民代表大會常務委員會。法律有以下情況之一的，由全國人民代表大會常務委員會解釋：（一）法律的規定需要進一步明確具體含義的；（二）法律制定後出現新的情況，需要明確適用法律依據的。"

112. 參見全國人民代表大會常務委員會：《關於加強法律解釋工作的決議》（1981 年 6 月 10 日）。

113.《立法法》第 47 條規定："全國人民代表大會常務委員會的法律解釋同法律具有同等效力。"

114. 僅舉一例,參見蕭蔚雲主編:《一國兩制與香港特別行政區基本法》,香港:香港文化教育出版社有限公司 1990 年版,第 21-22 頁。

115. 在著名的 "吳嘉玲案"(1999)、"莊豐源案"(2001)、"梁國雄案"(2005)以及 "Vallejos Evangeline Banao 案"(2011)中,法官都將對基本法的解釋理解為憲法解釋,並適用關於憲法解釋的一般原則與技術。

116. 香港特區立法會 CB(2)1150/11-12(01)號文件之附件 B "剛果(金)案法律程序的事件時序表",第 13 段。

117. See *Democratic Republic of the Congo and Others v FG Hemisphere Associates LLC* FACV 5, 6 & 7/2010, paras. 407, 408.

118. 香港基本法第 43 條規定:"香港特別行政區行政長官是香港特別行政區的首長,代表香港特別行政區。香港特別行政區行政長官依照本法的規定對中央人民政府和香港特別行政區負責。"

119. 香港基本法第 48 條第 2 項規定:"香港特別行政區行政長官行使下列職權:(二)負責執行本法和依照本法適用於香港特別行政區的其他法律;……"

120. 香港基本法第 13 條第 1 款規定:"中央人民政府負責管理與香港特別行政區有關的外交事務。"

121. 香港基本法第 14 條第 1 款規定:"中央人民政府負責管理香港特別行政區的防務。"

122. See *Democratic Republic of the Congo and Others v FG Hemisphere Associates LLC* FACV 5, 6 & 7/2010, paras. 394-408.

123. *Ng Ka Ling and Another v the Director of Immigration* 2 HKCFAR 4; [1999] 1 HKC 291.

124. *Ng Ka Ling and Another v the Director of Immigration* 2 HKCFAR 4, pp. 30-31.

125. See *Democratic Republic of the Congo and Others v FG Hemisphere Associates LLC* FACV 5, 6 & 7/2010, para. 403.

126. Ibid, para. 404.

127. Ibid, paras. 405-406.

128.《全國人民代表大會常務委員會關於〈中華人民共和國香港特別行政區基本法〉第十三條第一款和第十九條的解釋》(2011 年 8 月 26 日)。政府官方網站均有刊登,如新華網,http://news.xinhuanet.com/politics/2011-08/26/

c_121918104.htm。

129. 在本案中，國務院港澳事務辦公室只能被理解為中央人民政府的"信差"，因為從理論上講，港澳事務辦公室不能直接與律政司保持行政的或事務的關係。

130. 香港特區立法會 CB（2）1150/11-12（01）號文件之附件 B"剛果（金）案法律程序的事件時序表"，第 31 段。

131. 參見〈人大第 4 次釋法　終院提請立首例〉，《明報》2011 年 8 月 27 日。

132. 參見〈范太：國家主權跟商業無關〉，《明報》（即時新聞）2011 年 8 月 26 日，http://news.sina.com.hk/news/1376/3/1/2418831/1.html。

133. 參見〈司法機關自行提釋法無礙獨立性〉，《星島日報》2011 年 6 月 8 日，http://news.sina.com.hk/news/1376/3/1/2350601/1.html。

134. 參見〈何俊仁籲人大慎重處理釋法〉，《星島日報》2011 年 6 月 8 日，http://news.sina.com.hk/news/1376/3/1/2350662/1.html。

135. Benny Y. T. Tai, "The Constitutional Game of Article 158（3）of the Basic Law", (2011) *HKLJ* 41, part 2, p. 383.

136. P. Y. Lo, "The Gateway Opens Wide", (2011) *HKLJ* 41, part 2, p. 391.

137. See Po Jen Yap, "Democratic Republic of the Congo v FG Hemisphere: Why Absolute Immunity Should Apply but a Reference was Unnecessary?", (2011) *HKLJ* 41, part 2, pp. 393-400, particularly 396.

138. See Tony Carty, "Why are Hong Kong Judges Keeping a Distance from International Law, and with What Consequences? Reflections on the CFA Decision in DRC v FG Hemisphere", (2011) *HKLJ* 41, part 2, pp. 401-410.

139. See Eric T. M. Cheung, "Undermining Our Judicial Independence and Autonomy", (2011) *HKLJ* 41, part 2, pp. 411-419.

140. See Simon N. M. Young, "Immunity in Hong Kong for Kleptocrats and Human Rights Violations", (2011) *HKLJ* 41, part 2, pp. 421-429.

141. *Democratic Republic of the Congo and Others v FG Hemisphere Associates LLC* FACV 5, 6 & 7/2010, para. 494.

142. Ibid, para. 496.

143. Ibid, para. 368.

144. *FG Hemisphere Associates LLC v Democratic Republic of the Congo and Others* [2010] 2 HKLRD 66, para. 118(2), 121, 260-262.

145. See *Democratic Republic of the Congo and Others v FG Hemisphere Associates LLC* FACV 5, 6 & 7/2010, para. 370.

146. Ibid, para. 371.

147. Ibid, para. 372.

148.《香港法例》第 1 章。

149. 王書成對合憲性推定的正當性有全面的論述，參見王書成：《合憲性推定論：一種憲法方法》，北京：清華大學出版社 2011 年版，第 3 章。

150. 王書成認為，"憲法的政治品性決定了合憲性推定，決定了合憲性推定所必然具有的政治因素"。同上，第 81 頁。

# 04

# "居港權"釋法之理性思辨

原載《大公報》2013 年 1 月 3 日，A7 版

·

　　目前，特區政府面臨來自兩類關於居港權的基本法官司的挑戰，一類關涉"雙非嬰兒"，另一類則直指外傭。其實，這兩類案件一旦被起訴到法院或上訴到終審法院，它們同樣會迫使特區法院直面挑戰、並作出抉擇。本來，法律的應該歸法律，政治的歸政治。可惜，在社會生活日漸政治化、人群日見分裂的香港，看似簡單的法律問題已經被弄到了複雜得不堪設想的地步。

　　去年（編註：2012 年）12 月 13 日，律政司司長袁國強宣佈，律政司司長將請求終審法院考慮依據基本法（第 158 條）尋求人大常委會澄清 1999 年 6 月關於基本法第 24 條第 2 款第 3 項的解釋的效力（參見次日各大媒體之報導）。回憶一下便知，人大常委會當時認為"終審法院的解釋又不符合立法原意"，故而自行解釋相關條文以求統一條文之含義。

## 一、釋法仍是政府第一選項

該釋法直接是為了解決吳嘉玲這類出生在香港以外的 "中國籍子女" 的居港權問題。釋法指出，要想被認定為享有居港權，申請人必須 "是指無論本人是在香港特別行政區成立以前或以後出生，在其出生時，其父母雙方或一方須是符合《中華人民共和國香港特別行政區基本法》第二十四條第二款第（一）項或第（二）項規定條件的人"，即出生時至少其父或母必須已經是特區永久居民。人大常委會還特別指出，解釋所闡明的立法原意以及基本法第 24 條第 2 款其他各項的立法原意，已體現在 1996 年 8 月 10 日全國人大香港特別行政區籌備委員會第四次全體會議通過的《關於實施〈中華人民共和國香港特別行政區基本法〉第二十四條第二款的意見》中了。

既然如此簡單，為甚麼終審法院在 2001 年審理 "莊豐源案" 時不直接採用其作為法律依據、而節外生枝呢？首先，莊豐源是生在香港的 "中國籍子女"；其次，終審法院認為 1996 年的那份〈意見〉作為 "外來材料"（Extrinsic Materials）不符合法庭採用的證據規則，因為它是在香港基本法頒佈（1990 年 4 月）之後（Post-Enactment）才形成的；第三，特別是，當法庭判案所依賴的法律條文字面意思清白無誤時，法庭就必須據此意思宣判，這就是普通法法律解釋方法的應有之義。

本來，如果人大常委會能公佈基本法起草時形成的相關原始歷史資料以佐證 1999 年解釋，證成該解釋就是 "立法原意"，問題應該立馬迎刃而解。或者，如果終審法院直接接受並採用該解釋也可能讓中央政府和特區政府皆大歡喜（莊豐源本人除外）。從案件審判（包括法律解釋）技術層面觀之，終審法院事實認定清楚，適用法律正確，判決也無不當（但這不等於就滿足了普通民眾之期待）。這就解釋了為甚麼在判決書公佈之後人大常委會只是僅僅表示一下遺憾。客觀上看，莊豐源在當時也只是代表一種個案，判決受益者非眾。

律政司司長也認識到，在現行香港法律制度下，1999 年釋法和 1996 年〈意見〉的法律地位和約束力涉及到複雜的法律問題。又鑒於提請釋法制度與過程的複雜性和過往不愉快的經驗，律政司司長稱其舉措並不代表政府直接要求人大常委釋法（有如 1999 年之情形）；而是否向人大常委尋求釋法，最終將由終審法院決定。從這個意義上講，此舉不會破壞法治或影響司法獨立。關於後一點，律政司司長沒有（也無權）強加旨意於法院。

## 二、修法乃是釜底抽薪之舉

律政司司長說的也對，澄清有助於解決所有基本法第 24 條第 2 款下，包括外傭等不同類別人士的居港權問題。從旁觀之，的確也有必要徹底解決這個令人困擾的法律問題。

律政司司長現在將這個燙手的山芋扔給終審法院了。第一，終審法院已經有"莊豐源案"之先例在前，要否定雙非嬰兒之居港權無異於自摑耳光。在遵循先例的普通法實踐中，但須有充分之理據和符合情勢變更之必要條件。可能性畢竟還是存在的。然而，第二，要讓普通法下的終審法院直接接受 1996 年之〈意見〉確實有點勉為其難，因為它無法從學理和法理上說服自己。

　　接受中國法律訓練的人士不會認為這是一個問題，因為全國人大香港特別行政區籌備委員會是由最高國家權力機關即全國人大授權成立並置於其下的一個工作委員會，因而其決定和行為都自有合法性和正當性，因而應該被接受。當時，籌委會被授權"負責籌備成立香港特別行政區的有關事宜"，主要包括組建特區第一屆政府推選委員會、籌辦特區成立暨特區政府宣誓就職儀式及統籌、協調、推動慶祝香港主權移交的有關活動等。也就是說，籌委會本身是個有權機關。

　　那麼，接受正當法律程序和越權無效（Ultra Vires）等現代法治理念的人士就會問這樣一個尖銳問題：籌委會被授權解釋基本法嗎？因為，籌委會 1996 年的意見其實就是對基本法第 24 條的擴大解釋，它一方面澄清了第 24 條有關條款的含義，另一方面也吸納了字面上沒有的內容（如父或母一方必須是永久居民）。有意思的是，籌委會的意見倒是反映到 1994 年公佈的澳門基本法第 24 條之中了。是否可以這樣猜想，居港權條件的界定問題是在香港基本法公佈之後才提出來的呢？在歷史檔案見諸天日之前，存此一疑吧。

### 三、法律應因情勢適時變遷

　　為此，解決問題的一勞永逸之法就是修改基本法第 24 條。修法是基本法第 159 條確立之制度，旨在解決法律語言模糊或不規範、法律因情勢變更而出現的滯後或無法繼續適用等情形。該條文明文規定人大常委會、國務院和特區均有修法提案權。最簡便之法無疑就是由人大常委會或國務院以 1996 年意見為基礎提出修法案。如果中央政府猶豫不決，特區也可以依據第 159 條列舉的條件逐步推進修法。修法是既能照顧到中央政府和終審法院面子、又可一次性地解決各類人士居港權問題之善舉。為此，我們應該向前看、把多方的意氣之爭拋在一邊。

我們的社會包括香港發展變化日新月異，新事物新形勢層出不窮。而法律文本則是靜止不變的。法律的生命力在於適時而變，正如人的生命力在於不斷汲取營養一樣。《易經》之"易，窮則變，變則通，通則久" 本來是指當事物發展到極點的時候，便想到要加以變化，以求通達，後來引申指人在困境時就會設法改變現狀以求發展。我們要把基本法當作"活的文獻"（Living Instrument），變革是常態，只要它不"同中華人民共和國對香港既定的基本方針政策相抵觸"（第 159 條）。

# 05

# 人大釋法衝擊香港法治嗎？

原載《大公報》2016 年 12 月 3 日。本文乃與章小杉合著，收入本

書時，已取得另一作者授權

————— • —————

　　全國人民代表大會常務委員會於 11 月 7 日對基本法第 104 條作出解釋，認定依法宣誓是相關公職人員就職的必經程序，未經合法宣誓或拒絕宣誓者不得就任相應公職；宣誓人必須真誠、莊重地宣誓，必須準確、完整、莊重地宣讀法定誓言；拒絕宣誓者喪失就職資格，故意宣讀與法定誓言不一致的誓言或者以不真誠、不莊重的方式宣誓，屬於拒絕宣誓。香港社會多數人對是次 "釋法" 表示歡迎。但亦有多位政治人物表達不滿，法律界更發起 "黑衣遊行" 以示抗議。在對基本法第 104 條作出解釋前，曾有過四次釋法。除第四次（應終審法院之請）之外，歷次釋法都曾引起香港社會不同程度的反應，被認為是破壞香港法治之舉。

## 一、"雙軌制" 解釋模式

　　釋法引發的種種爭議源於基本法的混合特徵：基本法第 158

條設定了一種 "雙軌制" 解釋模式，人大常委會和特區法院都享有基本法解釋權，但二者的解釋權有明顯的區別：（1）前者是固有的，而後者是派生的：根據第 158 條第 1 款和第 2 款的規定，本法之解釋權屬於人大常委會，而特區法院的解釋權係經授權得來；（2）前者是無條件的，而後者是有條件的：人大常委會可在其認為有需要時解釋基本法，而特區法院只能在審理案件時解釋基本法；（3）前者是全面的，後者是受限的：原則上，人大常委會和特區法院都可解釋基本法所有條款，但當解釋涉及中央管理的事務或中央和特區關係時，在作出不可上訴的終局判決前，特區法院應提請人大常委會對有關條款作出解釋；（4）前者的解釋具有優位性，後者的解釋具有從屬性：如人大常委會作出解釋，特區法院在引用該條款時，須以人大常委會的解釋為準。

就人大常委會解釋基本法而言，其啟動程序可分為主動和被動。主動釋法即人大常委會在其認為有需要時對基本法的相關條款作出解釋，如第二次和第五次釋法。不少論者根據基本法第 158 條第 3 款認為，人大常委會僅可應特區終審法院之請解釋基本法，這種理解其實是有偏差的。因為人大常委會的解釋權是固有的、全面的和無條件的，這種解釋權並不依賴於終審法院的提請而存在（這也為終審法院所確認）。第 158 條第 3 款與其說是對人大常委會的限制，毋寧說是對特區法院的限制。被動釋法即人大常委會應國務院或特區終審法院之請解釋基本法，如第一次、第三次和第四次釋法。應終審法院之請解釋基本法引發的爭議最少，因為這一點明確載於基本法第 158 條第 3 款。但是人大常委會能否應國務院之請解釋基本法，仍然是一個備受爭議的話題。然而，國務院有權向人大常委會提出釋法要求，是符合《立法法》規定的。甚至從理論上講，香港基本法委員會也有權向人大常委會要求釋法。迄今為止，人大常委會主動釋法及應國務院或特區終審法院之請釋法已經成為一種"憲法慣例"。

人大常委會對基本法的解釋屬於立法解釋，其效力等同於基本法條文本身。由於解釋並非新的立法，只是對立法原意的一種闡明，從學理上講，這種解釋的效力自基本法生效之日起即存在。換言之，人大常委會對基本法的解釋是有"溯及力"的。然而，這種安排勢必對基本法的穩定性造成影響。為減少這種負面影響，人大常委會在解釋基本法時以發現立法原意為目的，務求解釋符合相關條款的立法原意。此外，為避免對過往已終結案件的影響，基本法第 158 條第 3 款規定，在此以前作出的判決不受影響，即不推翻法院已經作出的判決。這種規定可視為一種豁免，但是這種豁免並不影響解釋自基本法生效之日起發生效力。同時，為確保人大常委會的解釋顧及民意和符合香港特區的實際情況，基本法第 158 條第 4 款要求人大常委會在對本法進行解釋前，徵詢香港基本法委員會的意見。

## 二、釋法是新憲政秩序一部分

基本法第 158 條設定了一種"雙軌制"解釋模式，這種制度設計的理性在於維護國家主權及體現香港特區高度自治。從國家主權的角度來看，人大常委會應有權解釋基本法，因為：其一，基本法是全國性法律，其不僅對香港特區有拘束力，而且對中央及其他地方有拘束力，如將解釋權全權授予地方法院，則基本法可能"下沉"為地方性法律，這樣既不符合制定基本法的原意，也無法體現國家主權；其二，基本法由全國人大制定，人大常委會解釋基本法符合中國"議會至上"的體制、憲法的規定以及立法機關解釋法律的慣例。從特區高度自治的角度來看，特區法院也應有權解釋基本法，因為：其一，法院解釋法律符合普通法系的傳統，基本法允許保留香港原有的法律和司法體制，授權特區法院解釋基本法是對香港原有法治傳統的尊重，也是香港特區高度自治的重要保障；其二，基本法是香港特區的憲制性法律，具有保障人權和規範權力運作等重要功能，如排除特區法院對基本法的解釋和適用，則這一重要憲制文件將淪為一種"宣示性"文件。

總體而言，基本法第 158 條兼顧了大陸法系和普通法系的制度特質，主觀意圖是實現堅持國家主權和維護高度自治的統一，是兩種法律制度的混合體（Hybrid）。殊不知，兩種制度本身相互相容性並不足，結合（Merger）到一起的那一刻就蘊藏著內在衝突，且設計並不十分周全。而內在衝突與設計不足正是基本法解釋制度看上去較難理解的根源：（1）人大常委會的解釋屬於立法解釋，而特區法院的解釋屬於司法解釋，前者按照中國法的規則來解釋基本法，後者依照普通法的規則來解釋基本法，這兩種解釋規則本身就是有衝突的；（2）基本法第 158 條第 3 款只規定了終審法院在作出不可上訴的終局判決之前，應提請人大常委會釋法，但是對於其他法院在處理基本法案件時，是否應將案件交由終審法院再提請釋法，並無明文規定，這似乎留下了一個有待填補的"漏洞"；（3）基本法第 158 條第

3 款並沒有預設終審法院不提交解釋的情形及人大常委會可以採取的補救性措施；（4）從第 158 條的規定來看，人大常委會對基本法的解釋權是固有、全面、無條件且不受限的，人大常委會的解釋優於且高於特區法院的解釋，但是對於這一種重要權力的行使卻沒有公開、明確且細化的程序規則。

## 三、本次釋法無衝擊法治

不少人士從主體、時機、程序和必要性等方面提出質疑，認為第五次人大釋法的種種瑕疵，構成對香港法治的重大衝擊。但這些質疑是否言之成理，依舊應當從基本法第 158 條的立法邏輯和本次人大釋法的實際出發。

首先，就釋法的主體而言，有論者認為，人大常委會無權解釋基本法，至少是無權解釋基本法中有關特區自治範圍內的條款。這種觀點有待商榷，因為：一方面，宣誓效忠"中華人民共和國香港特別行政區"，的確牽涉到中央與特區的關係（至少是可爭議的），對此人大常委會有權解釋；另一方面，即使對於特區自治範圍內的條款，人大常委會也有權解釋，因為第 158 條第 2 款"授權特區法院解釋關於特區自治範圍內的條款"並不是一種"獨佔式"授權，即授權本身並不排除人大常委會仍然對這些條款享有解釋權。認為人大常委會應當不使用或儘量少使用對這些條款的解釋權，是可以理解的，但是要人大常委會直接放棄解釋權，只是一種一廂情願的想法。

其次，就釋法的時機而言，有論者認為，人大常委會雖有權解釋基本法，但鑒於案件已經進入訴訟程序，故人大常委會

不應在此 "敏感時刻" 釋法。筆者認為，除非人大常委會根本不就相關條款作出解釋，否則在案件判決之前解釋相關條款應當被視為 "適宜時機"。因為是次 "宣誓風波" 將特區政府捲入其中，在案件判決之前特區政府即表明，如敗訴則可能考慮提請中央釋法。但特區政府能否勝訴仍是未知之數，如待法院宣佈政府敗訴之後再行釋法，則更加坐實了對特區政府 "輸打贏要" 的指控。

再次，就釋法的程序而言，有論者認為，第五次人大釋法由委員長會議提出，但是《立法法》第 43 條所規定，可提請人大常委會解釋法律的機構中並無委員長會議，因而是次違背了正當程序原則。這種觀點的謬誤之處在於忽視了人大常委會主動釋法的情形。如前所述，人大常委會享有對基本法固有、全面和無條件的解釋權，這種解釋權並不依賴於特區法院或其他機關的提請而存在，人大常委會可在其認為有必要時對基本法的相關條款作出解釋。《立法法》第 43 條規定國務院等機構 "可以" 向人大常委會提出法律解釋要求，但這一條本身並不妨礙或否認人大常委會有權主動解釋法律。事實上，委員長會議並非人大常委會的外部機構，而是人大常委會的一部分，因而是次解釋可視為人大常委會主動釋法。

再者，就釋法的必要性而言，有論者認為，根據高等法院於 11 月 15 日作出的判決，"無論是否有人大常委會的解釋，法庭得出的結論都一樣"，證明是次人大釋法是毫無必要的。這種論斷言之過早。因為在法院作出判決之前，即有消息表明，任何一方敗訴都將提起上訴，事實也證明如此。且不說人大釋法之時原訟法庭尚未有判決，即便當時已經判決政府勝訴，也不能排除上訴法庭推翻這種判決的可能。因原訟法庭判決政府勝訴而認為人大釋法毫無必要，只是一種事後的僥倖心理。在特區法院終審判決之前解釋基本法，是一種審慎和負責任的表現，因為將來的判決可能推翻原訟法庭或上訴法庭的判決，卻不能推翻此次人大釋法。"梁游案"中，上訴法庭於 11 月 30 日亦承認，人大釋法對香港法院具有約束力，且基本法未賦予本港法院審查人大釋法是否涉嫌修改基本法的權力。

最後，就釋法的內容而言，有論者認為，基本法第 104 條僅規定相關公職人員應當依法宣誓，而人大常委會的解釋卻添加了"真誠、莊重"、"監誓人"、"不得重新安排宣誓"等內容，這遠遠超出了"立法原意"的範疇，因而是次"人大釋法"不是解釋，而是修訂，但基本法的修改權屬於全國人大，故人大常委會的解釋屬於越權。僅從字面上看，這種質疑似乎有一定的道理，前述的新增內容固然超出了法條規定文本，類似於一種"補充規定"或者"細化規定"，但是這種規定本身沒有抵觸或者改變第 104 條的規定（譬如改變宣誓主體或者效忠對象），因而從嚴格意義上並不能算修改基本法。而應該討論的是，在解釋法律時，是否容許對相關條款作出補充。然而，根據中國法律解釋規則，這種補充規定是被容許的，故是次解釋並不涉嫌越權。

還有一種觀點認為，對於宣誓及拒絕宣誓的法律後果，本地《宣誓及聲明條例》已有明確的規定，人大常委會的解釋卻詳細規定了"拒絕宣誓"的情形，有"為港立法"之嫌，"不得重新安排宣誓"更是本港立法所沒有的內容，因而釋法等於改寫《宣誓及聲明條例》。就"為港立法"而言，法律解釋本身就有明確條文含義和填補法律漏洞的作用，如若基本法或本地立法沒有詳細規定何為"拒絕宣誓"，則法律解釋可以被用於闡明立法原意及填補法律漏洞。

就"改寫《宣誓及聲明條例》"而言，一方面，《宣誓及聲明條例》本身並未規定"准予重新宣誓"的情形，人大常委會的解釋規定"不得安排重新宣誓"，並未與之相抵觸。另一方面，如果有論者認為二者確有抵觸，應該仔細閱讀基本法第11條第2款的內容：香港特別行政區立法機關制定的任何法律，均不得同本法相抵觸。人大常委會解釋的效力等同於基本法條文，對特區立法、行政和司法機關均有約束力（這一點同樣為"梁游案"上訴法庭所承認），如果本地立法或實踐與之相衝突，則應該修改本地立法和實踐，而非要求基本法或立法解釋遷就本地立法。

綜上所述，第五次人大釋法在主體、程序和內容等重要方面並不存在僭越或違規，因而沒有衝擊或損害到香港法治。事實上，人大常委會有權解釋基本法。人大釋法是香港法治與憲制的一部分，人大常委會的解釋權是有明確法律依據的，這種權力應當得到香港社會的承認和充分尊重。如果認識不到這一點，則每次釋法都會對香港法治造成"衝擊"和"破壞"。若說釋法"衝擊"了香港法治，不如說它客觀上可能會激發一些港人抗拒中央介入香港事務的情緒。毋庸諱言，是次釋法仍然有美中不足之處，目前對於釋法的討論應當聚焦於如何完善解釋的程序和方法。一味否認釋法的權力或必要性，而非展開理性討論，對解決問題和鞏固香港法治於事無補。

憲法與基本法研究叢書

主　　編　　王振民

責任編輯　　蘇健偉
書籍設計　　道轍

書　　名　　建構 "一國兩制" 憲制：在動態中達至平衡
著　　者　　朱國斌
出　　版　　三聯書店（香港）有限公司
　　　　　　香港北角英皇道 499 號北角工業大廈 20 樓
　　　　　　Joint Publishing (H.K.) Co., Ltd.
　　　　　　20/F., North Point Industrial Building,
　　　　　　499 King's Road, North Point, Hong Kong
香港發行　　香港聯合書刊物流有限公司
　　　　　　香港新界荃灣德士古道 220-248 號 16 樓
印　　刷　　美雅印刷製本有限公司
　　　　　　香港九龍觀塘榮業街 6 號 4 樓 A 室
版　　次　　2020 年 10 月香港第一版第一次印刷
規　　格　　16 開（170mm×245mm）400 面
國際書號　　ISBN 978-962-04-4712-9
　　　　　　© 2020 Joint Publishing (H.K.) Co., Ltd.
　　　　　　Published & Printed in Hong Kong